【曹石珠◎著】

色

修辞学

黑龙江教育出版社

图书在版编目（CIP）数据

特色修辞学 / 曹石珠著. -- 哈尔滨 : 黑龙江教育
出版社，2024. 9. -- ISBN 978-7-5709-4633-4

Ⅰ．H15

中国国家版本馆CIP数据核字第2024PH0889号

特色修辞学

TESE XIUCIXUE

曹石珠　著

责任编辑	张　鑫	
封面设计	喧　啸	
责任校对	赵美欣	
出版发行	黑龙江教育出版社	
	（哈尔滨市道里区群力第六大道1313号）	
印　　刷	哈尔滨午阳印刷有限公司	
开　　本	787毫米×1092毫米　1/16	
印　　张	17.75	
字　　数	240千	
版　　次	2024年9月第1版	
印　　次	2024年9月第1次印刷	
书　　号	ISBN 978-7-5709-4633-4	**定　价**　98.00元

黑龙江教育出版社网址：www.hljep.com.cn
如需订购图书，请与我社发行中心联系。联系电话：0451-82533087　82533097
如有印装质量问题，影响阅读，请与我公司联系调换。联系电话：13603679198
如发现盗版图书，请向我社举报。举报电话：0451-82533087

目　录

绪　论

　　本书的目标，是从汉语修辞的客观实际出发，深入发掘汉语修辞的资源——语言要素修辞的资源和非语言要素修辞的资源，充分展示汉语的修辞现象，勾勒汉语修辞的基本面貌，构建体现汉语文化特色、符合汉语修辞实际的科学的汉语修辞学，即特色修辞学。

一、构建特色修辞学的路径

　　构建特色修辞学的路径，说的就是如何达到构建特色修辞学的目的。笔者以为，特色修辞学并不神秘，它是一种立足于汉语修辞的实践、展示汉语的语言要素修辞现象和非语言要素修辞现象、体现汉语文化特色、有别于世界上任何其他修辞学的科学体系，也是与已有的汉语修辞学有明显区别的修辞学。构建特色修辞学，既不能照搬国外的修辞理论，更不能模仿外国的修辞体系。如果从修辞材料的角度看，构建汉语特色修辞学的路径既清晰，又不复杂。

（一）坚持正确的修辞思想

　　思想是行动的先导。正确的修辞思想，不仅是修辞研究行为的指路明灯，更是决定修辞研究走上科学之路的前提。

　　构建特色修辞学，我们所应坚持的正确的修辞思想，就是语言要素、非语言要素都可以修辞。看起来，这种修辞思想似乎很简单。其实，它包含着修辞研究的特定内涵。这就是，它既重视语言要素修辞研究，又不能忽视非语言要素的修辞探索，双管齐下，不可偏废。

　　这种修辞思想的代表人物，就是被郑子瑜教授称作"中国有史以来最伟大的修辞学家"[①]的陈望道。陈望道在他的著作中从理论上客观表达了语言要素、非语言要素都可以修辞的思想。他说："修辞所可利用的是语言文字的习惯及体裁形式的遗产，就是语言文字的一切可能性……

---

　　① 转引自郑子瑜、宗廷虎主编，宗廷虎、李金苓著《中国修辞学通史》（近现代卷），吉林教育出版社，1998年11月第1版，424页。

语言文字的可能性可说是修辞的资料、凭藉。"①从表面上看，陈望道在《修辞学发凡》中说的这段话，并没有语言要素、非语言要素的说法，这是事实。但是，它并不影响我们得出正确的结论。用历史的眼光看，陈望道的《修辞学发凡》出版时，中国还没有语言要素的概念，因此该书不可能运用语言要素、非语言要素这样的术语。20世纪50年代，语言要素理论传入中国。之后，语言要素理论便与修辞紧密地联系在一起，牢不可分了。今天，我们用语言要素理论来看，陈望道所说的"语言文字的一切可能性"，就不只是说语言要素，也包括非语言要素；他所说的"修辞所可利用的，……就是语言文字的一切可能性"，就可以理解为修辞既要利用语言要素，也要利用非语言要素。换言之，语言要素、非语言要素都可以修辞。在谈到修辞的研究对象时，陈望道说："修辞学研究的对象——修辞现象，就是运用语文的各种材料、各种表现方法，表达说者所要表达的内容的现象。"②同样，这里所说的"语文的各种材料、各种表现方法"，当然不仅包括语言要素的材料和方法，也包括非语言要素的材料和方法。

《修辞学发凡》所研究的修辞现象是陈望道这一修辞思想的有力佐证。在这部里程碑式的著作中，陈望道重点研究了比喻、借代等语言要素修辞现象，也研究了析字等非语言要素修辞现象。他把析字分为"化形""谐音""衍义"三类③。又把"化形"分为"离合""增损""借形"三个小类④。在讨论"离合"时，他列举了6个例证，我们引用其中一个来说明。

例（1）[令]鉏麑触槐，死作木边之鬼。

[答]豫让吞炭，终为山下之灰。

这是陈望道引用《苕溪渔隐丛话》中的例证。作者把"槐"拆成了

---

① 陈望道《修辞学发凡》，上海教育出版社，1979年9月新1版，8页。

② 复旦大学语言研究室《陈望道修辞论集》，安徽教育出版社，1985年7月第1版。

③ 陈望道《修辞学发凡》，上海教育出版社，1979年9月新1版，146页。

④ 陈望道《修辞学发凡》，上海教育出版社，1979年9月新1版，146页。

"木、鬼"，把"炭"拆成了"山、灰"。陈望道把这种修辞手段称作化形析字，我们称之为拆字。如果用语言要素理论看，这里拆字所利用的并不是语言要素，而是字形这种非语言要素。此外，其中的"增损"是通过增加或减损汉字的部件进行修辞的，也是利用字形这种非语言要素来修辞的。在该书第九篇《积极修辞五》中，陈望道还讨论了"变动字形""插用图符"①等非语言要素修辞现象。陈望道在《修辞学发凡》中多次引用非语言要素修辞现象并加以论述，至少说明他赞成非语言要素修辞。综合起来看，陈望道所讨论的析字这一个辞格就体现了语言要素、非语言要素都可以修辞的思想。而从全书来看，《修辞学发凡》既重点讨论了语言要素修辞，又扼要地阐述了非语言要素修辞。可以说，这本书所研究的内容有力地证明了语言要素、非语言要素都可以修辞的思想。

语言要素、非语言要素都可以修辞的思想，来源于2 000多年来源远流长的汉语修辞实践。语言要素可以修辞，这是任何一种语言都具有的普遍现象，汉语修辞也不例外。笔者认为，已有的中国修辞学史，就是一部语言要素修辞的修辞学史。这无疑反映了中国修辞学界对非语言要素修辞的忽视，这是错误的。客观地说，非语言要素修辞古已有之。《宋书·符瑞志》载，孔子作《春秋》制《孝经》后，斋戒跪拜，告于天下。忽而起白雾赤虹，化作三尺长的黄玉，其上刻文："卯金刀，在轸北。字禾子，天下服。"这是一则谶言，用了拆字。"卯金刀"合起来是繁体字"劉"，"禾子"合起来是"季"。谶言预示刘季即刘邦将当皇帝。拆字就是汉字形体的离合，是汉字修辞，也是体现汉字文化的非语言要素修辞。古代的诗词尤其是小说中都有大量非语言要素修辞。

例（2）坐看十八公，俯仰灰烬残。

苏轼《夜烧松明火》

例（3）是夜有十数小儿于郊外作歌，风吹歌声入帐。歌曰："千里草，何青青。十日卜，不得生。"

罗贯中《三国演义》（第九回）

---

① 陈望道《修辞学发凡》，上海教育出版社，1979年9月新1版，241页。

例（4）处世须存心上刃，

　　　　修身切记寸边而。

吴承恩《西游记》（第二十六回）

例（5）子系中山狼，

　　　　得志便猖狂。

　　　　金闺花柳质，

　　　　一载赴黄粱。

曹雪芹《红楼梦》（第五回）

例（2）用了拆字。把"十、八、公"三个部件组合起来，就是"松"字。不用"松"而用"十八公"，主要是为了追求含蓄的修辞效果。例（3）用了拆字。"千里草"中的"草"说的是偏旁"艹"，"千、里、草"合起来是"董"字，"十、日、卜"合起来是"卓"字。这首童谣的意思是"董卓不得生"。正是因为用了拆字，表意含蓄曲折，以至于一介武夫董卓虽然听到了这首童谣，却不知其是何意。例（4）用了拆字，把"心、刃"组合起来，是"忍"字；把"寸、而"组合起来，是"耐"字。不说"忍耐"而用拆字的方式来表达，同样是含蓄曲折。例（5）是《红楼梦》中贾迎春的判词，用了拆字。"子、系"合起来为"孙"，暗指贾迎春的丈夫孙绍祖。判词暗示贾迎春嫁了个忘恩负义的凶恶丈夫，以致被折磨而死。其中的拆字同样是表意含蓄曲折。这四例都用了汉字修辞拆字。拆字是利用汉字的形体进行修辞，汉字的形体不是语言要素，故拆字不是语言要素修辞，而是非语言要素修辞。

在《修辞学发凡》中，陈望道既引用古人运用析字的例证，如本书所引用的例（1），也引用了同时代人运用析字的例证。

例（6）冯玉祥常说："我去画我的丘八画，去作我的丘八诗。"

此例"丘八"合起来为"兵"，是拆字，即古代学者所说的析字。"丘八画""丘八诗"就是"兵画、兵诗"，用现在的话说，相当于"军旅画、军旅诗"。不说"兵"而说"丘八"，既有些幽默，也有些自谦。

可以说，陈望道的这一修辞思想，正是对自古以来一代又一代学人修辞实践的科学总结。也就是说，语言要素、非语言要素都可以修辞的思想，是对古代学者修辞思想的继承。关于语言要素修辞，古代学者有丰富而精辟的论述，且当代学者进行了深入、系统的探索，这里不再赘述。这里想讲的是古代学者关于非语言要素修辞的论述。古代有一些学者的论述涉及了非语言要素修辞，虽是只言片语，却是散珠碎玉，颇为独特。其中，比较早的有南朝梁代的刘勰，他在《文心雕龙》中说："离合之发，则萌于图谶。"①他还讨论了"调单复""省联边"②等字形修辞问题。唐代吴兢在《乐府古题要解·藁砧今何在》中讨论了析字："山上复有山"，重'山'为'出'字，言夫不在也③。北宋叶梦得讨论了析字，解说了离合法，"第三句有時字，第四句有寺字，時犯寺字而去寺，则存者为日字"④。这里所说的"時犯寺而去寺，则存者为日字"，实为减损法。针对有人认为析字只当著之谶文、不可入诗的看法，清代学者顾炎武引用"藁砧今何在，山上复有山"两句予以反驳——析字入诗，"古诗固有之矣⑤。"这些古代学者虽然没有非语言要素的概念，但他们所说的离合、析字、增损等都是非语言要素修辞。在《修辞学发凡》中，陈望道继承古代学者的非语言要素修辞思想，他专门列了析字这个辞格，把离合看作化形析字的一个小类，认为"'山上复有山'是'出'字的化形⑥。"并且说"'省联边'和'调单复'"，便是关于文辞的形貌的运用，同时引用《文心雕龙》中的语言，来说明"什么是'联边'？又应该怎样地'省'联边？"⑦这里，陈望道所说的"离合、联边"等都是非语言要素修辞，应该说，陈望道所说的"修辞所可利用的是……语言文字的一切可

① 刘勰《文心雕龙》，见陆侃如、牟世金《<文心雕龙>译注》，齐鲁书社，1995年4月第1版，146页。

② 刘勰《文心雕龙》，见陆侃如、牟世金《<文心雕龙>译注》，齐鲁书社，1995年4月第1版，476页。

③ 参见郑子瑜、宗廷虎主编，宗廷虎、李金苓著《中国修辞学通史》（隋唐五代宋金元卷），吉林教育出版社，1998年9月第1版，160页。

④ 参见郑子瑜、宗廷虎主编，宗廷虎、李金苓著《中国修辞学通史》（隋唐五代宋金元卷），吉林教育出版社，1998年9月第1版，541页。

⑤ 转引自曹石珠《汉字修辞学》，西安出版社，2004年1月第1版，222页。

⑥ 陈望道《修辞学发凡》，上海教育出版社，1979年9月新1版，146页。

⑦ 陈望道《修辞学发凡》，上海教育出版社，1979年9月新1版，239页。

能性"，体现了语言要素、非语言要素都可以修辞的修辞思想，也是对古代学者思想的继承。当然，古代学者都是在讨论具体的修辞现象时暗含着非语言要素可以修辞的观点，而陈望道不仅讨论了具体的非语言要素修辞现象，还把修辞利用的材料概括为"语言文字的一切可能性"，却是其发展。

作为一种来源于汉语修辞的长期实践、经过修辞实践检验、得到一些学者尤其是修辞学者认同的修辞思想——语言要素和非语言要素都可以修辞，就是我们所要坚持的科学的修辞思想。

（二）加强非语言要素修辞研究

非语言要素修辞是相对于语言要素修辞而言的，主要是指汉字修辞、标点修辞和图符修辞等以非语言要素为利用材料的修辞。

1.为什么要加强非语言要素修辞研究

非语言要素修辞是汉语修辞的重要组成部分，但非语言要素修辞研究却没有得到应有的重视。

20世纪50年代之后，修辞学研究一度偏离了非语言要素修辞研究的传统。1953年出版的张志公的《修辞概要》，专讲语言要素修辞，完全不涉及非语言要素修辞。1963年出版的张弓的《现代汉语修辞学》，明确提出修辞学"是研究词汇、语法、语音的运用"[1]，完全排斥非语言要素修辞。此后的一段时间，修辞学界基本上不研究非语言要素修辞。有的人甚至观点鲜明地指出，汉字只是记录语言的工具，不是语言要素，因而不能修辞。这一时期，非语言要素修辞已经到了无人问津的地步，修辞研究的范围也因此越来越小。

应该说，重视语言要素修辞，本身并没有错，但不重视非语言要素修辞，将体现汉字文化特色的非语言要素修辞现象置于可有可无的境地，甚至反对非语言要素修辞，却不能不说是非常错误的。

直到20世纪80年代初期，才有些学者开始关注非语言要素修辞。1983年，阮显忠发表《论图示格》[2]，讨论了字形示意、图形示意、符

---

[1] 张弓《现代汉语修辞学》，天津人民出版社，1963年2月第1版，15页。

[2] 阮显忠《论图示格》，见《＜修辞学发凡＞与中国修辞学》，复旦大学出版社，1983年7月第1版，334-348页。

号示意等非语言要素修辞现象。1989年，唐松波、黄建霖主编的《汉语修辞格大辞典》中收录了析字、图示等非语言要素修辞格①。1990年，曹石珠发表《标点符号的修辞作用》②，1991年，曹石珠在全国唯一的修辞学专业刊物《修辞学习》上发表《"无标点文字"不否定标点符号存在的价值——关于〈标点符号的客观基础及其修辞作用〉的质疑》③。此时，《修辞学习》上陆续出现一些非语言要素修辞的文章。1996年，曹石珠出版《形貌修辞学》④，这是全国第一部专门研究非语言要素修辞的学术著作。此后曹石珠相继出版《形貌修辞研究》⑤《汉字修辞学》⑥《汉字修辞研究》⑦《走进字谜的艺术宫殿——汉字修辞视野下的字谜研究》⑧《字谜歌谣修辞研究》⑨，出版教材《汉字修辞学教程》⑩，比较系统地探索了汉字修辞等非语言要素修辞。著名修辞学家王希杰也在《修辞学导论》中扼要地讨论了析字格、字趣格和图示格⑪等非语言要素修辞。此外，21世纪初期以来，还有一些青年学者以非语言要素修辞为硕士学位论文的选题，主要对文学作品以及字谜、字谜歌谣中的汉字修辞

① 唐松波、黄建霖主编《汉语修辞格大辞典》，中国国际广播出版社，1989年12月第1版。

② 曹石珠.标点符号的修辞作用［J］.益阳师专学报，1990（3）：115-119.

③ 曹石珠."无标点文字"不否定标点符号存在的价值——关于《标点符号的客观基础及其修辞作用》的质疑［J］.修辞学习，1991年（3）：24-25.

④ 曹石珠《形貌修辞学》，湖南师范大学出版社，1996年4月第1版 。

⑤ 曹石珠《形貌修辞研究》，湖南师范大学出版社，2000年4月第1版。

⑥ 曹石珠《汉字修辞学》，西安出版社，2004年1月第1版。

⑦ 曹石珠《汉字修辞研究》，岳麓书社，2006年12月第1版。

⑧ 曹石珠《走进字谜的艺术宫殿——汉字修辞视野下的字谜研究》，中国社会科学出版社，2013年2月第2版。

⑨ 曹石珠《字谜歌谣修辞研究》，黑龙江教育出版社，2019年11月第1版。

⑩ 曹石珠主编《汉字修辞学教程》，黑龙江教育出版社，2009年6月第1版。

⑪ 王希杰《修辞学导论》，浙江教育出版社，2000年12月第1版，516-521页。

进行研究，完成了一些非语言要素修辞的硕士学位论文①。

不可否认，20世纪80年代以来，汉字修辞等非语言要素修辞研究取得了一定成绩，有了明显的进展。也应该肯定，修辞学界对汉字修辞等非语言要素修辞采取了宽容的态度，已经没有人明确否定非语言要素修辞了，非语言要素修辞研究不再是禁区了。但是，非语言要素修辞研究还存在着明显的不足。主要表现为三点：一是非语言要素修辞研究还不够深入，理论探索尤为不足；二是非语言要素修辞资源亟待深入挖掘、广泛搜集；三是研究队伍亟待扩大，需要更多的学者进一步转变观念，投入这个领域的研究中来。总之，相对于语言要素修辞研究来说，非语言要素修辞研究还相当薄弱。

早在2001年，笔者曾撰文指出："非语言要素修辞理应成为汉语修辞学体系中的重要内容，汉语修辞学体系……应该包括语言要素修辞和非语言要素修辞。"②针对修辞学界忽视汉字修辞的实际，笔者曾说："现有的汉语修辞学实际上是汉字修辞无足轻重的汉语修辞学。这样的汉语修辞学，实际上就是不科学的汉语修辞学。③"可以说，加强以汉字修辞为重要内容的非语言要素修辞研究，正是构建汉语特色修辞学的必然选择。

2.怎样加强非语言要素修辞研究

——深入挖掘、广泛搜集。就目前已有的非语言要素修辞研究来看，发表的成果还很少，相对于语言要素修辞的成果来说，更是少之又少。毫无疑问，这是由多种原因造成的，但也与掌握的非语言要素修辞资源不足有直接的关系。如众所知，修辞资源就是修辞材料，它是修辞研究的基础和前提。不掌握足够的非语言要素修辞材料，既不能正确地把握非语言要素修辞的基本情况，更无法进行全面深入的系统研究，无法概括出合乎汉语修辞实际的修辞方法和修辞规律，也不利于非语言要

---

① 张利莹的硕士学位论文《字谜中的汉字修辞》（2006年）、陈晓平的硕士学位论文《论拆字》（2006年）等。

② 曹石珠.加强非语言要素的修辞研究构建完整的汉语修辞学体系［J］.郴州师范高等专科学校学报，2001年（3）：51-55；59.

③ 曹石珠《汉字修辞学》，西安出版社，2004年1月第1版，11页。

素修辞理论的深入探索。

汉语文献浩如烟海，要深入发掘非语言要素修辞资源、广泛搜集非语言要素修辞事实，非下苦功夫不行。为此，必须有"板凳要坐十年冷"的耐心，有不达目的誓不罢休的决心，坚定有付出必有收获的信心，潜心书本，关注现实，经年累月，不知疲倦地挖掘、搜集。倘如此，非语言要素修辞资源掌握不足的状况必能有所改观。

——鼓励更多学者加入非语言要素修辞研究的行列。非语言要素修辞研究是一项浩大的工程，仅靠少数几个人自发地研究是不够的，必须采取相应措施，吸引更多学者加入其中。

不必讳言，以汉字修辞为重要内容的非语言要素修辞研究，从一定意义上说，算不上国家急需项目。但是，以汉字修辞为重要内容的非语言要素修辞体现了汉字文化在修辞上的鲜明特色和独特个性，体现了中华民族的思维特征和独特智慧，对于构建汉语特色修辞学至关重要。如果缺少了以汉字修辞为重要内容的非语言要素修辞，那么，即使你掌握的资料再全面、构思再缜密、分析得再精细，你所建立的修辞学体系也是有缺陷的，更不是科学的，构建汉语特色修辞学也将成为一句空话。因此，对进行非语言要素修辞研究的学者给予适当的鼓励、支持，是完全必要的。

鼓励、支持的办法也许不多，但至少要做点工作。其一，在社会科学基金项目申报方面给予倾斜。国家社会科学基金办公室应在科研导向上给予引导，给予非语言要素修辞研究适当的空间，比如将非语言要素修辞研究项目列入《课题指南》，甚至采取招标项目的方式给予明确支持。各省社会科学基金办公室也可采取相应的措施。其二，鼓励支持同行专家引导硕士研究生，尤其博士研究生加入研究非语言要素修辞的队伍。其三，从长远方面看，就是要把非语言要素修辞列入学生，尤其是汉语言文学、新闻传播学等专业本科生，以及汉语言文字学硕士研究生、博士研究生的学习内容中，以培养其兴趣爱好。

——加强非语言要素修辞的理论研究。20世纪80年代以来，非语言要素修辞研究主要集中在修辞手段的研究上，涉及的语言事实也从一般语言作品扩大到字谜、字谜歌谣等特殊领域语言；从理论方面看，也讨

论了非语言要素能不能修辞、汉字修辞与思维的关系等。但是，理论研究却极为薄弱。因此，迫切需要在修辞行为、修辞接受、审美心理、修辞与思维等方面对非语言要素修辞进行深入探索，科学总结。

二、特色修辞学的基本内容及主要特点

（一）特色修辞学的基本内容

微观地看，特色修辞学的基本内容非常丰富。宏观地概括，特色修辞学的基本内容则可简要地归纳为三个大的方面：语言要素修辞、非语言要素修辞、语言要素修辞与非语言要素修辞综合运用。

1.语言要素修辞

语言要素修辞就是以语言要素为材料的修辞。语言要素修辞包括一般性语言要素修辞和构成辞格的语言要素修辞。

一般性语言要素修辞，是指利用语言要素却未构成辞格的修辞。这类修辞主要包括三类：语音修辞、词汇修辞和语法修辞。

构成辞格的语言要素修辞，是指利用语言要素所构成的辞格，也是以语言要素为利用材料的辞格，即通常所说的辞格，如比喻、借代、比拟、拈连、回环等。

语言要素修辞辞格的综合运用。包括比喻与比喻的连用、排比与层递兼用以及对比套用比喻，同时还包括与音节匀称等一般性语言要素修辞的配合使用。

2.非语言要素修辞

非语言要素修辞就是以非语言要素为材料的修辞。非语言要素修辞包括一般性非语言要素修辞和构成辞格的非语言要素修辞。

一般性非语言要素修辞，是指利用非语言要素但未构成辞格的修辞。以笔者的视野所及，一般性非语言要素修辞主要包括汉字修辞，即利用偏旁相同的汉字和利用字形相近的汉字，也包括标点修辞和图符修辞。

构成辞格的非语言要素修辞，是指利用非语言要素构成的辞格，也可简称辞格。这类辞格，在坚持语言要素才能修辞的人们眼里就不是辞格。但是，我们认为，这类辞格与过去常说的辞格有异有同：异在利用的材料不同，过去常说的辞格所利用的是语言要素，而这类辞格所利用的是非语言要素；同在二者都具有辞格的特点，即特定的结构、特定的

规律和特定的表达效果。因此，我们认定这类利用非语言要素的修辞，就是辞格，是一种很有特色的辞格，如拆字、并字、标点独用等非语言要素构成的辞格。

非语言要素修辞辞格的综合运用。包括拆字与拆字连用、减笔与减笔连用、拆字与减笔连用以及借助减笔的拆字等。

3.语言要素修辞与非语言要素修辞综合运用

语言要素修辞与非语言要素修辞综合运用，主要是指利用语言要素构成的辞格与利用非语言要素构成的辞格的综合运用，简称为辞格的综合运用，如借助比喻的拆字，借助比喻、减笔的拆字，借助比喻、会意的拆字等。

（二）特色修辞学的主要特点

特色修辞学的主要特点至少可以概括为两个方面。

1.构成特点

所谓构成特点，即特色修辞学在内容构成上的特点。从上面阐述的基本内容不难看出，特色修辞学的构成特点是，语言要素修辞和非语言要素修辞共同构成一个修辞学体系。这个体系既包含丰富多彩、变化万千的语言要素修辞，也包含历久弥新、特色鲜明的非语言要素修辞。

当然，在这种独具中华文化特色的修辞体系中，语言要素修辞与非语言要素修辞的关系并非平分秋色，而是有主有辅、各领风骚。就一般情况而言，语言要素修辞在人们的修辞实践中起主导作用，非语言要素修辞在人们的修辞实践中起辅助作用。在文学作品中，一定有语言要素修辞，却不一定都有非语言要素修辞；此外，既有语言要素修辞也有非语言要素修辞的文学作品也相对较少。在应用文中，如各级党委、政府的公文中，几乎见不到汉字修辞等非语言要素修辞，却不能没有语言要素修辞。而在字谜、字谜歌谣这种特殊的领域语言中，语言要素修辞较少，甚至没有，但汉字修辞这种非语言要素修辞却不能没有。这样的特点，既与语体以及领域语言的特定要求相关，也与语言运用者的修养、爱好有关。

2.文化特色

特色修辞学在内容上的另一个特点，是比较充分地挖掘了汉语修辞

的文化特色。单就语言要素修辞看，其中的很多修辞现象都具有显著的汉语文化特色，比如语音修辞中的音节匀称、平仄相间、韵脚和谐，词汇修辞中相同语素的修辞以及辞格中的对偶、回环、比喻等都体现了中华文化的特色。而非语言要素修辞中的拆字、并字、增笔、减笔、借形等，都是利用汉字形体的修辞，体现了独特的汉字文化特色，甚至拆字、并字、增笔、减笔等利用汉字形体的修辞现象连准确无误地翻译成任何其他外国语言都是不可能的，即谭永祥所说的"具有极强的抗译性"①。从一定的意义上说，以汉字修辞为主要内容的非语言要素修辞在文化上的特色与语言要素修辞在文化上的特色相辅相成，从而使汉语修辞学在文化特色方面更为突出，可谓大放异彩。

客观地说，语言要素修辞的中华文化特色，很多学者都在他们的论著中讨论过了，但以汉字修辞为重要内容的非语言要素修辞的汉字文化特色却很少有学者涉及。本书将二者一同呈现出来，汉语修辞的文化特色无疑是更鲜明了。

特色修辞学的这两个主要特点，表面上看似乎很简单，内里却包含了非常丰富的内容。可以肯定地说，正是这两个看似简单的特点，构成了特色修辞学与以往的所有汉语修辞学都大不相同的面貌。

---

① 谭永详《汉语修辞美学》，北京语言学院出版社，1992年12月第1版，426页。

第一编　修辞概述

一般来说，修辞概述要讲一讲修辞学的常识：什么是修辞学，修辞学的兴起和发展，修辞与语音、词汇和语法的关系，修辞的原则等。毋庸置疑，这些常识应该讲。但笔者也认为，这些东西已讲得太多；况且，即使笔者不讲，也不会对本书产生不良影响。

在这里，笔者只想谈谈人们很少涉及的汉语修辞的特点，谈谈虽然有学者涉及但并未真正形成共识的汉语修辞评价的标准。

第一章　修辞的特点

修辞的特点是什么？这并不是一个高深莫测的问题，却是一个非常重要的问题。客观地说，弄清这个问题，无论是对于学习修辞、传承修辞文化，还是对于深入研究修辞、构建具有汉语文化特色的修辞学体系，都具有十分重要的意义。

如众所知，汉语包括语音、词汇、文字、语法和修辞。在中国语言学界，关于语音的特点、词汇的特点、文字的特点和语法的特点，都有了较为深入的研究，有了比较准确的表述，并且得到了比较广泛的认同，唯独修辞的特点，至今仍然没有一个被大家认同的说法。毋庸讳言，修辞特点研究的这种现状，是必须改变的。同时，笔者还认为，随着非语言要素修辞研究的不断深入，客观科学地总结修辞的特点是完全可以实现的。

基于这样的认识，本书从修辞利用语言文字的一切可能性这个客观实际出发，从语言要素和非语言要素共同为修辞服务这样一个全新的角度，从修辞利用的材料、构成辞格的因素、修辞信息的接受渠道和修辞的思维工具四个方面对修辞的特点进行探索。

第一节　语言要素、非语言要素都是修辞利用的材料

修辞是对一定材料的利用而形成的。修辞利用什么样的材料呢？笔者以为，从修辞的实践看，修辞所利用的材料就是语言要素和非语言要素①。

---

① 利用非语言要素进行修辞是中国文化的传统，先秦时代的谶言就运用了拆字等以汉字形体为材料的修辞手段，即汉字修辞，也叫字形修辞。后世在广阔的领域继承了这一传统。学者们早已注意到了这种修辞传统。刘勰在《文心雕龙》里所阐述的"离合"以及"诡异""联边""重出""单复"等都是字形修辞，顾炎武在《日知录》中所讲的"古诗固有之矣"的"析字之体"也是字形修辞，陈望道在《修辞学发凡》中讲的析字中的"化形析字"、辞趣中的"形趣"等，都是汉字修辞，而汉字修辞则是非语言要素修辞中非常重要的一部分。

一、以语言要素为材料的修辞

语言要素就是指语音、词汇和语法，即语言三要素。以语言要素为材料的修辞，就是利用语音、词汇和语法而构成的修辞，即语音修辞、词汇修辞和语法修辞。

1.语音修辞

语音修辞，就是以语音为利用材料的修辞。

例（1）一杆红旗要大家扛，

红旗倒了大家都遭殃。

李季《王贵与李香香》

例（2）聪明人要理解生活，愚蠢人要习惯生活。

沈从文《时间》

这两例都是以语音为利用材料的修辞。例（1）的后一分句原为"红旗倒了大家都糟糕"，后来作者把"糟糕"改成了"遭殃"。修改后，"扛"与"殃"韵脚和谐，产生了好的语音修辞效果。例（2）中的"聪明人要理解生活，愚蠢人要习惯生活"都是八个音节，构成音节匀称的语音修辞特点，体现了节奏感强、语音和谐的音乐美。

以语音为材料的修辞有比较丰富的内容，除了例（1）（2）中所涉及的押韵和音节匀称，还有平仄相间、双声等。

2.词汇修辞

词汇修辞，就是以词汇为材料的修辞。从一个具体的修辞文本来看，词汇修辞就是词语修辞。

例（3）母亲现在离我而去了，我将永不能再见她一面了。

朱德《回忆我的母亲》

例（4）从此就看见许多陌生的先生，听到许多新鲜的讲义。

鲁迅《藤野先生》

这两例都是词汇修辞。例（3）不说"死了""去世了"等，而说"离我而去了"，表达委婉含蓄，具有好的修辞效果。例（4）原文为"新的先生""新的讲义"，后来作者将它们分别改为"许多陌生的先生""许多新鲜的讲义"，避免了歧义，表达更为准确。

以词汇为材料的修辞非常丰富，也非常复杂，目前有关这方面的研究还不够深入，要把它们准确地概括出来并不是一件容易的事。勉为其难地说，笔者以为，至少包括名词的选用、动词的选用、形容词的选用、数词的选用、量词的选用、代词的选用、同义词的选用、反义词的选用等。进一步看，汉语中的辞格，也有很多很多是以词汇为利用材料的修辞。

3.语法修辞

语法修辞，就是以语法为材料的修辞，或者说，主要是以语法手段为材料的修辞。

例（5）多好啊，生活！

多美啊，爱情！

谌容《人到中年》

例（6）她一手提着竹篮，内中一个破碗，空的；一手挂着一支比她更长的竹竿，下端开了裂；她分明已经纯乎是一个乞丐了。

鲁迅《祝福》

这两例都是以语法为材料的修辞，或者说是利用语序这种语法手段的修辞。例（5）是分别将谓语"多好啊""多美啊"前置，以强调突出谓语"多好啊""多美啊"。例（6）是将定语"空的"、定语"下端开了裂"后置，以强调突出定语"空的""下端开了裂"，形象具体地描绘了祥林嫂悲惨的生活现状。

以语言要素为材料的修辞，内容最为丰富。以语言要素为材料的修辞，也是大家最熟悉的修辞。因为从20世纪60年代以来，人们一方面充分肯定陈望道的《修辞学发凡》，另一方面又有意无意地背离了《修辞学发凡》所体现的语言要素和非语言要素都可以修辞的修辞传统，认为只有语言要素才可以修辞[①]，非语言要素不能修辞。从小学到中学再到大学，教

---

① 关于只有语言要素才可以修辞的研究，张弓的《现代汉语修辞学》（天津人民出版社，1963年）是典型代表。该书认为，修辞学"是研究词汇、语法和语音的运用"。宗廷虎主编的《20世纪中国修辞学（上、下卷）》（中国人民大学出版社，2007年）写道："这个体系是以语言的三要素（语音、词汇、语法）为基础，以变通为中心，联系现实语境，以达到美好的表达效果。"其实，说修辞只研究语言三要素是片面的，也是不符合汉语修辞的客观实际的，这样来研究修辞的结果就是把拆字等中华文化独有的修辞现象排斥在修辞学的研究范围之外。事实上，20世纪60年代至90年代前期的中国修辞研究基本上是只研究语言要素修辞，一些修辞研究的知名学者也不研究非语言要素修辞，相对于陈望道的《修辞学发凡》所开辟的修辞道路来说，修辞研究之路是越走越窄了。因此，只研究语言要素修辞的《现代汉语修辞学》相对于既研究语言要素修辞又研究非语言要素修辞的《修辞学发凡》来说，在一定意义上说是一种倒退。

材所写的、老师所讲的都是以语言要素为材料的修辞，基本上不讲非语言要素修辞。

二、以非语言要素为材料的修辞

汉语的非语言要素，主要指汉字的形体、标点和图符等。汉语修辞以汉字的形体为材料，可谓古已有之，源远流长。而以标点符号为材料的修辞、以图符为材料的修辞则大大晚于汉字修辞。

以非语言要素为材料的修辞，主要包括汉字修辞、标点修辞和图符修辞。

1.汉字修辞

汉字修辞，就是以汉字的形体为材料的修辞，也叫字形修辞。

例（7）戊戌同体，腹中止欠一点。

　　　　己巳连踪，足下何不双挑。

蒲松龄《聊斋志异·狐联》

例（7）为狐仙调谑焦生的联语。上联"戊戌"、下联"己巳"均为干支。上联从"戊戌"二字的形体差异立意，对这两个形近字中部的差异进行描写，便是"腹中止欠一点"。下联从"己巳"二字的形体相同之处立意，由这两个汉字下部相同处引出"足下何不双挑"。可谓对仗工稳。

从修辞方法看，例（7）是利用形体相近的汉字；从修辞效果看，例（7）描写生动，引申自然，诙谐有趣，耐人寻味。结合特定的语境看，更见其含而不露，颇有妙趣。

以字形为材料的修辞还有利用偏旁相同的汉字。

据我们观察，非辞格的汉字修辞并不丰富。

2.标点修辞

标点修辞，就是以标点符号为材料的修辞。

例（8）邻居妇人要我送你一笔大钱，说我写书，稿费易如就地俯拾。……咳，邻人只知是钱！人活着不能没钱，但只要有一碗饭吃，钱又算个什么呢？如今稿费低贱，家岂是以稿费发得？！

贾平凹《读书示小妹十八生日书》

例（9）我们从此——一、刀、两、断！

吕雷《海风轻轻吹》

这两例都是以标点符号为材料的修辞。例（8）通过问号、感叹号叠用，既强烈地表达了作者对邻居妇人之见的不屑和慨叹，又引人注目。例（9）中"一、刀、两、断"一字一顿，是标点符号的超常用法，这样来运用顿号，既延长了语气，又有强调突出语意内容的作用。

3.图符修辞

图符修辞，就是以图形、符号为材料的修辞。

例（10）童♥童画

这是以图形为材料的修辞。例（10）不用汉字"心"而用图形"♥"，特别引人注目。实际上，这种修辞也属于"形貌修辞"[①]。

此外，如排列修辞，也是非语言要素修辞。

例（11）许多的同志都成天地闭着眼睛在那里瞎说，这是共产党员的耻辱，岂有共产党员而可以闭着眼睛瞎说一顿的吗？

要不得！

要不得！

注重调查！

反对瞎说！

毛泽东《反对本本主义》

例（11）中四个感叹句，"每一句独占一行，构成了与常规排列方式有明显区别的引人注目的形貌"[②]，从而使其语意得到强调突出。这是利用文辞的排列方式来修辞的修辞现象。

关于汉语修辞利用的材料，中国著名修辞学家陈望道在《修辞学发凡》中有过精辟的表述："修辞所可利用的是语言文字的习惯及体裁形式的遗产，就是语言文字的一切可能性"[③]。这里，他虽然没有运用语言要素和非语言要素这样的术语，但是，结合《修辞学发凡》所讨论的修辞现象来看，他所说的"修辞所可利用的"是"语言文字的一切可能性"，实际上包含了语言要素和非语言要素。

---

① 形貌修辞，是由陈望道"辞的形貌"这一提法演变而来的。形貌修辞是指那些以诉诸视觉的非语言要素为修辞利用的材料，并且只能通过视觉才能感知其修辞信息的修辞现象。参见曹石珠《形貌修辞学》。

② 曹石珠.毛泽东著作中的形貌修辞［J］.语文建设，1993（12）：10-11.

③ 陈望道《修辞学发凡》，上海教育出版社，1979年9月新1版，8页。

事实上，以汉字的形体等非语言要素为材料的修辞恰恰是汉语修辞的特色所在，尤其是以汉字的形体为材料的非语言要素修辞更是其他任何语言都没有的修辞现象。因此，如果说以语言要素为材料的修辞并非汉语修辞所独有，那么，语言要素和非语言要素都是汉语修辞的利用材料，则是非常独特的，或者说，语言要素和非语言要素都是修辞所利用的材料，这就是汉语修辞的一个重要特点。

第二节　语言要素修辞、非语言要素修辞都可以构成辞格

所谓语言要素修辞，就是以语言要素为材料的修辞。所谓非语言要素修辞，顾名思义，当然是以非语言要素为材料的修辞。在汉语修辞中，不仅语言要素修辞可以构成辞格，非语言要素修辞同样可以构成辞格。

一、语言要素修辞可以构成辞格

说语言要素修辞可以构成辞格，这在中国修辞学界是异口同声，绝无异议的。开修辞研究只研究语言要素修辞先河的张弓在《现代汉语修辞学》中所讨论的正是这样的辞格。由于语言要素修辞所构成的辞格是大家所熟知的，这里我们只举几例来说明。

例（1）六月，并不是什么好时候，没有春光，没有秋意，也没有雪。

宗璞《西湖的"绿"》

例（2）没有风。海自己醒了，喘着气，转侧着，打着呵欠，伸着懒腰，抹着眼睛。因为岛屿挡住了它的转动，它狠狠地用脚踢着，用手推着，用牙咬着。

鲁彦《听潮》

例（3）小冬子偎近爸爸："爸爸，这些年，你给我的红星，我一直放在身上。"

潘行义："后来，你吴大叔又帮你把红星戴到了军帽上，是不是？"

吴修竹："不，是他自己把这颗红星戴到了心头上！这些年里，闪闪的红星照耀着他，孩子可从来没有后退一步啊！"

《闪闪的红星》（电影对白）

例（4）老人家谈恋爱，像老房子着火，烧起来没得救。

钱钟书《围城》

这四例都是语言要素修辞构成的辞格。例（1）是排比，例（2）是拟人、排比，例（3）是拈连，例（4）是比喻，都具有很好的修辞效果。这类辞格也是大家非常熟悉的辞格，例（1）（2）来源于中小学课本，例（3）来源于家喻户晓的电影，例（4）来源于小说。

由语言要素修辞构成的辞格，数量最为庞大，内容最为丰富。收录辞格最多最全的《汉语修辞格大辞典》共收录辞格156个，除了析字、联边、图示等几个非语言要素构成的辞格以及某些有待商榷的辞格，其余都是语言要素构成的辞格[①]。

二、非语言要素也可以构成辞格

关于非语言要素构成辞格的问题，有人反对，亦有人赞成。笔者持赞成态度。笔者认为，非语言要素修辞可以构成辞格，正是汉语修辞在辞格构成上的独特之处。

1.汉字辞格

汉字辞格，就是以汉字的形体为材料构成的辞格，也叫字形辞格。

例（5）他们就动手打起来，有的丘八还跑上戏台胡闹。

巴金《家》

例（6）萧兰台：心里有了念想，有了寄托，也就不觉得怎么苦。甚至连广隶都不知道，也不明白我为什么给他起这么个名字。广隶这两个字，是我三十七年的寄托，三十七年的精神支柱。

《长空铸剑》（电视剧对白）

这两例都用了拆字。例（5）以"丘八"含蓄地表示对那些胡闹的"兵"的贬斥之义。例（6）是萧兰台对她30多年前的恋人、空军副司令员康良宇说的话。当康良宇问萧兰台这些年是"你一个人拉扯着孩子、独自走过来的？"的时候，萧兰台说了例（6）这段话。萧兰台所说的"广隶"是她的儿子，即空军某师师长萧广隶。听了她的话，康良宇回到宿舍，在纸上写满了"广隶"二字，最后他把"广隶"合起来，在纸上写出

[①] 唐松波、黄建霖主编《汉语修辞格大辞典》，中国国际广播出版社，1989年12月第1版。

了"康"。他终于明白了，萧广隶师长就是他与萧兰台的儿子。此时，他不禁老泪纵横。这里的拆字具有非常好的修辞效果。陈望道在《修辞学发凡》中所讨论的"析字"①就包含了这样的拆字。

由字形的离合、增损、颠倒、变异等方法构成的汉字辞格有四个特点：一是源远流长，经久不衰。古代的谶言、唐诗宋词、元曲、明清小说都有很多运用字形修辞的例证，现代的散文、小说、字谜、电视剧乃至人们的日常生活中仍在运用。二是修辞效果独特，具有很强的修辞魅力。三是拆字、减笔等辞格在字谜中显示出无与伦比的成谜功能、解谜功能。四是字形构成的辞格在非语言要素构成的辞格中最为丰富，主要包括拆字、并字、减笔、增笔、借形、合形、变形、倒字、联边。

2.标点辞格

标点辞格，就是以标点符号为材料构成的辞格。

例（7）他们的神采和装束使我大为惊讶，要知道，他们是文学概念中的"庄稼汉"呀！

"你们怎么来的？"

"自己带的车！"他指指外面的"吉普"。

！

两千多里路，他们竟然坐上了"专车"。

"你们要去哪里？"

"深圳！"

"到深圳做什么？"

"考察！"

！！

（以下有删节，引者按）

"你们办好去边境的手续了吗？"

"办好了！"

"坐火车去吗？"

---

① 陈望道所说的析字，包括化形析字、谐音析字和衍义析字，而化形析字中的"离合"，指的就是我们所说的拆字。参见陈望道《修辞学发凡》（上海教育出版社，1979年）。

"不，坐飞机去！"

！！！

"你们是怎样买到飞机票的？"

"作家协会的一位同志帮忙买的。"

！！！！

（以下有删节，引者按）

我决意尽主人之道，把他们领到北影小食堂狠狠来上一顿，花三十、二十的！

"不，跟我们去吧！"他们反客为主。

"去哪里？"

"小洞天，西餐！"

！！！！！

我简直是五体投地！……

李延国《中国农民大趋势——胶东风情录》

例（8）费国民血汗已？亿，

集天下混蛋于一堂。

这两例都是独用标点[1]。例（7）是标点符号独立成句，并且层层递加，非常直观地表达了作者逐层递加的惊讶，具有很好的修辞效果。例（8）是乔大壮讽刺伪国大的一副对联，让"？"直接进入句子，同样具有不可替代的修辞效果。

由标点符号构成的辞格还有递加标点、叠用标点和标点符号相对零形式等等[2]。

3.图符辞格

图符辞格，就是以图形、符号为材料构成的辞格。

例（9）高大的威虎山前，怀抱着 ❀ 形的五个小山包，名叫五福岭。

曲波《林海雪原》

例（10）世界无烟日告诫：

吸烟＝吸毒

---

① 曹石珠《形貌修辞学》，湖南师范大学出版社，1996年6月第1版，126页。

① 曹石珠《形貌修辞学》，湖南师范大学出版社，1996年6月第1版，138-192页。

这两例都用了插用图符。例（9）是插用图形，它以图形经济简省、直观具象地描写五福岭的地形，具有很好的修辞效果。例（10）是插用数学符号，用"="比用"等于"更直观，更有趣。

相对于汉字辞格、标点辞格来说，图符辞格是比较少见的。

关于非语言要素修辞可否构成辞格的问题，前辈学者早已给出了肯定的回答。如在《修辞学发凡》中，陈望道就确定了析字的辞格地位，并认为："总数所有析字修辞的基本方法，共有三类：（一）化形……"[1]化形析字"约可分作三式：（甲）是离合字形的，可以称为离合；（乙）是增损字形的，可以称为增损……三式之中，以离合一式为最常见"[2]。并且列举了丰富的例证详细地阐述了离合、增损。可见，陈望道已把离合字形、增损字形当成析字这一辞格的不同方式了。实际上，我们只是根据大量汉字修辞的语言事实，把"离合字形"分成了拆字、并字，把"增损字形"分成了增笔、减笔[3]。此外，陈望道专列《积极修辞五》一篇，讨论了"标点修辞""插用图符"等辞趣[4]。我们正是以陈望道所说的辞趣为基础，认为他所说的辞趣，有的已具备了辞格的条件，应该看作辞格。

应该说，由语言要素修辞构成的辞格，是其他语言都有的修辞现象，但是由汉字的形体等非语言要素修辞构成的辞格，却是汉语修辞所特有的。

综合起来看，语言要素修辞和非语言要素修辞都可以构成辞格，同样是汉语修辞的重要特点。

① 陈望道《修辞学发凡》，上海教育出版社，1979年9月新1版，146页。

② 陈望道《修辞学发凡》，上海教育出版社，1979年9月新1版，146页。

③ 曹石珠《汉字修辞学》，西安出版社，2004年1月第1版，98-152页。曹石珠《汉字修辞研究》，岳麓书社，2006年12月第1版，166-177页。

④ 陈望道《修辞学发凡》，上海教育出版社，1979年9月新1版，229-241页。

第三节　绝大多数修辞现象通过听觉、视觉进行接受，有的修辞现象只能通过视觉进行接受

以接受修辞学的观点看，修辞学必须研究修辞信息接受的问题。从这个意义上讲，考察修辞在信息接受方面的情况，也可以从一个侧面反映修辞的特点。

通常来讲，修辞的接受渠道主要表现为听觉和视觉两种，也可以叫作耳听、目赏。

一、通过听觉、视觉进行接受的修辞现象

绝大多数修辞现象可以通过听觉和视觉两种渠道进行接受。

例（1）秋风像一把柔韧的梳子，梳理着静静的团泊洼；

秋光如同发亮的汗珠，飘飘扬扬地在平滩上挥洒。

郭小川《团泊洼的秋天》

例（2）一个外国人，毫无利己的动机，把中国人民的解放事业当作他自己的事业，这是什么精神？这是国际主义的精神，这是共产主义的精神，每一个中国共产党员都要学习这种精神。

毛泽东《纪念白求恩》

例（1）用了比喻。诉诸听觉，我们可以通过耳朵准确地听出这段话中的两个比喻；诉诸视觉，我们可以通过眼睛准确地看出这段话中的两个比喻句。例（2）是设问。无论诉诸听觉还是视觉，读者都可以准确地接受这个语言片段中的设问。综合起来看，例（1）、例（2）无论是诉诸听觉还是诉诸视觉，它们在修辞信息的接受方面是没有弱与强的差别的。

在汉语修辞中，语音修辞、词汇修辞和语法修辞都可以无甚区别地通过听觉、视觉进行接受；非语言要素修辞中的拆字、并字、间接减笔、间接增笔、借形等，也可以通过听觉、视觉两种渠道无甚区别地进行接受。

需要说明的是，能够通过听觉、视觉两种渠道进行接受的修辞现象占绝大多数，是汉语修辞的主流。

二、只能通过视觉进行接受的修辞现象

也有一些修辞现象只能通过视觉进行接受，不能通过听觉进行接受。

例（3）䘮

例（4）䰞

例（5）人民祝你长寿！

全党祝你永康！！

周恩来《为庆贺朱总司令六十大寿的祝辞》

这些例证都只能通过视觉进行接受，不能通过听觉进行接受。例（3）是合形，利用了偏旁共用等方式，该例新颖有趣地表达了"好学孔孟"的语义。诉诸视觉，读者能看出独特的修辞信息；如诉诸听觉，例（3）就与不用合形的"好学孔孟"完全一样了，其诉诸视觉的修辞信息也就无法被读者接受。例（4）是倒字，表达了"福到了"的语义，如诉诸听觉，它与不用倒字的"福"字的读音完全相同，这样，它利用形体变化所产生的修辞信息也就在不恰当的语音传播中消失了。例（5）是递加标点，诉诸视觉，读者能接受其修辞信息，而诉诸听觉，只有通过视觉才能感知的"！！"就无法通过听觉进行接受。可见，上述三例中的合形、倒字、递加标点都只能通过视觉进行接受，不能通过听觉进行接受。

相对于可以通过听觉、视觉两种渠道进行接受的汉语修辞现象来说，只能通过视觉渠道进行传播的汉语修辞现象毕竟是少数，但也不仅仅限于以上几种，如变形、直接增笔、独用标点、叠用标点、添加标点、标点符号相对零形式、插用图符[①]等，都只能通过视觉进行接受，不能通过听觉进行接受。笔者曾经把这类修辞现象概括为形貌修辞，凡是形貌修辞在修辞信息的接受方面都具有这样的特点。

不必讳言，绝大多数修辞现象可以通过听觉和视觉进行接受并不是什么特点，但是把这种情况与那些只能通过视觉才能进行接受的修辞现象结合起来看，无疑也就构成了汉语修辞在信息接受方面的重要特点。

---

① 参见曹石珠《形貌修辞学》，湖南师范大学出版社，1996年6月第1版，66-192页。

第四节　语言和汉字的形体都是修辞的思维工具

据笔者观察，多数修辞现象都是单纯运用语言进行思维的，那些以语音、词汇和语法为材料的所有修辞现象都是如此。可以说，利用语言进行思维是修辞活动的普遍现象，语言是思维的工具，已成为人们的共识。因此，无须对这种思维现象进行具体的阐述。

修辞在思维方面的特异之处是，有的修辞现象还要利用汉字的形体进行思维。

例（1）刘桂兰脑袋一晃……这才说道："咱们识字班有个人叫我来打听打听，她要打八刀，能行不能行？"……肖队长早猜着她是来打听她自己的事的。……肖队长说："看是谁打八刀，跟谁打八刀。"肖队长说到这儿，笑着加一句："童养媳是不准打八刀的。"

周立波《暴风骤雨》

例（2）左十八，

右十八。

搞绿化，

挡风沙。（林）

王德海《有趣的字谜歌谣500首》

例（3）挥手告别（军）

例（1）用了拆字，"八刀"是汉字"分"的拆分，"打八刀"不是"打制八把刀"，也不是"打某人八刀"，而是离婚的意思。在这个例证中，作者为了含蓄地表达，选择了拆字。在作者修辞活动的思维过程中，作者的思维活动就是围绕"分"这个汉字的形体进行的，或者说，"分"字的形体成了作者联想、想象的中心。当读者接受例（1）时，其思维活动也离不开汉字的形体，读者要根据拆字的规律，把"八刀"组合成"分"，才能准确理解作者的本意。就是说，读者的思维活动也要利用汉字的形体这个工具。当然，要全面理解例（1），肯定离不开语言思维，但是作者要正确地运用拆字，读者要正确地接受其中的拆字，就

不能不利用汉字的形体进行思维。例（2）是一则字谜，也用了拆字。谜底是汉字"林"。作者运用拆字时，其思维活动是围绕把"林"拆成什么进行的，为了构成例（2）这种打油诗式的表达形式，作者不是把"林"拆成"木"和"木"，而是把"林"拆成"十八"和"十八"。读者接受例（2）时，其思维活动的重点是把"十八""十八"分别组成"木""木"，然后把"木"与"木"组合成"林"。可见，作者运用拆字与读者接受拆字虽然在利用汉字形体的方法方面有所不同，但利用汉字的形体进行思维，却是完全相同的。例（3）用了减笔，是一则减笔字谜。作者创作时，先找到一个被减损的汉字"挥"，然后找到一个要减损的汉字"手"，再找到表示减损义的汉字"告别"。这样，"挥手告别"，就是在"挥"这个汉字中减去"手"，得到谜底汉字"军"。不难看出，作者运用修辞时的思维活动始终是围绕汉字的形体进行的。读者解谜时，其思维活动也要紧紧围绕汉字的形体，在"挥"字中减去"手"，才能得到谜底。可见，在减笔这种修辞方式中，作者和读者也必须利用汉字形体进行思维。

这里，我们不妨列举一个反面的例证。

例（4）陈大嫂："张先生，这60个钱按道理要给你。……今天我们两个人猜个字谜，你若是猜中了，那就如数奉还；你若猜不中，哎呀，先生啊先生，那就没得。"

张先生："哼。跟你论文，那是背皮包进磨坊——对牛弹琴。"

陈大嫂："那你就不要小看人。"

张先生："你讲吧。"

陈大嫂："两个山字打叠。"

张先生："陈大嫂，是哪个'山'哪？"

陈大嫂："高山的'山'。"

张先生："……哦嗬，那个《康熙字典》没带来。……长沙一座岳麓山，衡山一座南岳山。两座山打叠啊，一个高字啦。拿来，拿来。"

《张先生讨学钱》

这是湖南花鼓戏中的一个例证，用的语言是湘方言。"两个山字打叠"是字谜。"打叠"就是重叠在一起。不难看出，张先生利用语言进行思维，认为一座山就很高，两座山叠在一起，那不是更高吗？所以他说这则字谜的谜底是"高"。实际上，这个例证要利用汉字的形体进行思维，"两个山字打叠"是用了拆字，按照"作者离，读者合"这一拆字利用汉字形体的规律，把"山"字与"山"字的形体组合起来，就能正确地得到谜底"出"字。

利用汉字的形体进行思维是汉字修辞在思维方面的共同特征，不仅前面讨论的拆字、减笔要利用汉字的形体进行思维，而且并字、增笔、借形、合形、变形、联边、倒字等汉字修辞方式都要运用汉字的形体进行思维[①]。

结合上述两个方面来看，多数修辞现象单纯利用语言进行思维，有的修辞现象还要利用汉字的形体进行思维，这就是修辞在思维方面的客观实际，也是修辞在思维方面的重要特点。修辞在思维方面的特点，从一个侧面说明，语言是中国人思维的重要工具，但不是唯一的工具。

应该说，上述四个方面的特点是修辞的主要特点，也是最重要的特点。如果从不同的角度来概括，也可以概括出别的特点。比如，从跨文化交流这个角度看，修辞中的拆字等汉字修辞方式就无法翻译成英语等外国语言，即谭永祥所说的"抗译性"[②]。又如，从修辞手段的多样性来看，我们也可以说修辞的手段丰富多彩。但是，不管还可以从别的不同角度概括出什么样的不同特点，都不影响上述四个主要特点的确立。

---

① 参见曹石珠《汉字修辞研究》，岳麓书社，2006年12月第1版，10-30页；曹石珠《走进字谜的艺术宫殿——汉字修辞视野下的字谜研究》，中国社会科学出版社，2013年2月再版，77-91页。

② 谭永祥《汉语修辞美学》，北京语言学院出版社，1992年12月第1版，426页。

第二章　修辞评价的标准

　　修辞评价的标准，是一个非常重要的论题，也是一个并未真正达成共识的问题。

　　20世纪50年代后期，修辞学界认为，修辞评价的标准是"准确、鲜明、生动"，其影响可谓既深入又广泛。随着修辞研究的逐步深入，质疑这个标准的人逐渐增多，其中关于这个标准具有片面性的说法最具代表性。谭永祥曾明确指出："这种标准带有很大的片面性，因为语言事实并非全都如此。"[①]但是，即使到今天，仍有人把"准确、鲜明、生动"当作修辞评价的标准。笔者在长期的修辞研究和修辞教学生涯中也对修辞评价标准进行过认真深入的思考，形成了自己的看法。

　　笔者认为，"准确、鲜明、生动"这个标准存在的问题，不是片面性，而是完全错误的，因为具有"准确、鲜明、生动"特点的修辞，并不都是好的修辞，有的还可能是不好的修辞。

　　笔者以为，修辞评价的标准就是"切当"。但是，在讨论"切当"之前，应先重点分析"准确、鲜明、生动"这个错误的标准。

第一节　"准确、鲜明、生动"是修辞评价的错误标准

　　大量的修辞事实证明，作为修辞评价的标准，"准确、鲜明、生动"是错误的，也是不科学的。

一、不是所有好的修辞都准确，不是所有表意准确的修辞都是好的修辞

　　所谓准确，就是"行动的结果完全符合实际或预期"[②]。修辞上讲的准确，是指写或说的话与所要表达的内容完全相符，准确与模糊相反。不

---

　　① 谭永详《汉语修辞美学》，北京语言学院出版社，1992年12月第1版，9页。

　　② 中国社会科学院语言研究所词典编辑室编《现代汉语词典》，商务印书馆，1996年修订第3版，1659页。

可否认，确实有些好的修辞具有表达准确的特点，但不是所有好的修辞都具有表达准确的特点。

例（1）它的干通常是丈把高。

茅盾《白杨礼赞》

例（2）生活嘛，就是生下来，活下去。你爹妈把你生下来，你得自己活下去。

乔瑜《大生活》

例（3）月亮，就像我娘，多么亲切，多么慈祥。

梁晓声《年轮》

例（1）中的"丈把"表意模糊，但却非常恰当。如果要准确地表达，就要说"一丈几尺"高。可是，无论说"一丈一尺"，还是"一丈三尺"……，都不妥帖。可以说，在特定的语境中，不管说"一丈几尺"，都不可能准确，都不恰当。如果一定要准确地表达，那就一定不是好的修辞。例（2）用了别解，新颖有趣，耐人寻味，但并不准确。例（3）用"月亮"来比喻"我娘"，形象生动，令人联想，同样不准确。如果用准确的标准来评判，那它们都不符合这个标准。难道这三例都是不好的修辞吗？当然不是。客观地说，这三例在表达上各有特点，都在特定的语境中产生了好的表达效果，都是好的修辞。

谭永祥说："有时候准确的反面——模糊，比准确更具有表现力"。[①]例（1）（2）（3）都说明，它们表达上虽不准确，却比准确更有表现力。此外，这三例还充分说明，有时候准确不仅无益，反而有害，如果把这三例都改成表意准确的修辞，那就没有这类有趣的表达方式了。

可见，有不少好的修辞具有不准确甚至模糊的特点，以准确作为评价标准，就把那些不符合"准确"标准，但确实是好的修辞排斥在好的修辞范围之外了，甚至可能把虽然表达准确，却不是好的修辞当成了好的修辞。从实质上讲，"准确"作为修辞评价的标准是错误的，更是不科学的。

---

① 谭永祥《汉语修辞美学》，北京语言学院出版社，1992年12月第1版，11页。

二、不是所有好的修辞都鲜明，不是所有表意鲜明的修辞都是好的修辞

所谓鲜明，就是"分明而确定，一点也不含糊"①。修辞上讲的鲜明，就是直白地表达，与含蓄相反。

毫无疑问，有些好的修辞确实具有鲜明的特点。但是，也有很多好的修辞不具有鲜明的特点。

例（4）葛老师：我是看着你的电影变老的。等你老了演电影的时候，我已经到世界上最凉快的地方凉快去了。

（在第一届"风云盛典"颁奖典礼上的对话）

例（5）耗国因家木

刀兵点水工。

纵横三十六，

播乱在山东。

罗贯中《水浒传》（第三十九回）

例（6）话说唐僧来到了五行山下。

悟空："救我，师傅救我！"

唐僧："为师救你出来，你怎么报答我？"

悟空想了一会儿，答道："徒儿一定送你上西天。"

例（4）中"我已经到世界上最凉快的地方凉快去了"，含蓄幽默，赢得台下观众的一片掌声。如果采用鲜明的表达方式，那这句话就成了"我已经死了"之类的。这样来表达固然鲜明，但修辞效果却很糟糕，不仅毫无幽默感，而且与颁奖典礼这种喜庆的氛围很不和谐，可谓大煞风景。可见，如果把例（4）变换成鲜明的表达方式，那就成了不好的修辞。例（5）是童谣。正如书中人物黄文炳所说："'耗国因家木'，耗散国家钱粮的，必是家头着个'木'字，明明是个'宋'字。第二句'刀兵点水工'，兴起刀兵之人，水边着个'工'字，明是个'江'字。这个人姓宋名江。"②这首童

---

① 中国社会科学院语言研究所词典编辑室编《现代汉语词典》，商务印书馆，1996年修订第3版，1363页。

② 施耐庵、罗贯中《水浒传》，人民文学出版社，1975年北京第1版，534页。

谣的本意是：宋江将在山东起兵造反。在这首童谣中，作者用了拆字，表意含蓄，与鲜明完全相反，却有很好的表达效果。如果将这首童谣改成鲜明的表达方式，那就成了"宋江将在山东起兵造反"，这样确实很鲜明，但却了无诗意，味同嚼蜡了。例（6）来源于流行很广的微信。"上西天"，在中国文化里寓意"死亡"。因为唐僧要到西天去取经，故例（6）这样说似乎也说得过去，但又给人一种幽默的韵味。如果为了鲜明，把它改成"徒儿送你去西天取经"，表意鲜明，毫不含糊，但却失去了例（6）的韵味，丧失了例（6）原本的修辞信息。

据笔者观察，在特定的语境中很多表意含蓄的修辞确实是很好的修辞，也有些表意鲜明的修辞却是不成功的修辞。如果以鲜明为标准，同样不能正确地评价修辞。不仅会把虽不鲜明却是好的修辞当成不好的修辞，甚至可能把虽然鲜明却是不好的修辞当成好的修辞。

可见，"鲜明"作为修辞评价的标准，不是片面性的问题，而是错误的、不科学的。

三、不是所有好的修辞都生动，不是所有表意生动的修辞都是好的修辞

所谓生动，就是"具有活力能感动人的"[1]。修辞上讲的生动，是指运用各种修辞手段来表现，写人状物，栩栩如生；叙事说理，活灵活现。生动的反面是平实、质拙。

应该说，有些好的修辞确实生动，有很好的修辞效果。但是，不是所有好的修辞都要生动，同时，有时生动也不一定就是好的修辞。

例（7）说来半把刀，

其实用处大。

如果有纠纷，

请你去找它。（判）

王德海《趣味字谜歌谣》

这首字谜歌谣用了拆字。作者把谜底汉字"判"拆成"半"与"刀"（"立刀旁"）两个部件，构成第一句"说来半把刀"；猜谜者要按照拆

---

① 中国社会科学院语言研究所词典编辑室编《现代汉语词典》，商务印书馆，1996年修订第3版，1128页。

字的解谜规律，把"半"与"刀"（变形为"刂"）组合起来，得到谜底"判"字。观察可见，其中的拆字并不生动，却在特定的语境中巧妙地描写了谜底汉字，具备了成谜的功能，体现了汉字文化的独特魅力，并且在这个语言片段中具有不可替代的作用。如果改成生动的表达方式，那么，这首字谜歌谣将不复存在。据笔者观察，凡是拆字，都不具有生动的特点，但却在特定的语境中形成了独特的作用和修辞效果，这当然是好的修辞。此外，有的语体也不要求生动——应用语体便是。比如写个请假条，就无须生动。写请假条，把请假的原因和需请假的具体时间写清楚就可以了。顶多客气一下，表达恳求与感谢之意。无须对请假的具体原因作一番生动的描写。假如你执意生动描写请假的具体原因，反倒是画蛇添足，成为笑柄。

不难发现，以生动为标准，就把好些平实、质拙但确实是好的修辞排除在好的修辞之外了，也可能把无须生动却生动了的不好的修辞也包括在好的修辞之内。

2000年，笔者曾就形貌修辞的评价标准问题发表了自己的看法，认为形貌修辞首先是一个视觉效果问题，进而认为"准确、鲜明、生动"不宜作为形貌修辞的评价标准①。

综上可见，好的修辞是多种多样、非常复杂的，不是"准确、鲜明、生动"所能涵盖得了的；况且在特定的语境中，"准确、鲜明、生动"的修辞，有可能是不好的修辞。同时，在特定语境中，那些不准确、不鲜明、不生动的修辞恰恰可能是好的修辞。这样看来，"准确、鲜明、生动"这个标准是非常错误的，当然也就不宜作为修辞评价的标准。

第二节 "切当"是修辞评价的正确标准

所谓"切当"，就是"合宜、合适"②。作为修辞评价标准的切当，

---

① 曹石珠.形貌修辞的评价标准［J］.郴州师范高等专科学校学报，2000年（1）：47-51.

② 中国社会科学院语言研究所词典编辑编《现代汉语词典》，商务印书馆，1996年修订第3版，1023页。

就是在特定的语境中，语言运用恰当，语言形式和它所表达的内容恰如其分。为什么要把切当作为修辞评价的标准呢？

一、前辈学者的论述给我们的启示

关于语言表达要适宜、切当，从古至今有很多学者论述过，它给了我们有益的启示。

宋代陈骙在中国历史上第一部修辞学专著《文则》中说："凫胫虽短，续之则忧；鹤胫虽长，断之则悲。《檀弓》文句，长短有法，不可增损，其类是哉。"[1]此处以比喻的方法，形象地说明修辞应该自然，应该切当。

著名修辞学家陈望道在谈及修辞可以疗治"美辞堆砌病"时说："又有些人不注意语言文字和题旨情境的关系，错觉以为有些字眼一定是美的，摘出抄起，备着做文的时候用。殊不知语言文字的美丑是由题旨情境决定的，并非语言文字本身有什么美丑在。语言文字的美丑全在用得切当不切当；用得切当便是美，用得不切当就是丑。近来有人把那些从前以为美辞丽句的叫作烂调套语，便是因为用得不切当的缘故。"[2]这里所说的"语言文字的美丑"，讲的就是修辞的好坏。实际上，陈望道就是用切当这个标准来评价修辞的。陈望道在给修辞下定义时说："修辞不过是调整语辞使达意传情能够适切的一种努力。"[3]这里说的适切，就是切当的意思。修辞所追求的就是切当地达意传情。

1983年，著名语言学家吕叔湘在给王希杰《汉语修辞学》写的序言中说："我觉得稍微有点不足的是作者忘了说明有一个原则贯穿于一切风格之中，也可以说是凌驾于一切风格之上。这个原则可以叫作'适度'，只有适度才能不让藻丽变成花哨，平实变成呆板，明快变成草率，含蓄变成晦涩，繁丰变成冗杂，简洁变成干枯。这个原则又可以叫作'恰当'，那就是该藻丽的地方藻丽，该平实的地方平实，……不让一篇文章执着于一种风格。综合这两个方面用一个字眼来概括，就是'自然'，就是一切都

---

① 陈骙《文则》，参见郑子瑜、宗廷虎主编，宗廷虎、李金苓著《中国修辞学通史》（隋唐五代宋金元卷），吉林教育出版社，1998年9月第1版，362页。

② 陈望道《修辞学发凡》，上海教育出版社，1979年新1版，19页。

③ 陈望道《修辞学发凡》，上海教育出版社，1979年新1版，3页。

恰到好处。"①这段话虽然是谈风格，但风格与修辞关系密切，当然也给我们修辞运用应当切当的启示。

在回答语法与修辞怎么联系的提问时，吕叔湘说："从修辞的角度看，没有绝对的好，倒有绝对的坏，例如使用生造、谁也不懂的词语。哪种说法最合适，要看你在什么时间，什么地方，对谁说话，上一句是怎么说的，下一句打算怎么说。不同的场合有不同的要求，有时候典雅点儿好些，有时候大白话最为相宜。好有一比：我们的衣服，上衣得像个上衣，裤子得像个裤子，帽子得像个帽子。上衣有两个袖子，背心没有袖子。如果只有一个袖子，那就既不是上衣，又不是背心，是个'四不像'。这可以比喻语法。修辞呢，好比穿衣服。人体有高矮肥瘦，衣服要称身；季节有春夏秋冬，衣服要当令；男女老少，衣服的材料花色不尽相同。总之是各有所宜。修辞就是讲究这个'各有所宜'。"②吕叔湘以穿衣服来比喻修辞，形象具体、通俗易懂地说明修辞所追求的是在特定环境中的适宜、恰当。

王希杰说："得体性原则就是修辞的最高原则"③"修辞学是研究交际活动中言语得体性的学问"④。修辞上讲的得体也是恰当、恰如其分。

客观地说，这几位前辈学者并没有明确提出修辞评价的标准问题，但是他们所阐述的观点高屋建瓴，给了我们关于修辞评价的标准这个问题最有益的启示。如果说陈骙、吕叔湘、王希杰的观点隐含着修辞评价的问题，那么陈望道所说的"语言文字的美丑全在用得切当不切当：用得切当便是美，用得不切当便是丑"，实际上讲的就是修辞评价。

前辈学者关于修辞要"自然、切当、恰当、适宜、得体"等的论述，尽管因为讨论问题的角度不同，得出的结论也不完全相同，但却给了我们非常有益的启示。笔者坚定不移地认为，"切当"就是修辞评价

① 王希杰《汉语修辞学》（修订本），商务印书馆，2004年10月第1版，1页。

② 吕叔湘《漫谈语法研究》，见季羡林主编、黄国营编《20世纪现代汉语语法八大家：吕叔湘选集》，东北师范大学出版社，2002年12月第1版，18页。

③ 王希杰《修辞学导论》，浙江教育出版社，2000年12月第1版，73页。

④ 王希杰《修辞学导论》，浙江教育出版社，2000年12月第1版，76页。

的正确标准。

二、"切当"具有科学的评价功能

作为一种评价标准，"切当"具有科学的评价功能。"切当"可以评价所有的修辞现象。

（一）切当可以评价具有"准确、鲜明、生动"特点的修辞现象

例（1）1953年2月18日下午，毛泽东在武汉蛇山黄鹤楼遗址前和小贩交谈。群众蜂拥而至，大家激动地高喊：毛主席万岁！毛泽东在船上脱下帽子，向群众致意，大声喊：人民万岁！

《毛泽东高喊"人民万岁"告诫我们什么？》

此例中"1953年2月18日下午，毛泽东在武汉蛇山黄鹤楼遗址前和小贩交谈"的时间、地点、人物的描写，在修辞上的特点就是表意准确。"群众蜂拥而至，大家激动地高喊：毛主席万岁！毛泽东在船上脱下帽子，向群众致意，大声喊：人民万岁！"体现了生动的特点。而其中的"毛主席万岁"体现了人民对毛主席的深厚感情，"人民万岁"则体现了毛泽东的群众观以及与人民群众的血肉联系。而在修辞上，"毛主席万岁""人民万岁"则表意直白、毫不含糊，充分体现了鲜明的修辞特点。从更高的层面看，这个语言片段恰好体现了该准确的地方准确、该生动的地方生动、该鲜明的地方鲜明的修辞特点。就是说，这个语言片段的修辞恰到好处、切当！

（二）切当可以评价具有其他特点的修辞现象

例（1）快马不用鞭催，响鼓不用重锤。

例（2）一个政党、一个地区、一个单位的领导者，要取得人民群众的赞同、支持和拥护，不仅要执行正确的政策，而且要有对人民群众的深厚感情，广东近几年来发展比较快，从领导角度讲，用广东人民自己的话说，是"政策＋感情＝凝聚力"。

张正《政策＋感情＝凝聚力》

例（3）这个字，

真稀奇；

池里没点水，

地上没有泥。（也）

朱雨尊《民间谜语全集》

例（1）中的"催"与"锤"；韵母完全相同，是押韵，构成了韵脚和谐的修辞特点。正是因为押韵，形成了语音的回环复沓。通过相似联想，人们从某一个韵脚字联想到另一个韵脚相同的字，从而使得这两个分句上口，易记。可以说，其中的押韵，用得切当。例（2）把广东近几年来发展比较快的原因概括为"政策 + 感情 = 凝聚力"，用了插用符号[①]的修辞方式，精练简洁，引人注目。比用"加""等于"来表达更新颖，更有魅力。同时，以"政策 + 感情 = 凝聚力"作标题，不仅新颖别致，而且引人入胜，能激发读者的阅读兴趣。从整体上看，可以说，该例中的插用符号用得恰到好处。例（3）是一首字谜歌谣，用了减笔。在"池里没点水"中减去"水"，是"也"字，"地上没有泥"中的"泥"可会意为"土"，在"地"中减去"土"，也是"也"。"也"就是谜底。在例（3）中，减笔的独特作用是以特有的表达形式巧妙地构成字谜，同样是不可替代的。就是说，其中的减笔也用得切当。

应该说，这三个例证不能用"准确、鲜明、生动"来评价，却可以用"切当"来评价。据笔者观察，凡是好的修辞，不管具有哪个方面的特点，都可以用"切当"来评价。

其实，切当还包括在特定的语境中该怎么表达就怎么表达的意思。在特定的语境中，语言表达应该是该准确的地方就准确，该模糊的地方就模糊；该鲜明的地方就鲜明，该含蓄的地方就含蓄；该生动的地方就生动，该平实的地方就平实；该简练的地方就简练，该繁复的地方就繁复……也包括该用语言要素修辞的地方就用语言要素修辞，该用非语言要素修辞的地方就用非语言要素修辞……不只是说"简练是才能的姊妹"，"繁复也是才能的姊妹"。换句话说，切当作为一个标准，是一个包含了各种修辞评价的系统。总之，在特定的语境中用特定的表达方式表达特定的内容，做到恰如其分，就是好的修辞，就是切当。从这个角度看，以切当为标准来评价修辞，也就并非大而化之，无法操作了。

需要特别说明的是，以切当为标准，并不排斥评价特定的言语作品时使用"准确、鲜明、生动"这样的术语。这是因为：一是有些好的修辞确

① 曹石珠《形貌修辞学》，湖南师范大学出版社，1996年6月第1版，111—124页。

实具有或准确或鲜明或生动的特点，那么评价这样的作品，当然应当使用"准确、鲜明、生动"这样的术语。二是切当不仅不排斥这样的术语，而且它本身就包含了"准确、鲜明、生动"，或者说"准确、鲜明、生动"是切当这个评价系统中的一部分。

综合上述两个方面，我们有充分的理由认为，"准确、鲜明、生动"是修辞评价的错误标准，而"切当"才是修辞评价的正确标准。

第二编 一般性语言要素修辞

一般性语言要素修辞，是指没有构成辞格的语言要素修辞。

一般性语言要素修辞，包括没有构成辞格的语音修辞、词汇修辞和语法修辞。

一般性语言要素修辞内容非常丰富，与人们的语言运用联系最为密切。可以说，无论你文化水平高低，只要开口说话，只要动笔撰文，就离不开它：你也许不会用某些辞格，也许不会用汉字修辞，也许不会用标点修辞，但不能不用一般性语言要素修辞。

第一章　语音修辞

　　语音修辞无处不在，只要说写者愿意，任何语体都可以用语音修辞。语音修辞是以语音为材料的修辞。

　　语音修辞有很强的规律性。如众所知，语音有声母、韵母、声调和音节。这样，笔者就可以把语音修辞简要概括为声母修辞、韵母修辞、声调修辞和音节修辞。这四种修辞不能等量齐观，它们轻重不同，作用有别。相对来说，韵母修辞、声调修辞和音节修辞的作用更为重要，在修辞上的地位更为突出；而声母修辞则只有双声而已。可以说，抓住了韵母修辞、声调修辞和音节修辞，就抓住了语音修辞的"牛鼻子"。

　　语音修辞无处不在，但语音修辞的规律却简明扼要，这就是语音修辞的奇妙之处，可谓大道至简。

第一节　韵母修辞

　　韵母修辞，是以韵母为材料的修辞，韵母修辞包括押韵和叠韵。本节只讨论押韵。

一、什么是押韵

　　押韵，是韵母相同或相近的汉字有规律地运用于言语作品中的修辞现象，也可以说，是有规律地运用韵母相同或相近的汉字以增强语言效果的修辞现象。

　　　例（1）绿水青山枉自多，
　　　　　　华佗无奈小虫何！
　　　　　　千村薜荔人遗矢。
　　　　　　万户萧疏鬼唱歌。
　　　　　　坐地日行八万里，
　　　　　　巡天遥看一千河。

牛郎欲问瘟神事，

一样悲欢逐逝波。

毛泽东《七律二首·送瘟神·其一》

例（2）我敢说：

如果正义得不到伸张，

红日，

就不会再升起在东方！

我敢说：

如果罪行得不到清算，

地球，

也会失去分量！

雷抒雁《小草在歌唱》

例（3）三位老者交流长寿经验。60岁老翁说："我是饭后百步走。"70岁老翁说："我是每餐一杯酒"。80岁老翁说："我是家有媳妇丑。"

例（1）的韵脚字分别是"何""歌""河""波"，其中"何""歌""河"的韵母都是"e"，即韵母相同；"波"的韵母是"o"，"e"与"o"读音相近，可见，这四个韵脚字构成了押韵。朗读此诗，其韵脚和谐、回环往复的音乐美不绝于耳。例（2）的韵脚字是"张""方""算""量"，其中"张""方"的韵母都是"ang"，韵母相同，是押韵；"算"的韵母是"uan"，"量"的韵母是"iang"，二者韵腹相同，换句话说，二者韵母相近，构成了押韵。进一步观察可知，这四个韵脚字都是韵腹相同。可见这四个字都可以看作押韵，且"张"与"方"押的是平声韵，而"算"与"量"押的是仄声韵。其修辞效果，就不仅是韵脚和谐，具有音乐美，更有平仄相间的变化。例（3）中的韵脚字"走""酒""丑"的韵母分别是"ou""iou""ou"，它们的韵腹、韵尾相同，可见其韵母相近，构成了押韵。从修辞上看，例（3）体现了韵脚和谐、回环往复的音乐美，而其语义上更体现出幽默诙谐的特点。

二、押韵的特点

押韵的特点主要有两个方面。

（一）隔句押韵

隔句押韵，即隔句韵。其独特之处在于，除了首句入韵，其他的韵都押在双句上。

例（4）大雪压青松，

　　　　青松挺且直。

　　　　要知松高洁，

　　　　待到雪化时。

陈毅《青松》

例（5）望三门，门不在，

　　　　明日要看水闸开。

　　　　责令李白改诗句：

　　　　"黄河之水'手中'来！"

　　　　银河星光落天下，

　　　　清水清风走东海。

贺敬之《三门峡——梳妆台》

例（4）是绝句，其中的第二句"直"的韵母和第四句"时"的韵母都是"i"，韵母相同，构成了押韵。由于是二、四句押韵，二句、四句是双句，因此例（4）是押在双句上的隔句韵。例（5）"在""开""来""海"的韵母相同，构成了押韵。从押韵的特点看，例（5）是首句入韵，其他韵脚字"开""来""海"分别处在第二句、第四句、第六句的位置上，同样是用在双句上的隔句韵。

如例（1）中的"多"也是首句入韵，而韵脚字"何""歌""河""波"分别处在第二句、第四句、第六句、第八句的位置上，也是用在双句上的隔句韵。

古代律诗押韵有严格的要求，如必须隔句押韵，不能撞韵，只能押平声韵，不能押仄声韵，须一韵到底，不能用同一个字押韵等。

现代人写律诗，隔句押韵仍是基本要求。

现代诗对押韵的要求则比较随意，但比较常见的也是隔句押韵。

（二）自由押韵

自由押韵，就是作者想怎么押韵就怎么押韵。当然，如果想押韵，一

般都是在语句的最末一个字用韵。

例（6）心口呀莫要这么厉害地跳，

灰尘呀莫要把我眼睛挡住了……

手抓黄土我不放，

紧紧儿贴在心窝上。

……几回回梦里回延安。

双手搂定宝塔山。

贺敬之《回延安》

例（7）灵车队，万众心相随。哭别总理心欲碎，八亿神州泪纷飞。红旗低垂，新华门前洒满泪。日理万机的总理啊，您今晚几时回？

《敬爱的周恩来总理永垂不朽》

例（8）好在繁华落尽，我心存有余香，光影消逝，仍有一脉烛火在记忆中跳荡，让我依然能在每年这个时刻，在极寒之地，幻想春天！

迟子《原来姹紫嫣红开遍》

例（6）是现代诗，其中一、二句的韵脚字"跳""了"，其韵母都是"iɑo"，三、四句的韵脚字"放""上"，韵母都是"ɑng"，五、六句的韵脚字"安""山"，韵母都是"ɑn"，按照《中华新韵（十四韵）》看，一、二句押豪韵，三、四句押唐韵，五、六句押寒韵。可见，例（6）中的六句诗是句句押韵，两句一换韵。例（7）是陈泽人执笔的解说词，其中的韵脚字"队""随""碎""飞""垂""泪""回"，它们的韵母分别是"uei""uei""uei""ei""uei""ei""uei"，这七个韵母的韵腹、韵尾都相同，构成了押韵。以十四韵来看，例（7）押的是微韵。从押韵的特点看，例（7）是句句押韵，一韵到底。例（8）中的"香"，韵母是"iɑng""荡"的韵母是"ɑng"，以十四韵来看，例（8）押的是江阳韵。从押韵的特点看，例（8）只在其中的两个分句上用韵。

从体裁看，以上三例不尽相同。例（6）是现代诗，例（7）是解说词，例（8）是散文中的言语作品。这些言语作品的共同特点是，在句子的末字上构成押韵，其余则各不相同。这就是我们讲的自由押韵。

以上两个方面的特点，基本上反映了当代文学作品以及非文学作品在押韵方面的主要特点。

三、押韵的方法

押韵的方法主要包括两个方面，即选用韵母相同或相近的韵脚字和变换语序。

（一）选用韵母相同或相近的韵脚字

无须怀疑，选用韵母相同或相近的韵脚字是押韵的基本方法，也是重要的方法。

　　例（9）三伏天下雨哟，

　　　　　　雷对雷；

　　　　　　朱仙镇交战哟，

　　　　　　锤对锤；

　　　　　　今儿晚上哟，

　　　　　　咱们杯对杯！

　　　　　　舒心的酒，

　　　　　　千杯不醉；

　　　　　　知心的话，

　　　　　　万言不赘；

　　　　　　今儿晚上啊，

　　　　　　咱这是瑞雪丰年祝捷的会！

郭小川《祝酒歌》

此例（9）共有两个复句。前一个复句的韵脚字"雷""锤""杯"的韵母分别是"ei""uei""ei"，其韵腹、韵尾相同，它们构成了押韵。从选用韵脚字的角度看，如果将"锤对锤"换成"枪对枪"或"刀对刀"，将"杯对杯"换成"盅对盅"，改换后的"枪"或"刀"、"盅"与"雷"的韵母既不相同，也不相近，这样，它们就无法与韵脚字"雷"构成押韵。第二个复句的韵脚字"醉""赘""会"的韵母相同，都是"uei"，构成了押韵。如果将其中的"赘"换成"多"，而"多"的韵母是"uo"，与"醉"的韵母既不相同，也不相近，这样"多"就无法与韵脚字"醉"构成押韵。

换成别的韵母不同、不相近的字，就不能押韵，从一个侧面说明了押韵的基本方法——选用恰当的韵脚字。

（二）变换词序

变换词序，是变换某个词语的排列次序，使不能押韵的汉字变成可以押韵的韵脚字，从而达到押韵的目的。

例（10）山高路远坑深，

大军纵横驰奔。

谁敢横刀立马？

唯我彭大将军！

毛泽东《六言诗·给彭德怀同志》

例（11）我失骄杨君失柳，

杨柳轻飏直上重霄九。

问讯吴刚何所有，

吴刚捧出桂花酒。

毛泽东《蝶恋花·答李淑一》

例（10）中的"驰奔"，一般写作"奔驰"。之所以变换词序，就是为了押韵。"奔驰"的韵母是"en、i"，而"深""军"的韵母分别是"en""uen"，变换词序后，"奔"成了韵脚字，"奔"的韵母与"深""军"的韵母的韵腹、韵尾都相同，构成了押韵，而且是首句入韵。如果是"驰"作韵脚字，"驰"与"深、军"的韵母既不相同，也不相近，这样例（10）这首诗就不押韵了。例（11）是这首词的上阕，其中的"重霄九"，通常是说"九重霄"，之所变换这个词的词序，也是为了押韵。此外，"柳""九""有""酒"，它们的韵母都是"iou"，构成了押韵。如果不变换"九重霄"的词序，那么"霄"就不能与其中的"柳""有""酒"押韵，读来拗口，极不协调。

四、押韵的修辞功能

例（12）总得叫大车装个够，它横竖不说一句话背上的压力往肉里扣，它把头沉重地垂下！这刻不知道下刻的命，它有泪只往心里咽，眼里飘来一道鞭影，它抬起头望望前面。

臧克家《老马》

例（12）第一节第一句的"够"、第三句的"扣"押韵，第二句的"话"、第四句的"下"押韵；第二节中的一、三句"命"与"影"押韵，二、四句中的"咽"与"而"押韵。就是说，此例一、二节具有奇句、偶句都押韵的特点。同时，第一节押仄声韵，第二节则是平仄韵通押。可见，此例用韵讲究，读来上口，节奏感强，体现了韵脚和谐的特点和独特的音乐美。此外，押韵是相似联想的体现，它可以使读者从某一个韵脚字联想到另一些韵母相同相近的韵脚字，从而对语句起到关联、组织作用，促使用韵的诗文更容易记忆，更容易诵读。此例一、二节中的押韵都具有易诵易记的特点。

据笔者观察，凡是押韵，都具有韵脚和谐，音乐感强对语意表达具有组织、关联作用的特点。

第二节　声调修辞

声调修辞，是以声调为材料的修辞。汉语有阴平、阳平、上声和去声四个声调，阴平、阳平称为平声，上声、去声称为仄声。因此，声调修辞主要是平仄修辞。

一、什么是平仄修辞

平仄修辞，就是以平、仄为利用材料的修辞现象，具体来说，平仄修辞就是一句中平仄交替运用、前后或上下两句中平仄对应使用的修辞现象，也叫平仄相间。

平声，调长而平缓，是扬；仄声，调短而曲折，是抑。平仄相间，有扬有抑，富有节奏感。

例（1）火树银花合，

星桥铁锁开。

苏味道《正月十五夜》

例（2）羽毛对石头说：给我凝重；

石头说：那么，请还我以轻松。

雷抒雁《倾心》

例（3）从它里面说，它没有像伦敦的那些成天冒烟的工厂；从外面

说，它紧连着园林、菜圃和农村。

老舍《想北平》

例（1）是一首律诗的前两句。"火树银花合"五个字是"仄仄平平仄"，是平仄的交替运用；"星桥铁锁开"五个字则是"平平仄仄平"，也是平仄交替运用，同时，前后两句之间又是平仄的对立运用。不论是平仄交替运用，还是平仄对立运用，都叫作平仄相间。例（1）平仄相间，有扬有抑，读来节奏感强。律诗、绝句都具有这样的特点。例（2）是现代诗，前一句末字"重"，是仄声，后句末字"松"是平声，平仄对立，同样是有扬有抑，节奏感强。例（3）是散文。前一分句的末字"厂"，是仄声，后一分句的末字"村"，是平声，平仄对立，有扬有抑。

二、平仄修辞的特点

平仄修辞的特点是平仄相间，具体来说，平仄相间包括两方面：平仄交替和平仄对立。

（一）一句之中平仄交替

例（4）春蚕到死丝方尽，

蜡炬成灰泪始干。

李商隐《无题》

例（5）等你，在时间之外，

在时间之内，等你。

余光中《等你，在雨中》

例（6）我不是说他们的见解怎么深刻、正确，而是我觉得那种不衫不履、无拘无束、纵意而谈的挥洒自如的风度，我没有了。

汪曾祺《与友人谈沈从文——给一个中年作家的信》

例（4）是律诗中的两句。前句的声调为"平平仄仄平平仄"，后句的声调为"仄仄平平仄仄平"，前句、后句都是平仄的交替运用。这是根据律诗的平仄要求有规律的平仄交替运用，有扬有抑，节奏感很强。例（5）是现代诗中的两句话，第一句的声调是"仄仄仄平平平仄"，第二句是"仄平平平仄仄仄"，两个分句都是平仄交替运用，有扬有抑，节奏鲜明。例（6）中"不衫不履、无拘无束、纵意而谈、挥洒自如"的平仄特点是"仄平仄仄、平平平仄、仄仄平平、平仄仄平",其中的"纵意而谈"是二仄二平,平仄交替很整齐,其他几个短语平仄交替虽不整齐,但也并非一平到底或一仄到底,而是有平有仄,当然也是平仄交替运用,同样体现了有扬有抑的特点。

结合更多的语言事实来观察,我们知道,律诗、绝句对句子的平仄交替运用有严格的要求,即便是当代人写律诗、绝句,一般也应遵守。而像例(2)、例(3)这样的现代诗文却并无平仄运用方面的硬性规定,有的作者甚至没有任何的追求,顺其自然即可。稍微讲究一点的作者,最多是避免大段文字的一平到底或一律仄声。

(二)相邻句子的末字平仄对立

例(7)我要和明天握手,

明天在召唤,

明天在挑战,

岁月不让我驻足停留。

钱旭《握手》

例(8)在秋天,水和蓝天一样清凉。天上微微有些白云,水上微微有些波皱。

老舍《济南的秋天》

例(7)是现代诗《握手》的一个自然段。其中,第三个分句的末字"战"是仄声,最后一个分句的末字"留"是平声,二者构成了平仄对立运用。同时,这个自然段的前三个分句的末字都是仄声,最后一个分句用一个平声字,其抑扬的语音效果更为突出。例(8)是散文中的例句。由两个句子构成,前一句的末字"凉"是平声,后一句的末字"皱"是仄声,构成了平仄对立的特点。

这里讲的相邻的句子,并不一定都是语法意义上严格的句子。

此外,律诗、绝句常常是平仄交替和平仄对立同时兼备的。如前文例(4),单从一句来看,它是平仄交替运用,把两句合起来看,两句间又体现了平仄对立的特点。

综上可见,平仄相间包括平仄交替和平仄对立。进一步观察,我们还可发现,平仄相间是平仄修辞在形式上的重要特点。

三、平仄修辞的方法

平仄修辞的方法就是形成平仄相间这一特点的方法。

（一）选用平仄不同的字

选用平仄不同的字，是构成平仄相间的基本方法。

例（9）对于他们，第一步需要还不是"锦上添花"，而是"雪中送炭"。

毛泽东《在延安文艺座谈会上的讲话》

例（10）"张三去了，李四也去了，老王也去了，会开成了"，这样一顺边的句子大概不如"张三、李四、老王都去参加，会开成了"简单好听。前者有一个顺边的四个"了"，后者"加"是平声，"了"是仄声，扬抑有致。

老舍《出口成章》

例（9）中的"花"是平声，"炭"是仄声，二者平仄相间，扬抑有致。应该说，"炭"还有在方言中语意相近的词"煤"。倘若不选"炭"而选用"煤"，那就是"花"与"煤"二字皆平，不能构成平仄相间。客观地说，我们没有资料证明毛泽东同志在写这段话时是否有过"煤与炭"的选择过程，但却不能否认它完全可以作为我们学习的方法。例（10）中老舍将分句末尾用四个仄声字"了"的句子变成了前一个分句末尾用一个平声字"加"的句子，清楚明白地体现了平声字、仄声字的选择问题。

（二）变换词序

例（11）穷则思变，要干，要革命。一张白纸，没有负担，好写最新最美的文字，好画最新最美的画图。

毛泽东《介绍一个合作社》

例（12）前面说过，一句中的平仄排列不必像旧体诗那么严格，可是若能顾到这一点就更好。看：

"鸡鸭鱼肉摆满案，山珍海味样样全。"

唱是一样能唱，可就不如：

"鸡鸭鱼肉桩桩有，海味山珍样样全。"

老舍《出口成章》

例（11）中的"画图"，是由"图画"变换词序而来的，之所以要变换词序，正是为了与上一句的"文字"二字构成平仄相间。"文字"是平仄，"图画"也是"平仄"，二者不能构成平仄相间，将"图画"变换词序后的"画图"，其声调是"仄平"，这样"文字"与"画图"就变成了"平仄"与"仄平"，二者平仄相间，有扬有抑，读来上口，听来悦耳。例（12）中"鸡鸭鱼肉"是平平平仄，"山珍海味"是平平仄仄，都是平起仄收。作者通过变换词序，将"山珍海味"变成"海味山珍"。这样，"鸡鸭鱼肉"是平起仄收，"海味山珍"是仄起平收，二者在开头结尾上形成了平仄对立，语音上更加完美了。此外，将前一句的两个仄声字"摆满"换成平声字"桩桩"，这样，"桩桩有"与"样样全"构成了平仄对立，形成了语音效果更好的平仄排列。当然，这里三个汉字的改动，并非变换词序，而是将仄声字换成平声字。

四、平仄修辞的功能

例（13）这种态度，有实事求是之意，无哗众取宠之心。

毛泽东《改造我们的学习》

例（14）戏曲与曲艺有个好办法，把下句的尾巴安上平声字，如"打虎亲兄弟，上阵父子兵"，如"人逢喜事精神爽，月到中秋分外光"等等。句尾用平声字，如上面的"兵"与"光"，演员就会念响，不易塌下去。

老舍《出口成章》

例（13）中的末字"意"与"心"平仄对立，有扬有抑，具有独特的音乐美。同时，其中的"意"与"心"具有呼应作用。例（14）中的末字"弟"与"兵"平仄对立，"爽"与"光"平仄对立，同时，其中"人逢喜事精神爽"，是"平平仄仄平平仄"，"月到中秋分外光"，是"仄仄平平仄仄平"，两句的上下每一个字都是平仄交替，两句之间则是平仄对立。相对来说，"打虎亲兄弟，上阵父子兵"，虽然不如"人逢喜事精神爽，月到中秋分外光"那样讲究平仄，却也不是一仄到底，也是有平有仄。可以说，例（2）中的两个对句都是平仄相间，扬抑有致，体现了由平仄而形成的音乐美。

结合更多语言事实来看，平仄修辞的作用可以简要概括为两个方面。

其一，悦耳，具有音乐美。正如老舍所说："即使是散文，平仄的排列还应该考究。'张三李四'好听，'张三王八'就不好听。前者是二平二

仄，有起有落；后者是四字皆平，缺乏扬抑。"①

其二，在表意上具有呼应作用。老舍在《出口成章》中说："上下句的末字若能平仄相应，上句的末字就能把下句'叫'出来，使人听着舒服、自然、生动。"平仄修辞的这一作用，需要我们认真揣摩，仔细体会。

第三节　音节修辞

音节修辞，是以音节为材料的修辞。音节修辞主要包括音节匀称和诗歌中的音步协调。

本节只讨论音节匀称。

一、什么是音节匀称

音节匀称，是相邻的两个或两个以上的语句或一个语句内部相关的词语，其音节的个数相等的修辞现象，或者说，是通过个数相等的音节来增强语言表达效果的修辞现象。

例（1）白日不到处，

青春恰自来。

苔花如米小，

也学牡丹开。

袁枚《苔》

例（2）井冈山的毛竹，同井冈山的人民一样，坚贞不屈。……不向残暴低头，不向敌人弯腰……

袁鹰《井冈翠竹》

例（3）我们有预算，学生缴的费恰抵平时的开支。

叶圣陶《城中》

例（1）的四个分句，每一个分句都是五个音节，或者说，每一个分句音节的个数都相等，构成了音节匀称。读来上口，具有音乐美。例（2）中"不向残暴低头，不向敌人弯腰"，两个分句都是六个音节，音

---

① 陈垂民、黎运汉主编《现代汉语》，广东高等教育出版社，1987年7月第1版，413页。

节个数相等，体现了音节匀称的特点，同样具有音乐美。例（3）中的"缴"，原来是"缴纳"，后来作者把双音节词"缴纳"改成了单音节词"缴"，"缴"与"缴纳"语意相同。单音节词"缴"与单音节词"费"搭配而形成的"缴的费"与双音节词"缴纳"与单音节词"费"搭配而形成的"缴纳的费"相比，虽然二者语意相同，但前者语音更和谐，读来更顺口。这也是音节匀称的一种形式。

关于例（1）这类现象，需作特别说明：例（1）是一首五言绝句，音节个数相等，是起码的要求。其实，律诗、绝句所讲的七言、五言，说的就是七个字、五个字，而从语音上讲就是七个音节、五个音节。从音节的个数看，七言律诗、绝句，五言律诗、绝句，它们每一首诗中语句的音节的个数都是相等的，都构成了音节匀称。即便当代写律诗、绝句，每一首诗中语句的音节个数也是相等的，同样是音节匀称，不会有变的。在以后的讨论中，不再以律诗、绝句作例证。

二、音节匀称的特点

音节匀称的特点主要表现在三个方面。

（一）语言单位之间音节的个数相等

例（4）那颜色不同，方向不同，高矮不同的山，在秋色中便越发的不同了。

老舍《济南的秋天》

例（5）大半的时间，我总是与书为伍。大半的时间，总是把自己关在六叠之上，四壁之中，制造氮气，做白日梦。

余光中《书斋·书灾》

例（4）中"颜色不同，方向不同，高矮不同"都是四个音节，是音节匀称。例（5）中"大半的时间""大半的时间"都是五个音节，音节匀称；"六叠之上，四壁之中，制造氮气，做白日梦"都是四个音节，同样是音节匀称。

音节匀称，是论音节的个数的，或者说，是以音节个数相同作为唯一标准的。音节的个数相同，就是音节匀称；音节的个数有多有少，参差不齐，就不是音节匀称。这似乎很简单，但它就是特点，正像五言绝句的每一句诗都必须是五个音节一样。

（二）音节匀称的语句和音节不匀称的语句共处一体

例（6）湖通常是平静的，透明的。这样一片大水，浩浩渺渺（湖上常常没有一只船），让人觉得有些荒凉，有些寂寞，有些神秘。

汪曾祺《我的家乡》

例（7）好像绿色的墨水瓶倒翻了，

到处是绿的……

到哪儿去找这么多的绿：

墨绿、浅绿、嫩绿、

翠绿、淡绿、粉绿……

绿得发黑、绿得出奇。

刮的风是绿的，

下的雨是绿的，

流的水是绿的，

阳光也是绿的。

所有的绿集中起来，

挤在一起，

重叠在一起，

静静地交叉在一起。

突然一阵风，

好像舞蹈教练在指挥，

所有的绿就整齐地

按着节拍飘动在一起……

艾青《绿》

例（6）中"有些荒凉，有些寂寞，有些神秘"，其中的每一个短语都是四个音节，构成音节匀称；而这三个短语之外的其他语句，它们音节个数多寡不一，是音节不匀称，或说音节参差。因此，从整体上看例（6）这段言语作品，它在音节修辞上的特点是，音节匀称与音节不匀称共存于一体，并在音节不匀称中突出音节匀称。例（7）中"墨绿""浅绿""嫩绿""翠绿""淡绿""粉绿"都是两音节，音节匀称；"绿得发黑""绿得出奇"都是四音节，音节匀称；"刮的风是绿的""下的雨是绿的""流的水是绿的""阳光也是绿的"都是六音节，音节匀称。而除了这几句音节匀称，其余诗句的音节都是参差不齐。从整体上看，例（7）音节修辞的特点是音节匀称与音节参差共处一体，从而突出音节匀称的诗句所体现的音乐美。

再如，例（2）、例（4）、例（5）都是音节匀称与音节不匀称并存，且突出音节匀称语句的音乐美。

观察更多的语言事实后，笔者可以毫不夸张地说，除了律诗、绝句、字谜歌谣、对联等少数言语作品，更多的言语作品都是音节匀称与音节不匀称同时存在的。

音节匀称与音节不匀称同时并存的言语作品，既可以在音节不匀称的衬托下突出音节匀称，又能避免整个言语作品因音节都匀称所带来的呆板，从而使言语作品既整齐匀称，发挥汉语特有的音乐美，又富于变化，灵活有致。

（三）常与排比、对偶、回环等辞格综合运用

例（8）山脚是镶着各色条子的，一层层的，有的黄，有的灰，有的绿，有的似乎是藕荷色儿。

老舍《济南的秋天》

例（9）战士自有战士的胆识：不信流言，不受欺诈；一切无稽的罪名，只会使人神志清醒，头脑发达。

郭小川《团泊洼的秋天》

例（10）开水不响，响水不开。

例（8）中"有的黄，有的灰，有的绿"，从音节修辞上看，每一个分句都是三音节，音节匀称；从辞格上看，这三个分句都是主谓结构，即结构相同，且内容相关，语气一致，构成了排比。综合二者的修辞特点看，此例是音节匀称与排比兼用，也可以说，是排比与音节匀称兼用。例（9）中"不信流言，不受欺诈"，从音节修辞上看，这两个分句都是四音节，音节匀称；从辞格方面看，这两个分句结构相同，内容相关，构成了对偶。综合来看，例（9）是音节匀称与对偶兼用，或者说，对偶兼用音节匀称。例（9）中"神志清醒，头脑发达"，同样是音节匀称与对偶兼用或对偶与音节匀称兼用。再看例（10），从音节修辞上看，例（10）的两个分句都是四音节，音节匀称；从辞格上看，例

（10）颠倒了词语的排列次序，体现了"A-B，B-A"的排列形式，构成了回环。从整体上看，例（10）是音节匀称与回环兼用，或说回环与音节匀称兼用。

前面分析过的语言事实，有的也有这种兼用现象。如例（2）"不向残暴低头，不向敌人弯腰"，就是音节匀称与对偶兼用，例（4）中"颜色不同，方向不同，高矮不同"是音节匀称与排比兼用，例（6）中"有些荒凉，有些寂寞，有些神秘"是音节匀称与排比兼用。可以说，音节匀称与排比、对偶等辞格的兼用现象非常普遍。

音节匀称兼用对偶、排比、回环等这种现象本质上是一种融合。其中，最典型的是音节匀称与对偶兼用。音节匀称，唯一的条件是音节的个数相等，而对偶的重要条件是字数相等，二者虽然说法不同，一是音节个数相等，一是字数相等，但实际上，二者说的是一回事，字数相等就是音节个数相等。正因为二者有一个共同的重要条件，就形成了一种有趣的现象：凡是对偶，一定也是音节匀称；而有的音节匀称的现象却不一定是对偶。在很多情况下，音节匀称与对偶甚至是合二而一，融为一体了，分不出谁兼用谁。音节匀称与排比兼用、音节匀称与回环兼用，其情况略有不同，但也是一种融合，分不出谁兼用谁，也与排比、回环的构成条件有关。

三、构成音节匀称的方法

（一）恰当选用单音节词、双音节词

恰当选用单音节词、双音节词，是构成音节匀称的基本方法。

例（11）战士的歌声，可以休止一时，

　　　　却永远不会沙哑；

　　　　战士的眼睛，可以关闭一时，

　　　　却永远不会昏瞎。

郭小川《团泊洼的秋天》

例（12）那车夫摊开手心接钱。

老舍《骆驼祥子》

例（11）包含两个分句，每一个分句都是十八个音节，音节匀称。从选用词语的角度看，此例有两个词与单、双音节词的恰当运用有关：一是双音节词"关闭"。说眼睛不睁开，通常用单音节词"闭"，此例不用

"闭"而用"关闭"，正是为了与前一分句中双音节词"休止"相配，构成双音节词配双音节词，形成音节匀称的特点。二是双音节词"昏瞎"。一般情况下，说眼睛看不见，人们用单音词"瞎"，此例不用"瞎"而用"昏瞎"，也是为了与前一分句中双音节词"沙哑"配合，构成双音节词配双音词，形成音节匀称的特点。试想，如果将其中的"关闭"改为"闭"，将其中的"昏瞎"改成"瞎"，虽然语意相同，但这一字之变，读来拗口，听着不顺耳，其音节修辞效果却大不相同，可谓相距甚远。例（12）中"接钱"是作者后来修改而成的，原来是"接受钱"。"接受钱"是双音节动词搭配单音节名词，音节不匀称，读来拗口，似有头重脚轻之感；而改成"接钱"后，单音节动词带单音节宾语，读来和谐自然，顺畅得体。

现代汉语以双音节词为主，也有一定数量的单音节词；正是这一特点为形成音节匀称的修辞现象提供了必要的条件。

（二）添加衬字

例（13）妈妈告诉我，

家乡没有山，

我呀摇摇头，

拉着妈妈看：

家乡谷垛堆得高，

如今家乡山连山。

黄持一《如今家乡山连山》（歌词）

例（13）是儿歌的歌词，其中"我呀摇摇头"中的"呀"，就是衬字。添加这个衬字后，这一分句有了五个音节，与前后其他三个分句的音节个数一样多，构成了音节匀称的修辞特点，读来顺口，听来悦耳。假设此句不加这个衬字，读来就很不协调，语音效果就要大打折扣。

这样的衬字，在歌词中被广泛运用。

四、音节匀称的修辞功能

例（14）对自己，"学而不厌"，对人家，"诲人不倦"，我们应取这种态度。

毛泽东《中国共产党在民族战争中的地位》

例（15）……一座矮寨大桥，就足以让世界记住我们。那么深的峡谷，那么高的山，那么险的涧，居然连一个桥墩没有，居然就让一座桥横飞过去了，而且创造了那么多世界桥梁史第一，这是我们湘西的高度！这是我们湘西的底气！

彭学明《还有哪里比湘西更美》

例（14）中"对自己，'学而不厌'"与"对人家，'诲人不倦'"都是七个音节，构成了音节匀称的修辞特点。从修辞上看，该例节奏感强，读来上口，听着悦耳，体现了音节匀称的音乐美。从整体上看，该例音节匀称与音节参差的现象共处一体，既避免了呆板，又变化有致。例（15）"那么高的山"与"那么险的涧"都是五个音节，音节匀称；"这是我们湘西的高度"与"这是我们湘西的底气"都是九个音节，同样是音节匀称，读来上口，听来悦耳，体现了音乐美。从整体上看，例（15）也是音节匀称与音节参差的现象交相辉映，既变化有致，又突出了音节匀称的音乐美。

观察更多的语言事实可知，音节匀称的修辞现象大多具有例（14）、例（15）这样的修辞功能。

第二章　词汇修辞

　　词汇修辞，是以词汇为材料的修辞现象，也可以说是以词语为材料的修辞现象；也就是古人讲的"炼字"。

　　词语是语音、语义的结合体。因此，词汇修辞实际上包括语音修辞和语义修辞。由于本书从语言要素出发，已对语音修辞进行了专门阐述，故本章将不再涉及语音修辞。这样，这里讲的词汇修辞，就是专讲词语意义的修辞。

　　词语意义的修辞内容繁复。李济中曾撰著《词语锤炼三十法》①，从词语意义的常规选择、词语意义的变异运用和词语声音的协调等三个方面进行探讨，具有可操作性强的特点，但是，即便除去语音修辞的内容来看，也显得过于烦琐。陈兰香的《汉语词语修辞》②则运用社会学、美学、心理学等理论对词语的意义修辞进行多侧面的深入研究。该书不乏真知灼见，但缺乏概括性。高校的《现代汉语》教材都讲词语的锤炼。比如黄伯荣、廖序东主编的《现代汉语》，从"提高观察、认识事物的能力；要力求准确、贴切；要力求配合得当，前后呼应，整体和谐；要力求色彩鲜明"③四个方面对词语的意义修辞进行讨论。应该说，这样的讨论有一定的概括性，但大而化之，缺乏辩证精神。客观地说，以上所列举的著述既说明词语意义的修辞丰富复杂，也说明要对词语意义的修辞进行宏观的概括是极其困难的。

　　笔者认为，从词类的角度入手，对名词、动词、形容词、代词、数词、量词等逐一进行修辞探讨，或者再讲一讲同义词修辞、反义词修辞等。这也许不失为一种从宏观上探索词汇修辞的途径。

---

　　① 李济中.词语锤炼三十法［J］.修辞学习，2005（6）：45-48.

　　② 陈兰香《汉语词语修辞》，中国社会科学出版社，2008年2月第1版。

　　③ 黄伯荣、廖序东主编《现代汉语》（下册），高等教育出版社，2017年6月第6版，174-178页。

本章只讨论动词修辞、形容词修辞和名词修辞。

第一节　动词修辞

一、什么是动词修辞

动词修辞，是选择恰当的动词以增强语言表达效果的修辞现象，是以动词为材料的修辞现象。

例（1）老妇人于是站起来走，把大男横在自己的臂弯里，从她那动作的滞钝以及步履的沉重，又见她确实有点衰老了。她来回踱着，背诵那些又古旧又拙劣的抚慰孩子的语句。

叶圣陶《夜》

例（2）孔乙己一到店，所有喝酒的人便都看着他笑，有的叫道："孔乙己，你脸上又添上新伤疤了！"他不回答，对柜里说："温两碗酒，要一碟茴香豆。"便排出九文大钱。

鲁迅《孔乙己》

例（3）人啊，为了使自己具有抵抗寂寞的能力，读书吧！人啊，一旦具备了这一种能力，某些正常情况下，孤独和寂寞还会由自己调节为享受着的时光呢！

梁晓声《读书，让寂寞变成享受》

例（4）青的草，绿的芽，各色鲜艳的花，都像赶集似的聚拢来，形成了烂漫无比的春天。小燕子从南方赶来，为春光增添了许多生趣。

郑振铎《燕子》

例（1）中"她来回踱着"中的"踱"原为"走"，后来作者将它改成了"踱"。"踱"意为"缓慢行走"。作者把"脚步交互向前移动"的"走"改为"缓慢行走"的"踱"，以此来描写"有点衰老"的"老妇人"，表意更具体，更贴切。此外，"站起来走""来回踱着"，都是描写脚步移动，因而也体现了用词的变化，有好的修辞效果。例（2）中付钱的动作"排出"很特别，既写出了孔乙己付钱动作的拘谨，且形象具体，同时也表现出孔乙己生活的艰辛甚至性格的怯懦，可谓含义丰富，耐人寻味。例（3）中，"具有"与"具备"是近义词，在各自的语境中表意贴切，合起来看又略有变化，于看似平常处体现了作者对动词的精心锤炼。其中的"调节"既有调整、使符合标准之意，更强调自己的主观努力，用词精当，含义隽永。例（4）"小燕子从南方赶来"中的"赶"，既写出了小燕子的动作，又写出它急迫的心情。如果写成"小燕子从南方飞来"，那就读起来平平淡淡，了无新意。用"赶"还是用"飞"，可谓高下立见，有天壤之别。

二、动词修辞的特点

动词修辞的特点是多方面的，其中一个突出特点是，通过一个动词的恰当运用，就可以构成比拟、比喻等辞格。

（一）有些动词的常规运用可以构成比喻

例（5）究其实，这还不是最深的春色。且请看那一树，齐着华庭寺的廊檐一般高，油光碧绿的树叶间托出千百朵重瓣的大花。那样红艳，每一朵花都像一团燃烧得正旺的火焰。

杨朔《茶花赋》

例（6）不到寺门，远远就闻见一股细细的清香，直渗进人的心肺。这是梅花，有红梅、白梅、绿梅，还有朱砂梅，一树一树的。每一树梅花都是一树诗。

杨朔《茶花赋》

例（5）中"每一朵花都像一团燃烧得正旺的火焰"是明喻，例（6）中"每一树梅花都是一树诗"是暗喻。这两例都是比喻，但因为它们用了不同的喻词，因而形成了不同的比喻：用喻词"像"的是明喻，用喻词"是"的是暗喻。此外，二者在表意上有细微的差别，暗喻的本体与喻体比明喻的本体和喻体之间的联系更紧密，暗喻比明喻更加突出地强调喻体与本体的相似性，就是说，例（6）中"每一树梅花都是一树诗"与例（5）中"每一朵花都像一团燃烧得正旺的火焰"相比，例（6）的本体与喻体联系更紧密，更强调喻体与本体的相似性。

进一步观察可知，例（5）与例（6）之所以不同，不是因为别的什么原因，恰恰是因为它们选用了不同的动词。

此外，例（5）、例（6）中的动词"像、是"的运用只是常规用法，而非超常用法。

据笔者观察，动词的常规用法构成不同比喻的现象非常丰富。比如"如、似、仿佛、犹如、有如"等，都可联系本体、喻体而构成明喻；再如"变成、成为、等于"等动词联系本体、喻体，都可以构成暗喻。

（二）有些动词的恰当运用可以构成比拟

例（7）如果居然还侥幸有笔有足够的纸，孤独和可怕的寂寞也许还会开出意外的花朵。《绞刑架下的报告》《可爱的中国》《堂·吉诃德》的某些章节，欧·亨利的某些经典短篇，便是在牢房里开出的思想的或文学的花朵。

梁晓声《读书，让寂寞变成享受》

例（8）隔着柴门，隔着一场雪，我读母亲。母亲比我的想象要老，我心底里的母亲永远都不会老去的。然而，岁月并不容。母亲，似乎再也经不起认认真真地看与读。读着落雪，读着柴门里的母亲，我的眼里有丝丝泪花。

冰心《母亲》

例（9）你倚在阁上，一望那海天茫茫、空明澄碧的景色，真可以把你的五脏六腑洗得干干净净。

杨朔《海市》

例（10）蜻蜓说："让我来送小蚂蚁吧！"

睡莲问："天这么黑，你能行吗？"

这时，一只萤火虫飞来了，说："我来给你们照亮。"

彭万洲《夏夜多美》

"孤独""寂寞"是一种感觉，本不能"开出……花朵"，例（7）说孤独、寂寞开出花朵，是把甲事物当乙事物来写的比拟；《绞刑架下的报告》《可爱的中国》等都是言语作品，它们原来也是不能"开"花的，例（7）说这些言语作品开花，同样是把言语作品当作可以开花的植物之类的事物来写的，也是比拟。从动词的用法看，例（7）中的"开"是动词的超常用法。正是因为动词的超常用法，例（7）才构成了比拟这种辞格。例（8）中"读母亲""读着落雪"很特别，给人一种异样的感觉。按动词"读"的一般用法，不能说"读母亲""读着落雪"，可以说"看母亲""端详母亲""观察落雪"之类。可见"读母亲""读着落雪"是把适用于甲事物的动词用来写乙事物，是比拟。从动词的用法来观察，其中的"读"也是动词的超常用法。同样是由于动词的超常用法，例（8）构成了比拟。从动词的常规用法看，"景色"是不可以用来"洗"的，而例（9）却说"……景色，真可以把你的五脏六腑洗得干干净净"，可见这是把适用于甲事物的动词"洗"来写乙事物，是比拟。进一步观察可知，例（9）中的动词"洗"也是超常用法。例（10）出自教育部审定的小学语文一年级下册，其中的"蜻蜓说""睡莲问""萤火虫……说"表现了动物、植物说话的行为，都是把不能说话的动物、植物当作会说话的人来写，是比拟中的拟人。从动词的用法看，也应看作是"说""问"的超常用法，因为儿童读物中这种用法用得太普遍了，人们甚至不觉得它是超常用法了。

说动词可以构成辞格，是说只要通过某一个动词、而不依靠任何别的条件就可以构成辞格。为了进一步说明动词修辞这一特点，我们不妨以排比为例，来作一下分析。

例（11）母亲正巧闲着，于是用那一大捆狗尾草为弟弟妹妹们编小动物。转眼编成一只狗，转眼编成一只虎，转眼编成一只牛……她的儿女们属什么，她就先编什么。

梁晓声《温馨》

其中的"转眼编成一只狗，转眼编成一只虎，转眼编成一只牛"，是由三个分句构成的排比句。这三个分句之所以构成排比，是因为这三个分句结构相同，语义相关，语气一致，换句话说，这段话具备了排比的条件，符合排比的标准。从构成排比的特点看，它的特点不止一两个方面，且需同时具备这些特点，才可以成为排比。这样，如果只依靠某个动词，无论你怎样锤炼，也不能成为排比。而前面所讨论的几个例证却大不相同：例（6）中"每一树梅花都是一树诗"，将动词"是"换成动词"像"，例（6）就由暗喻变成了明喻。只改动一个动词，就变成了另外的辞格。再如例（8），如果说"看母亲"，那就不是辞格，而"读母亲"就变成了比拟，也是只改动一个动词，就把没有用比拟的言语作品变成了运用比拟的言语作品。

一个动词的恰当运用就能构成辞格，是动词修辞的特点。我们甚至可

以说，动词的这一特点揭示了动词的锤炼与某些辞格的生成关系。

（三）动词可以构成重叠修辞

例（12）因此，花市归来，像喝酒微醉似的，我拉拉扯扯写下这么一些话。让远地的人们也来分享我们的欢乐。

秦牧《花城》

例（12）中"拉拉扯扯"是动词"拉扯"的重叠形式，意为"说话杂乱零碎"，此处表达了作者的自谦。

重叠，是一种语法手段。我们将在"语法修辞"一章中讨论动词的重叠修辞，此处不再赘述。

三、动词修辞的功能

动词修辞的功能是多方面的。这里，笔者尝试从以下几个方面来概括。

（一）形象具体

这里说的形象具体，是指动词的恰当运用，可以产生形象具体的效果。

例（13）……我的算学底子太坏，脚跟站不牢，昏头眩脑，踏着云雾似的上课，T女士便在这云雾之中，飘进了我的生命中来。她是我的代数和历史教员。……

冰心《我的老师》

例（14）我是主张先把本民族的东西搞通，吸收外国的东西加以溶化，要使它们不知不觉地和我们民族的文化溶合在一起。这种溶合是化学的化合，不是物理的混合，不是把中国的东西和外国的东西焊接在一起。

周恩来《在文艺工作座谈会和故事片创作会议上的讲话》

例（15）可是急人得很，山头上忽然漫起好大的雾，又浓又湿，悄悄挤进门缝来，落到枕头边上，我还听见零零星星的几滴雨声。

杨朔《泰山极顶》

例（13）中的"飘"，本意为随风摇动或飞扬，说T女士"飘进"我的生命，既形象具体，又生动传神，新颖别致，令人产生丰富的联想。例（14）中的"焊接"，本意为采用加热、加压力等方法把金属工件连接起来或用熔化的锡把金属连接起来，"不是把中国的东西和外国的东西焊接在一起"中的"焊接"，令人联想到"生拉硬拽""捆绑"之类的动作行为，既形象具体，生动传神，又含义丰富，令人过目不忘。例（15）中的"挤"，本义为"推开；除去"或"用压力使排出"，引申为"互相推、拥，用身体排开人或物"。例（15）说"好大的雾""悄悄挤进门缝来"，用写人的动词来写物，既形象具体，生动传神，又令人联想，且新颖有趣，含义丰富。

通观上述三例，其中的动词"飘""焊接""挤"都构成了用写甲事物的词语写乙事物的比拟。

（二）化静为动

化静为动，是指把静态的对象写得显示出动态来。

例（16）山舞银蛇，原驰蜡象，欲与天公试比高。

毛泽东《沁园春·雪》

例（17）月光如流水一般，静静地泻在这一片叶子和花上。

朱自清《荷塘月色》

例（18）柴门里，火光舔着灶台，舔着母亲的脸。母亲的脸，不再像炊烟一样白。

冰心《母亲》

例（16）"山舞银蛇，原驰蜡象"，大意是群山好像白色的蛇在飞舞，高原好似白色的象在奔驰。此例中的"山""原"本是静态之物，作者通过"舞""驰"两个动词把它们写得栩栩如生，动感十足，其化静为动之效果十分突出。此外，该例还具有形象具体、引人联想的特点。例（17）中的"泻"，本义为"液体很快地流"。此例先用"流水"来作比，然后顺势以"泻"来写月光"照"在叶子和花上的情状，可谓化静为动，同时也因先有"流水"来打比方，后用动词"泻"，从而使这种表达自然而不突兀。例（18）中的"舔"，本义是"用舌头接触东西"。一般情况，人们说"火光映照"在灶台、母亲的脸上，其中"映照"也可以改为"照、照射"，例（18）不用"映照"之类的动词，而说"舔"，既化静为动，又形象具体，生动有趣。

从上述几个例证来看，在一些具体的语言事实中，形象具体的修辞功能与化静为动的修辞功能，并非水火不容、截然对立，却可能是同时具备、相辅相成。

（三）揭示心理

这里所说的揭示心理，是指通过动词的运用来揭示人物的心理。

汉语中动词非常丰富，那些表示心理活动的动词在揭示人物心理方面无疑有着突出的作用。同时，某些并非表示心理活动的动词也能在特定的语境中揭示人物心理。

（19）我没有思索的从外套袋里抓出一大把铜元，交给巡警，说："请你给他……"

鲁迅《一件小事》

（20）天色将黑，他睡眼朦胧的在酒店门前出现了，他走近柜台，从腰间伸出手来，满把是银的和铜的，在柜上一扔说，"现钱！打酒来！"

鲁迅《阿Q正传》

例（19）中的"抓"不是表示心理活动的动词，而是掏钱的动作。在《一件小事》中，老妇人以倒地的方式"碰瓷"，而车夫却帮助她，这时有一段心理活动描写："我"感觉到"车夫"因助人而"高大"的形象，更感觉到自己因自私而"渺小"，二者形成了鲜明的对比。此时，巡警要"我"自己雇车走，这时才有了例（19）这段话。其中的"抓"这一随手取钱的动作，既表示了主人公"我"的慌张，更表达了"我"的惭愧不安。例（20）中的"扔"也不是表示心理活动的动词，而是付钱的动作。生活在底层常被人欺负的阿Q从城里"中兴"回来，这一阿Q从未有过的潇洒的付钱动作"扔"，淋漓尽致地表现了阿Q得意扬扬、底气十足的心理。

（四）新颖生动

例（21）年代久远，泉水四周长满了羊齿植物，映得周围一片绿，想起宋人赞美柳永的话"有井水处必有柳词"，我想，好诗好词总是应该在这种地方长出来才好。

黄永玉《太阳下的风景——沈从文与我》

例（22）连我自己都没有想到，庄稼地里也能"长文化"——这些年，我出了六本书。2018年，我被选为全国人大代表，从黄土地走进人民大会堂。

《光明日报》（2021.7.18）

例（21）说"好诗好词"应该在长满绿色植物的"泉水四周""长出来"，例（22）中，农民作家马慧娟说"庄稼地里也能长文化"，都是把适用甲事物的来写乙事物，新颖生动，别有韵味，令人过目不忘。

第二节　形容词修辞

一、什么是形容词修辞

形容词修辞是选择恰当的形容词以增强语言表达效果的修辞现象，是以形容词为材料的修辞现象。

例（1）我们越往山上走，越觉得呼吸急促，气不够用。而且风也越来越狂，有时不得不背转身倒走。

李若冰《昆仑飞瀑》

例（2）我也曾到过许多的地方，可那梦中的天地却往往是苏州的小巷。我在这些小巷中走过千百遍，度过了漫长的时光；青春似乎是从这些小巷中流走的，它在脑子里冲刷出一条深深的沟，留下了极其难忘的印象。

陆文夫《梦中的天地》

例（3）一春来对于春的憎嫌，这时都消失了，喜悦的仰首，眼前是烂漫的春，骄奢的春，光艳的春——似乎春在九十日来无数的徘徊瞻顾，百就千拦，只为的是今日在此树枝头，快意恣情地一放！

冰心《一日的春光》

例（1）中的形容词"狂"，意为"气势勇猛，超出常度"。此处用"狂"，恰到好处。从一般意义上说，此处用"大"，构成"风也越来越大"，也不是完全不可以；但此处是描写"昆仑的风洞"的"风"，用"风也越来越狂"就更为贴切，因为"大"只表示"超出可比的对象"，表意较为模糊，而"狂"则不仅表示"超出常度"，更体现了"气势勇猛"的特点，因而更具体，也更恰当。例（2）中的形容词"漫长"，意为"时间长到看不到尽头"，以它来形容"时光"，表意恰当。另有"难忘"来形容"印象"，同样是很恰当的。例（3）中连用"烂漫""骄奢""光艳"三个形容词，形象生动地描写了花繁叶茂、色泽艳丽、光彩夺目的"春"，强调突出了"春"在"海棠"的枝头"快意恣情地一放"的特点，形象地表达

了作者对这迟来的"一日的春光"的喜悦和赞美之情。

二、形容词修辞的特点

形容词修辞的特点主要表现在三个方面。

（一）在一个语言片段中常常使用多个形容词

例（4）他走得非常糊涂，到了湖北咸宁，才清醒过来，原来机关动员下乡的几十个人，最后成为下乡现实的就只老弱病三个人。

黄永玉《太阳下的风景——沈从文与我》

例（5）她们唱的歌是《阿娜尔姑丽》，她们的唱歌就像呐喊一样自然、朴素、开阔、痛快，她们的唱歌就像呼唤一样响亮、多情、急切，期待着回应，她们的唱歌又像是一种挑战，放肆地发泄，自唱自调，如入无人之境。

王蒙《新疆的歌》

例（4）用了"糊涂""清醒"两个形容词，形容"他"（沈从文）对待"下乡"的态度，以展示他的宽容大度的性格，用词恰当。例（5）用"自然、朴素、开阔、痛快、响亮、多情、急切"等七个形容词，以表达她们的唱歌所体现出来的丰富多彩的特点，用词恰当，绝无堆砌辞藻之嫌，给人以深刻的印象，令人产生丰富的联想。

合起来看，运用两个或两个以上的形容词，我们称之为运用多个形容词。

就一个语言片段而言，运用多个形容词是一种普遍现象。例如：例（1）中的"急促""狂"，运用了两个形容词；例（2）则用了"小""漫长""深深""难忘"等形容词；例（3）同样是多个形容词一起运用。

（二）形容词的超常用法可以构成比拟

形容词的超常用法可以构成比拟，是说形容词构成比拟时只要具备超常用法这一个条件即可，无须其他条件。

例（6）树很孤单，喜鹊也很孤单。

……

树很快乐，喜鹊也很快乐。

金波《树和喜鹊》

例（7）旁边放了一碗番茄炒鸡蛋。大红的番茄非常活跃，而零星可找的鸡蛋显得萎靡。

六六《双面胶》

例（6）出自部编版小学一年级语文下册，其中的四个分句都使用了比拟的修辞手法，或者说是拟人的修辞手法，句子中的"孤单""快乐"都是形容词，都是用适合于写人的形容词来写物，是形容词的超常用法。进一步观察可知，例（6）中的每一个比拟，都是因为"孤单"或"快乐"的超常用法形成的，别无其他的条件。例（7）中的"活跃""萎靡"是形容词，原本不能用来形容"番茄""鸡蛋"，而例（7）却将这两个形容词分别用于"番茄""鸡蛋"，同样是把适用于甲事物的词用于乙事物，因而构成了比拟。可以说，正是因为形容词的超常用法而构成了比拟，与别的因素无关。

为了进一步阐释形容词的超常用法可以构成比拟的特点，我们不妨列举几个不同的辞格来比较一下。

例（8）立柱有汤碗口粗的、饭碗口粗的、茶杯口粗的。

汪曾祺《葡萄月令》

例（9）那时的思想家没有什么书籍可以阅读参考，日月经天，江河行地，四时代谢，万物死生的现象，都使他们抱头苦思。

秦牧《社稷坛抒情》

例（8）中"汤碗口""饭碗口""茶杯口"所表示的空间由大到小，依次递降，且三项内容相关，因而构成了层递。就是说，要构成层递，需要同时符合几个条件，才能形成。正因为如此，那就绝不是某个词语的超常用法便能构成层递的。例（9）中"日月经天，江河行地，四时代谢，万物死生"都是主谓结构，即这四个短语结构相同，且内容相关，语气一致，有四项，因而构成了排比。由此可知，要构成排比，必具备多方面的条件。换句话说，排比也不是具备某个条件就能形成的。

通过以上例证我们能够看出，在此拟句中，形容词的用法很特别。比如，例（6）"树很快乐"是比拟；如果改一个词，说"树很大"，它就不是比拟了。这里的"大"是常规用法，"快乐"是超常用法。可见，形容词的超常用法无须附带其他的条件就能构成比拟。

形容词的超常用法可以构成比拟，是形容词的重要特点。这一特点从

第二编 一般性语言要素修辞

一个侧面揭示了比拟这种辞格的生成机制。

形容词的超常用法和动词的超常用法在构成辞格方面有同有异。

二者的相同之处在于，二者的超常用法都可以构成比拟。

例（9）一月，下大雪。

> 雪静静地下着。果园一片白。听不到一点声音。
>
> 葡萄睡在铺着白雪的窖里。

汪曾祺《葡萄月令》

例（9）"睡"是动词。一般是说人"睡"，不可以说葡萄"睡"，例（9）偏偏说"葡萄睡……"，是用适合于写人的"睡"来写物，是比拟，是动词的超常用法构成的拟人。如果把"睡"改成"堆"，那就不是比拟了。

为什么形容词和动词的超常用法都能构成比拟？道理很简单，因为形容词、动词具有共同的语法功能：它们都可以充当谓语，它们属于谓词。

二者的不同之处在于，形容词不能构成比喻，动词可以构成比喻。

例（10）塔松带来了湿润，带来了一片雨意。

> ……树是雨。

汪曾祺《天山行色》

例（11）中"树是雨"，构成了比喻，或者说是暗喻，而形容词不能构成比喻。

（三）形容词可以构成重叠修辞

例（12）海棠是浅浅的红，红得"乐而不淫"，淡淡的白，白得"哀而不伤"，又有满树的绿叶掩映着，秾纤适中，像一个天真、健美、欢悦的少女，同是造物者最得意的作品。

冰心《一日的春光》

例（12）中"浅浅"是形容词"浅"的重叠，"淡淡"是形容词"淡"的重叠。形容词重叠后表示程度加重，"浅浅"意为"很浅"，比"浅"更浅一些；"淡淡"意为"很淡"，比"淡"更淡一些。

重叠是一种语法手段，我们将在"语法修辞"一章中讨论形容词的重叠修辞，此处不再赘述。

三、形容词修辞的功能

形容词修辞的功能主要是使形容的对象体现出形象具体生动的修辞效果。

例（13）周总理那慈祥的面容立即跃入了我的眼帘。

《一件珍贵的衬衫》

例（14）一路走，一路啾啾地叫，真的好玩极了。小鸡小鸭都很可爱。小鸡娇弱伶仃，小鸭傻气而固执。看它们在竹笼里挨挨挤挤，蹿蹿跳跳，令人感到生命的欢悦。捉在手里，那点轻微的挣扎搔挠，使人心中怦怦然，胸口痒痒的。

汪曾祺《鸡鸭名家》

例（15）翠湖不种荷花，但是有许多水浮莲。肥厚碧绿的猪耳状的叶子，开着一望无际的粉紫色的蝶形的花，很热闹。

汪曾祺《翠湖心影》

例（13）中的"慈祥"，在《北京日报》首发的文章中是"十分熟悉"，后来将这篇文章收入全国统编语文教材时，编者将"十分熟悉"改成了"慈祥"。"熟悉"是形容词，意为"清楚地知道"或"了解得清楚明白"；"慈祥"也是形容词，意思是"善良、和蔼、安详的样子"。虽然在此处用"熟悉"也没有什么语病，但用"慈祥"与用"熟悉"相比，却情感不同，高下有别。用"熟悉"，只说明对总理的面容了解得清楚明白，加上副词"十分"，也只说明"了解"的程度很深，却没有描写总理的面部特征，表意抽象，也无所谓褒扬之情。而用"慈祥"却大不相同，它既形容了总理那"善良""和蔼""安详"的面部特征，体现了形象具体生动的修辞特点，同时"慈祥"是褒义词，表达了作者对总理的褒扬之情、赞美之意，并且紧扣了文章歌颂的主旨。例（14）中"娇弱伶仃"，把小鸡娇嫩柔弱、细长、摇摇晃晃的样子描绘得形象具体生动，"傻气而固执"把小鸭古板执着、不知变通、傻得可爱的特点形容得生动而具体，可谓恰到好处。此外，动词的重叠形式"挨挨挤挤、蹿蹿跳跳"与形容词配合使用，增加了文章的生动性。可以说，例（14）既形象生动地展现了小鸡小鸭的可爱，又含蓄地表达了作者对新生命的礼赞。例（15）通过形容词"肥厚""碧绿""粉紫"

的运用以及对水浮莲的叶子、花的形状等描写的配合，把无边无际的水浮莲描写得形象生动，构成了一幅色泽雅丽、形态逼真的图画，最后再用形容词"热闹"加以总括，颇有"红杏枝头春意闹"的韵味，真是把一幅静态的美景写活了，甚至可以说，形容词"热闹"的运用，有画龙点睛之妙。

第三节　名词修辞

一、什么是名词修辞

名词修辞是选择恰当的名词以增强语言表达效果的修辞现象，是以名词为材料的修辞现象。

例（1）今日毛家湾，成了"秀才"们的大本营。

叶永烈《神秘的毛家湾》

例（2）赵府上的两位男人和两个真本家，也正站在大门口论革命。阿Q没有见，昂了头直唱过去。

"得得，……"

"老Q，"赵太爷怯怯的迎着低声的叫。

"锵锵，"阿Q料不到他的名字会和"老"字联结起来，以为是一句别的话，与己无干，只是唱。"得，锵，锵令锵，锵！"

"老Q。"

"悔不该……"

"阿Q！"秀才只得直呼其名了。

阿Q这才站住，歪着头问道，"什么？"

"老Q，……现在……"赵太爷却又没有话，"现在……发财么？"

"发财？自然。要什么就是什么……"

"阿……Q哥，像我们这样穷朋友是不要紧的……"赵白眼惴惴的说，似乎想探革命党的口风。

"穷朋友？你总比我有钱。"阿Q说着自去了。

鲁迅《阿Q正传》

例（3）有人说，结婚是错误，离婚是觉悟，再婚是谬误，复婚是执迷不悟。生孩子是犯个大错误，一个人过什么都不耽误。

六六《双面胶》

例（4）"喂，请问'艺术细胞'，你把子弹艺术到哪里去啦？"

李存葆《高山下的花环》

例（1）中的"秀才"原指"读书人或知识丰富的人"。毛家湾原是某领导人的住地，后来成了中共中央文献研究室的所在地，在这里上班的研究人员中有不少研究员、副研究员等高级知识分子，当然也有不是高级知识分子的青年学者。例（1）中，作者以"秀才"来称呼这些研究人员，称谓独特，还透出些幽默诙谐的味道。如果把"成了'秀才'们的大本营"改为"成了知识分子的大本营"，似乎也未尝不可，但后者的修辞效果却远不如原文，不仅显得平淡，还丧失了幽默诙谐。例（2）中的"老Q""阿Q""阿……Q哥"，都是指阿Q。在特定的语境中，作者让平日里霸道的赵太爷一改过去看不起阿Q的高傲态度，几次低声下气地变换称谓名词，不仅是为了避免重复，更重要的是为了塑造人物：平时连阿Q姓赵都不准的赵太爷竟然尊称阿Q为"老Q""阿……Q哥"，充分反映了赵太爷对革命的恐惧心理和狡诈性格；而阿Q面对赵太爷对他称谓的巨大变化却毫无反应，但一说到"穷"，阿Q却非常敏感，这一切充分表明了阿Q的愚昧、麻木以及受迫害之深。从修辞上看，看似几次简单的称谓名词的变化，却包含着丰富的潜台词。表意简练含蓄，耐人寻味。此外，例（2）中的"赵太爷""秀才""赵白眼"也是指同一人，这种称谓名词的变化则表达了作者的贬斥之情，同时也避免了名词的重复运用。例（3）中"错误""谬误"等名词与成语"执迷不悟"、动词"耽误"等配合使用，反映了当下某些年轻人对婚姻及生儿育女的一种态度，表意精简，富有哲理。此外，每一"句"最后一个字都是"误"，构成了相同语素的反复使用，增强了言语作品的艺术性和感染力，读后令人印象深刻。这也反映了作者对名词等词语的精心选择。例（4）中"你把子弹艺术到哪里去啦"中的"艺术"，是名词用如动词，意为"弄""打"之类。不说"打到哪里去啦"，而说"艺术到哪里去啦"，表意更艺术，更独特，更有魅力。

二、名词修辞的特点

（一）一个名词便可以构成借喻

一个名词便可以构成借喻，是说把一个名词当作喻体，用在本体的位置上，无须其他条件，就构成了借喻。

例（5）我头脑的"底片"，已然开始老化。孩提时的许多事，渐渐在记忆中模糊……

梁晓声《关于月饼》

例（5）中的"底片"构成了借喻。此处的"底片"，意为"记忆""印象"之类。不直接用"记忆"或"印象"等，而用"底片"来打比方，表意新颖，形象具体。

例（5）将一个名词当作喻体，用在本体的位置上，就构成了借喻，这从一个方面反映了借喻形成的机制。

（二）几个名词或名词性短语可以构成列锦

几个名词并列呈现，或与其他词语组合成几个名词性短语并列呈现，没有谓语，就构成了列锦①。

例（6）饭罐。馍篮。菜碗。

草地。野花。石板。

大人孩子围一圈。

农忙时节。顾不得回家。

家家田头——野餐。

阎振甲《惊蛰雨——地头饭》

例（7）枯藤老树昏鸦，小桥流水人家，古道西风瘦马。夕阳西下，断肠人在天涯。

马致远《天净沙·秋思》

例（6）中"饭罐""馍篮""菜碗""草地""野花""石板"等六个名词并列呈现，没有谓语，都是非主谓句，构成了列锦，生动地勾勒了乡村田间"农忙时节"野餐前简单朴素的图画，具有浓郁的乡村生活气息。例（7）中"枯藤""老树""昏鸦""小桥""瘦马"都是形容词修饰名词的

---

① 列锦，参见谭永祥《汉语修辞美学》，北京语言学院出版社，1992年12月第1版，224页。

名词性短语，都是形容词与名词配合使用，而"流水"是动词修饰名词的名词性短语，"古道"是时间名词修饰名词的名词性短语，"西风"则是方位名词修饰名词的名词性短语。这些名词性短语以及名词"人家"并列呈现，没有谓语，都是非主谓句，构成了列锦，描绘了一幅凄凉动人的深秋晚景图，形象生动，令人生出无限的愁绪。结合其他几句来看，作者运用寄情于物的手法把羁旅行愁、游子思归之情刻画得淋漓尽致。

（三）名词用如动词进行修辞

例（8）指点江山，激扬文字，粪土当年万户侯。

毛泽东《沁园春·长沙》

例（9）昨晚从山上回来，采了几串茨实、几簇秋楂、几枝蓓蕾着的山茶。

郭沫若《山茶花》

例（10）小赵心里更打了鼓，老李不但不傻，而且确实厉害。同时，他要是和所长有一腿的话，我不是收拾他，就得狗着他点，先狗他一下试试。

老舍《离婚》

"粪土"本是名词，例（8）中的"粪土"却是名词用如动词，意为"把……当作粪土"或"视……如粪土"，"粪土当年万户侯"，即视高官厚禄如粪土。表意精练，形象生动。"蓓蕾"也是名词，意为"花骨朵"，例（9）中的"蓓蕾"却是名词用如动词，意为"长着蓓蕾"或说"长着花骨朵"，同样是表意精练，形象生动。"狗"也是名词，例（10）中的"狗"是名词用如动词，意为"像狗一样巴结"，表意精练，形象生动，还有点诙谐的韵味。

（四）名词用如形容词

（11）热切地期望我们的文学评论工作者下点功夫，把文学评论写得更"文学"一些。

《读"'创业史'与小说艺术"的随感》

（12）他在某个大学术机关里打杂儿，耳濡目染，渐渐地也"文化"起来。

徐星《剩下的都属于你》

（13）他反唇相讥："得啦，老先生，你的同行们写的那些破玩意，比垃圾还垃圾呢！"

李国文《垃圾的故事》

例（11）"更'文学'一些"中的"文学"，是名词用如形容词，意为"有文采、富于艺术性"，表意含蓄新颖。例（12）中的"文化"，是名词用如形容词，它表达了比"运用文字的能力及一般知识较多"更为丰富的内容，表意含蓄、新颖，还有点幽默。例（13）中第一个"垃圾"是名词，第二个"垃圾"是名词用如形容词，名词的语意为"脏土或扔掉的破烂东西"，用如形容词时意为毫无用处的东西，此处用如形容词的名词表意简练、形象，新颖有趣。

三、名词修辞的功能

名词修辞的功能是多方面的。

例（14）进了家门，我将捧着的三个奖杯往桌上一放，喜滋滋地说："我回来了！"——并将以前的一个奖杯从书架上取下，总共四个摆在一起。

…………

妻正巧回来，见桌上的一道"风景"，说你打算拍卖么？

我说什么话！刚捧回家来，多少钱也不卖！

梁晓声《不愿说当年》

例（15）山上开满了映山红，无论花朵还是叶子，都比盆栽的杜鹃显得有精神。

叶圣陶《记金华的双龙洞》

例（16）终于这流言消灭了，干事却又竭力运动，要收回那一封匿名信去。

鲁迅《藤野先生》

例（17）如果你常去看中国女排的日常训练，就会发现这个"女儿国"里有一个挺"帅"的小伙子。在女排中，他属中等个儿，二十三四岁，修长的身段，白皙的皮肤，大眼睛，是福建人。他腼腼腆腆，比姑娘还姑娘，名字叫陈忠和。姑娘们亲切称呼他"小陈指导"。

鲁光《敲开世界冠军的大门》

"风景"，一般是指自然环境、建筑物等形成的可供观赏的景象；

例（14）用"风景"来陈述桌上的四个奖杯，表意独特，也很形象。例（15）用了"映山红""杜鹃"两个名词，"杜鹃"是这种花的学名，又名"映山红"。"映山红"给人的感觉是形象阔大，"杜鹃"则没有这样的形象色彩。例（15）写"山上"的这种花用"映山红"，而写"盆栽"的这种花却用"杜鹃"，突出了"映山红"阔大的形象色彩，也使这种花"特别有精神"的语意得到强调。如果将二者互换，那么"盆栽的映山红"似乎给人一种花盆装不下这种花的感觉，而"山上的杜鹃"也难以突出其"特别有精神"。由此不难看出，作者在名词的选择上非常讲究。例（16）出自鲁迅的回忆性散文《藤野先生》，该文回忆了作者在日本留学期间学习生活的片段。其中的"流言"原为"事情"，后来作者将"事情"改为"流言"。当时有人无根据地传说作者考试的成绩，是因为得了老师泄漏的题目，进而"讥刺"作者；后经证实此为无根据的传言。作者将中性的"事情"改为贬义词"流言"，表意更切当，也表达了作者的贬斥之意。例（17）中前一个"姑娘"是名词，后一个"姑娘"是名词用如形容词，意为"姑娘的性格特征"。此处用如形容词的名词表意简练，新颖有趣。

总体来看，名词修辞的功能，主要体现在三个方面：其一，形象具体生动；其二，简练含蓄；其三，体现形象色彩、褒贬色彩。

第三章　语法修辞

语法修辞，是利用语法手段来增强语言表达效果的现象，也是以语法手段为材料的修辞现象。

语法手段是语法形式的概括，同时也是修辞的一种资源。汉语的语法手段包括句法手段和词法手段，句法手段可分为语序、虚词等，词法手段可分为附加法、重叠等。其中的语序、重叠和虚词都是重要的修辞资源。

在本章中，我们将讨论语序修辞和重叠修辞。

第一节　语序修辞

一、什么是语序修辞

语序修辞是利用语序来增强语言表达效果的现象，也可称之为以语序为材料的修辞现象。

例（1）他们应该有新的生活，为我们所未经生活过的。

鲁迅《伤逝》

例（2）有时就打开那台使用了十几年的日立牌电视机，21英寸的，当时是最好的，是我用了第一次出国的指标在出国人员免税店买的。

莫言《北京秋天下午的我》

例（3）我喜欢雨，从小。

王蒙《雨》

例（4）起来，不愿做奴隶的人们！

《义勇军进行曲》

例（1）中"为我们所未经生活过的"可以插入"生活"之前，常式句应为"他们应该有新的为我们所未经生活过的生活"，可见"为我们所未经生活过的"是定语。按照语法成分的排列规律，定语应该在中心语之前，而例（1）的这个定语却在中心语"生活"之后，这就叫定语后置，也可以叫后置定语。从修辞上讲，将定语超常排列在中心语之后，正是为了强调突出定语。例（2）中"21英寸""当时是最好的"，是分别从数量限制、从性质上修饰中心语"电视机"的，是上一句的定语，但例（2）却将这两个定语排列在中心语"电视机"之后，也是定语后置。将这两个定语后置，既是为了强调突出，也是将长句变成了短句，从而使句子的结构更为紧凑。例（3）是一个短单句。从语法关系看，"从小"与"喜欢"构成了偏正关系，更准确地说，是状中关系，"从小"是"喜欢"的状语，"从小"排列在中心语"喜欢"之后，是状语后置。其修辞目的是强调突出状语。例（4）中的"起来"，从语法关系看，它是谓语，而"不愿做奴隶的人们"是主语。按照主谓关系的排列顺序，应该是主语在前，谓语在后，而例（4）却是谓语在前，主语在后。可见，例（4）是谓语和主语都颠倒了位置，即主谓倒置。从修辞上看，主谓倒置是为了强调谓语。

二、语序修辞的类型

语序修辞，如果按照颠倒的语言单位的性质分类，可以分为两种类型，即颠倒句子成分的语序修辞和颠倒分句的语序修辞。

（一）颠倒句子成分的语序修辞

例（5）时候既然是深冬，渐近故乡时，天气又阴晦了，冷风吹进船舱中，呜呜的响，从篷隙向外一望，苍黄的天底下，远近横着几个萧索的荒村，没有一些活气。

鲁迅《故乡》

例（6）如果我能够，我要写下我的悔恨和悲哀，为子君，为自己。

鲁迅《伤逝》

例（7）起来，饥寒交迫的奴隶，起来，全世界受苦的人！

《国际歌》（萧三译）

例（5）中的"没有一些活气"，从语法关系看，它是修饰中心语"荒村"的定语，应排列在"荒村"之前；而例（5）却将它排列在"荒村"之后，是定语后置。从语法关系看，例（6）中的"为子君，为自己"是限制中心语"写下"的状语，本应排列在"写下"之前，却排列在"写下"之后，是状语后置。从语法关系看，例（7）中的"起来"都是

谓语，"饥寒交迫的奴隶""全世界受苦的人"是主语，可见例（7）是颠倒了谓语与主语的排列次序，是主谓倒置。

综上可见，这三例都是颠倒了句子成分的排列次序，是颠倒句子成分的语序修辞。

例（8）毛主席的书，我最爱读，

千遍那个万遍哟下功夫。

深刻的道理，我细心领会，

只觉得心里头热乎乎。

洪源《毛主席的书我最爱读》（歌词）

按照句子成分分析法进行分析，例（8）中"毛主席的书"是"读"的宾语，"深刻的道理"是"领会"的宾语；依照动宾关系词语的排列规律，本应是动词在前，宾语在后。可见，例（8）是宾语前置。其修辞目的是强调宾语，同时又能够达到押韵的效果。但是，现在通行的层次分析法对例（8）这类句子作另外的处理，就是取消宾语前置的说法，而把这类的句子叫作主谓谓语句，即把"毛主席的书"看作主语，"我最爱读"看作是主谓短语作谓语；同样"深刻的道理……"也是主谓谓语句。

当然，尽管已没有宾语前置这样的术语了，但例（8）这类句子并不会因为宾语前置这一术语的消失而消失，其变化语序所体现出来的修辞效果仍然存在，它作为一种修辞资源仍然存在，只是不宜再用宾语前置的术语而已。

笔者认为，尽管语法分析有新的变化，但是，动词"读"与"毛主席的书"、动词"领会"与"深刻的道理"所客观存在的动宾关系却是不会改变的。因此，例（8）仍然是颠倒句子成分的语序修辞。

（二）颠倒分句的语序修辞

例（9）到哪里都行，只要是给党办事。

陶承《我的一家》

例（10）他戴太太一定是一名导演家，如果生活在现在这个二十世纪五十年代的话。

巴人《莽秀才造反记》

例（11）她中文说得很好，虽然她从未上过哪个学校的中文系。

黄蓓佳《秋色宜人》

例（9）是条件复句，表示满足某种条件的话会出现怎样的结果。"只要……"分句一般是排在前面，例（9）却将"只要……"这个分句后置，颠倒分句的语序，既有补充作用，又表示强调突出。例（10）是假设复句。假设复句一般是假设分句在前，结果分句在后。此例却是假设分句在后，是假设分句后置，此例同样具有补充说明作用，也引人注意。例（11）是让步转折复句。此类复句，一般是让步分句"虽然……"在前，转折分句"但是……"在后。此例将让步分句"虽然"后置，后置后具有补充说明、引人注目的作用。

观察上述三例可知，它们都是颠倒分句的语序修辞。

综合来看，语序修辞可以分成颠倒句子成分的语序修辞和颠倒分句的语序修辞；也可以说包括单句中的语序修辞和复句中的语序修辞。

三、语序修辞的特点

（一）颠倒语序

颠倒语序，就是颠倒句子成分或分句的排列顺序。汉语的句子成分有固定的排列顺序，如主语在前，谓语在后；定语在前，中心语在后；状语在前，中心语在后；……这就是这些成分的正常的排列顺序，如果不按这样的顺序排列，就是颠倒句子成分的排列顺序，也叫颠倒语序。

例（12）我活着，我总得向着新的生路跨出去，那第一步，——却不过是写下我的悔恨与悲哀，为子君，为自己。

鲁迅《伤逝》

例（13）炸裂呀，我的身体！炸裂呀，宇宙！

郭沫若《雷电颂》

例（14）然而，就在那俯地的刹那，我突然看见那树儿的顶端，高高的一枝儿上，竟还保留一个欲绽的花苞，嫩黄的，嫩红的，在风中摇着，抖着满身的雨水，几次要掉下来了，但却没有掉下去，像风浪里航道上的指示灯，闪着时隐时现的嫩黄的光，嫩红的光。

贾平凹《一棵小桃树》

例（12）"为子君，为自己"是状语，本应在中心语"写下"之前，

而例（12）却将这个状语排在了中心语之后，是状语与中心语排列次序的前后颠倒，即颠倒语序。例（13）中两个"炸裂呀"分别为两个句子的谓语，按照主语、谓语的排列次序，谓语"炸裂呀"本应排列在主语之后，却排列在主语之前，这是主语和谓语排列次序的颠倒，即颠倒语序。例（14）中"竟还保留一个欲绽的花苞，嫩黄的，嫩红的"中的"嫩黄""嫩红"都是"花"的定语，它们按正常语序应该排列在"花"之前，却排列在"花"之后，这是定语与中心语排列次序的颠倒，是颠倒语序。

可以说，颠倒语序是语序修辞的特征，也是语序修辞区别于其他修辞的本质特征。

（二）有些颠倒语序的句子成分、分句可以原封不动地进入常规语序的句子中，有的则不能

例（15）天上有一轮月亮，满满圆圆的，又在中天，可见是十五夜晚的子时。

贾平凹《冬花》

例（16）待到孤身枯坐，回忆从前，这才觉得大半年来，只为了爱，——盲目的爱，——而将别的人生的要义全盘疏忽了。

鲁迅《伤逝》

例（15）"满满圆圆"是"月亮"的定语，可见例（15）是定语后置，而颠倒排列的"满满圆圆"可以一字不减地进入常规语序的句子，成为"天上有一轮满满圆圆的月亮"。

再如：例（1）中"为我们所未经生活过的"这个后置定语，可以不加一字不减一字、原封不动地进入常规语序排列的句子，变成"我们应该有新的为我们所未经生活过的生活"。例（4）也可以无须加减字词而进入常规排列顺序的句子，变成"不愿做奴隶的人们起来"。又如例（5）、例（6）、例（7）等，都具有这样的特点；例（9）、例（10）中的分句，也有这样的特点。

而例（16）却不相同，在例（16）中，"盲目的爱"是后置定语。如果将"盲目的爱"进入常规语序排列的句子中，则多了一个"爱"字，从而成了病句。因此，必须删去后置定语中的"爱"，才能文从字顺，于句无碍。再如例（3），其中的"从小"，如果直接插在中心语"喜欢"之前，也不怎么顺畅，而在"从小"与"喜欢"之间增加一个"就"，变成"我从小就喜欢雨"，似乎更顺，表意更恰当。

综合上述两个方面可见，有些颠倒排列的句子成分或分句可以原封不动地进入常规语序的句子中，有些颠倒排列的句子成分或分句则不能原封不动地进入常规语序的句子中。这就是语序修辞在用词方面的一个特点。

（三）语序修辞可以与其他修辞现象综合运用

例（17）终于过去了

中国人民的哭泣的日子，

中国人民的低垂着头的日子；

终于过去了

日本侵略者使我们肥沃的土地上长着荒草，

使我们肚子里塞着树叶的日子；

终于过去了

美国吉普车把我们像狗一样在街上压死，

美国大兵在广场上强奸我们妇女的日子；

终于过去了

中国最后一个黑暗王朝的统治！

何其芳《我们最伟大的节日》

例（18）而今确实要登泰山了，偏偏天公不作美，下起雨来，淅淅沥沥，不像落在地上，倒像落在心里。

李健吾《雨中登泰山》

例（17）是由四个分句构成的复句。其中"终于过去了"是谓语，将它排列在主语之前，体现了主语、谓语前后颠倒的特点，且其他三个"终于过去了"也一样体现了颠倒语序的特点，强调突出了中国人民任人宰割、水深火热的日子"终于过去了"，深刻表达了作者由衷的喜悦之情。同时，四个以谓语"终于过去了"开头的分句都是主谓结构，且语义相关，语气一致。换句话说，从整体上看，例（17）四个分句构成了排比。可见，例（17）形成了语序修辞与排比的综合运用。例（18）中，"淅淅沥沥"与"下起雨来"是状中关系，二者的常规语序排列是"淅淅沥沥地下起雨来"，可见，例（18）形成了状语后置，是语序修辞。与"淅淅沥

沥地下起雨来"相比，状语后置所形成的"下起雨来，淅淅沥沥"，都是四个音节，体现了音节匀称的特点，而且"不像落在地上，倒像落在心上"既用了对偶，也有音节匀称的特点。可见，例（18）是语序修辞与对偶、音节匀称的综合运用。

再如，例（1）、例（2）中的定语后置都将原来的长句变成了较短的句子，也可以看作是语序修辞与句式修辞的综合运用。

严格地说，语序修辞与其他修辞现象综合运用并不是语序修辞的内在特点，但却也不能说语序修辞与排比、音节匀称等其他修辞现象毫不相干。

四、语序修辞的功能

例（19）一天是阴沉的上午，太阳还不能从云里挣扎出来，连空气都疲乏着。耳中听到细碎的步声和咻咻的鼻息，使我睁开眼。大致一看，屋子里还是空虚；但偶然看到地面，却盘旋着一匹小小的动物，瘦弱的，半死的，满身灰土的……。我一细看，我的心就一停，接着便直跳起来。那是阿随。它回来了。

鲁迅《伤逝》

例（20）然而现在呢，只有寂静和空虚依旧，子君却决不再来了，而且永远，永远地！……

鲁迅《伤逝》

例（21）鼓动吧，风！咆哮吧，雷！闪耀吧，电！

郭沫若《雷电颂》

例（19）中"瘦弱的，半死的，满身灰土的"是三个定语，它们被超常排列在中心语"动物"之后，是定语后置。从修辞上讲，作者将这三个定语后置，强调了被主人公丢弃的小狗阿随的悲惨经历以及主人公对阿随的复杂心理。同时，也使按正常语序排列的长句变成了短句，使句子的结构更为紧凑，表意更为简明。例（20）中"而且永远，永远地"是状语后置，其修辞功能就是强调突出子君已死，永远也回不来的现实，同时表达主人翁深深的遗憾。例（21）中"鼓动吧""咆哮吧""闪耀吧"都是谓语，它们都用在了主语的位置上，分别都与各自的主语构成了主谓倒置的语序修辞现象，意在强调突出这三个谓语所表达的语意。同时，三个句子结构相同，语义相关，语气一致，构成了排比，具有增强语势的修辞功能。

总之，语序修辞的修辞功能约略可以概括为三个方面：其一，定语后置、状语后置、主谓倒置分别是为了强调、突出定语、状语和谓语。其二，原本是长句中的定语后置、状语后置，可以使长句变成短句，使句子结构更紧凑，表意更简明显豁；主谓倒置却没有这样的功能。其三，颠倒分句的语序修辞，大多具体有补充说明、引人注目的特点。

第二节　重叠修辞

一、什么是重叠修辞

重叠修辞，是重叠词根以增强语言表达效果的修辞现象，或者说，重叠修辞是以重叠词根为材料的修辞现象。在语言运用中恰当地选用词的重叠形式可以更恰当地表意传情。

例（1）普之仁答道："……茶花这东西有点特性，水壤气候，事事都得细心。"

杨朔《茶花赋》

例（2）早听说香山红叶是北京最浓最浓的秋色，能去看看，自然乐意。

杨朔《香山红叶》

例（3）轻轻的我走了，
　　　正如我轻轻的来；
　　　我轻轻的招手，
　　　作别西天的云彩。

徐志摩《再别康桥》

例（4）炊烟真的很美，从一家家柴门里飘出来，飘成一朵朵云，然后飘成一片片天空。

冰心《母亲》

例（5）有时，望着莽莽苍苍的大地，我骑着思想的野马奔驰到很远很远的地方，然后，才又收住缰绳，缓步回到眼前灿烂的现实中来。

秦牧《土地》

例（1）中"事事"是重叠词根"事"的修辞，表示"每一件事"，既有"多"的意思，也有表示说话人有点夸张的情绪。例（2）中"看看"是重叠词根"看"的修辞，表示轻而易举的行为，也有轻松、短暂的意思。例（3）中三个"轻轻"都是重叠词根"轻"的修辞，表示很轻之意，体现了程度的加重，具有恬静、优美的特点。例（4）中"家家""朵朵""片片"，分别是重叠词根"家"、重叠词根"朵"、重叠词根"片"的修辞，表示分指，也有"多"的意思，描绘形象生动，引人联想。例（5）中"莽莽苍苍"是重叠词根"莽""苍"的修辞，表达了辽阔广大、无边无际的语意，与特定的语境非常适切。

换一个角度看，也可以说，例（1）是名词"事"的重叠，例（2）是动词"看"的重叠，例（3）是形容词"轻"的重叠，例（4）是量词"家"（此处"家"是量词）、"朵""片"的分别重叠，例（5）则是形容词"莽、苍"的重叠。

二、重叠修辞的类型

重叠修辞的分类可以从不同的方面进行。如果按词性分类，可以将重叠修辞分为名词重叠、动词重叠、形容词重叠、数词重叠、量词重叠等，当然虚词一般没有重叠修辞；而按词的音节分类，则可以分为单音词重叠修辞和双音词重叠修辞等类型。此处，我们将按照重叠形式来对重叠修辞分类，并重点讨论AA式重叠和AABB式重叠两类重叠修辞。

（一）AA式重叠

AA式重叠修辞，主要是单音节词的重叠修辞。

例（6）起初，我以为是谁家新婚的洞房，其实家家如此，毫不足奇。

杨朔《海市》

例（7）他拍拍水淋淋的泥裤子，

　　　嘴里说："糟糕——糟糕！"

　　　而他通红的欢喜的脸上，

　　　却发射出兴奋和骄傲。

冰心《雨后》

例（8）高高的青杨树啊，你就是我们在一九六八年的时候栽下的小树苗吗？

王蒙《故乡行》

例（6）中"家家"是单音节量词"家"的重叠形式，重叠后表示"每一家"，表意恰当。例（7）中"拍拍"是单音节动词"拍"的重叠形式，重叠后的"拍拍"表示"拍"这个动作的短暂和随意，在特定语境中表意恰当。例（8）中"高高"是单音节形容词"高"的重叠形式，重叠后的"高高"表示程度加重，是很高的意思，也包含着喜爱的情感色彩，表意适切。

从重叠形式看，如果用"A"表示例（6）中"家家"中的"家"，那么"家家"的重叠形式就是"AA"；用"A"表示例（7）中"拍拍"中的"拍"，那么"拍拍"的重叠形式便是"AA"；用"A"表示例（8）中"高高"的"高"，那么"高高"的重叠形式也是"AA"。

再如，例（1）、例（2）、例（3）、例（4）中单音节词的重叠形式都是"AA"。综合起来说，单音节词的重叠修辞大都是AA式。

当然，单音词的重叠也有变化形式。

例（9）祥子真想硬把车放下，去找个地方避一避。

老舍《骆驼祥子》

例（10）张小山说了个"我需要"就将鞋抢到手中，试了试，大四指。

李英儒《野火春风斗古城》

例（11）他把日记翻了一翻，觉得今天可记的印象很多……

吴强《红日》

例（9）中的"避一避"与"避避"的重叠形式语意相同，还有"说一说""讲一讲""想一想""笑一笑"都与一般重叠形式的"说说""讲讲""想想""笑笑"语意相同，但二者的重叠形式却不相同。例（10）中"试了试"是"试试"这种重叠形式的变化形式，有动作完成的意思。还有"想了想""看了看"分别是"想想""看看"这种重叠形式的变化形式，都有动作完成的意思。例（11）"翻了一翻"是"翻翻"这种重叠形式的变化形式，与"翻翻"相比，"翻了一翻"表示"翻"的时间稍微长一些。

从词性看，上述三种重叠形式的变化形式所涉及的词分别是例（9）"避"、例（10）"试"、例（11）"翻"，这三个词都是单音节动词。可见，单音节词重叠的变化形式，都是单音节动词重叠的变化形式。据笔

者观察，单音节名词、单音节形容词、单音节数词、单音节量词等一般都没有这种变化形式。

（二）AABB式重叠

AABB式重叠，主要是双音节词的重叠修辞。

例（12）母亲不知有多少日日夜夜，眼望远方，盼望自己的儿子回来啊！然而这个儿子却始终没有归去，一直到母亲离开这个世界。

季羡林《赋得永久的悔》

例（13）一路上，只见运油的大卡车都亮着灯。来来往往，白天黑夜不间断，紧张得很。

杨朔《戈壁滩上的春天》

例（14）这里，我想到了我们中国的整个版图，在我们这一代人的手里，一定要使它真真正正地完整无缺。

秦牧《土地》

例（15）……铁厂也好，钢厂也好，或者是别的什么工厂也好，反正那里有千千万万只精巧坚强的手，正配合着全国人民一致的节奏，用钢铁铸造祖国的江山。

杨朔《泰山极顶》

例（12）是双音节名词"日夜"的重叠，重叠后的"日日夜夜"在表意上强调比"日夜"时间更长。例（13）是双音节动词"来往"的重叠，重叠后的"来来往往"表达了"来往"这种动作行为的连续不断。例（14）是双音节形容词"真正"的重叠，重叠后的"真真正正"在表意上比"真正"的程度更重。例（15）是双音节数词"千万"的重叠，重叠后的"千千万万"表达的是虚数，同时强调"多"的意思。

从重叠形式看，双音节词的重叠与单音节词的重叠完全不同。在例（12）中，如果用"A"表示"日"，用"B"表示"夜"，那么"日日夜夜"的重叠形式就是"AABB"；在例（13）中，如果用"A"表示"来"，用"B"表示"往"，那么"来来往往"的重叠形式也是"AABB"；在例（14）中，如果用"A"表示"真"用"B"表示"正"，那么"真真正正"的重叠形式同样是"AABB"；在例（15）中，如果用"A"表示"千"，用"B"表示"万"，那么"千千万万"的重叠形式还是"AABB"。

再如，例（5）的重叠形式也是"AABB"。

从以上各例可见，不论是双音节名词，还是双音节动词、双音节形容词等，其重叠形式都是AABB.

无须讳言，双音节词重叠也有其他多种形式。

例（16）好一片镜儿海，海水碧蓝碧蓝的，蓝得人心醉。我真想变成条鱼，钻进波浪里去。

杨朔《海市》

例（16）中"碧蓝碧蓝"是双音节形容词的重叠，如果用"A"表示"碧"，用"B"表示"蓝"，那么"碧蓝碧蓝"的重叠形式则是"ABAB"。可见，与例（5）、例（14）这类双音节形容词的重叠方式不同，例（16）是双音节词重叠的变化形式。

结合更多的语言事实可以发现，例（16）这类重叠方式的形容词比较丰富，如"碧绿碧绿""血红血红""雪白雪白""蜡黄蜡黄""金黄金黄""蔚蓝蔚蓝""乌黑乌黑""黢黑黢黑"等，其重叠形式都是ABAB。

例（17）他罗里罗嗦念了一大堆，邻居们听了有些厌烦……

赵树理《小二黑结婚》

例（17）中"罗里罗嗦"是双音节形容词"罗嗦"的重叠形式，如果用"A"表示"罗"，用"B"表示"嗦"，那么"罗里罗嗦"的重叠形式则是"A里AB"，与双音节形容词的重叠形式"AABB"也不相同，也是一种变化形式。

例（17）这种重叠的变化形式，也比较常见，如"傻里傻气""宝里宝气""蠢里蠢气""糊里糊涂"等便是。

三、重叠修辞的特点

（一）能重叠修辞的一般都是词根

例（18）这么多的白荷花，一朵有一朵的姿势。看看这一朵，很美；看看那一朵，也很美。

叶圣陶《荷花》

例（19）君子穿着一身天蓝色的"着物"，文文静静的，眉目挺淳厚。

杨朔《樱花雨》

例（18）"看看"是由单音节词"看"重叠词根"看"形成的，同时形成重叠形式之后，原本是单音词的"看"也成了词根。就是说，在"看看"这个合成词中，"看"和"看"都是词根。例（19）中"文文静静"是"文静"这个双音节词重叠词根"文""静"而成的。双音节合成词"文静"本来是由词根"文"和词根"静"构成的，可见"文文静静"是由四个词根构成的。

再如，例（3）是由"轻""轻"这两个词根构成的，例（5）中"莽莽苍苍"则是由四个词根构成的。

可以说，无论是单音节词的重叠，还是双音节词的重叠，一般都是由词根构成的。换言之，单音节词的重叠、双音节词的重叠，所重叠的一般都是词根。

说词语重叠的一般都是词根，是因为有例外。如例（9）"避一避"中的"一"，例（10）"试了试"中的"了"，就不是词根，而是词缀；例（17）"罗里罗嗦"中的"里"也是词缀，而非词根。观察可见，这种都是重叠的变化形式，是重叠的特殊例证。当然，这也反映了重叠修辞的复杂性。

（二）在AABB的重叠形式中，有的是双音节词的重叠，有的则不是双音节词的重叠，而是两个单音节词的重叠

（20）我笑着说："寻得见——你瞧，前面那不就是？"就朝远处一指，那儿透过淡淡的云雾，隐隐约约现出一带岛屿。

那舵手稳稳重重一笑，说："可真是海市，你该上去逛逛才是。"

杨朔《海市》

（21）我游过华庭寺，又冒着星星点点细雨游了一次黑龙潭，这都是看茶花的名胜地方。

杨朔《茶花赋》

（22）在新加坡的通海的河汊里，我曾经看过密密麻麻地麇集着这种瞪着眼睛的中国船，组成了奇异的图案。

秦牧《潮汐和船》

例（20）中"隐隐约约"是双音节词"隐约"的重叠，"稳稳重重"是双音节词"稳重"的重叠，可见，它们都是双音节词的重叠，再如例（13）中"来来往往"是双音节词"来往"的重叠，例（14）中"真真正正"是双音节词"真正"的重叠。例（21）却与例（20）不同，例（21）中的"星星点点"是"星""点"两个单音节词的重叠，因为"星""点"不能构成一个双音节的合成词；与例（21）相同，例（22）中的"密密麻麻"也是"密""麻"两个单音节词的重叠，因为"密""麻"也不能构成一个双音节的合成词。又如"家家户户"，表示每一家每一户，它也是由"家""户"这两个单音节词重叠而成的，同样是因为"家""户"不能构成双音节的合成词。

可见，在AABB式重叠形式中，有的是双音节词的重叠，有的则不是双音节词的重叠，而是两个单音节词的重叠。

四、重叠修辞的功能

例（23）来到这儿，你不妨权当一次画里的写意人物，坐在路旁的对松亭里，看看山色，听听流水和松涛。

杨朔《泰山极顶》

例（24）荷花已经开了不少了。荷叶挨挨挤挤的，像一个个碧绿的大圆盘，白荷花在这些大圆盘之间冒出来。

叶圣陶《荷花》

例（25）我已经到了望九之年。在过去的七八十年中，从乡下到城里，从国内到国外，从小学、中学、大学到洋研究院，从"志于学"到超过"从心所欲不逾矩"，曲曲折折，坎坎坷坷，既走过阳关大道，也走过独木小桥……

季羡林《赋得永久的悔》

例（23）中"看看""听听"是重叠修辞，恰当地表达了轻松而短暂的"看"和"听"的动作行为，令人读来感到自然而惬意。例（24）中"挨挨挤挤"是重叠修辞，它生动地描写了荷花的姿态，具有化静为动的独特效果。例（25）中"曲曲折折""坎坎坷坷"是重叠修辞，比"曲折""坎坷"表意更强烈，具有强调突出语意的修辞效果。

此外，例（23）、例（24）、例（25）的重叠修辞还具有节奏感强的音乐美。

不必讳言，要简明扼要地概括重叠修辞的效果，是非常困难的，因为

众多的重叠修辞现象所呈现出来的特点，犹如春天里竞相绽放的鲜花，五彩缤纷。但是，对它们中共性较大的特征进行概括，也是可能的：其一，具有音乐美。单音节词的重叠都有双声的特点，AABB式重叠形式大都既体现了双声的特点，还具有节奏鲜明、读来上口的语音特点，这些特点在一定程度上体现了音乐美。其二，AABB式重叠的形容词都具有程度加重的修辞效果。

第三编　一般性非语言要素修辞

　　一般性非语言要素修辞，是指没有构成辞格的非语言要素修辞。

　　一般性非语言要素修辞，包括没有构成辞格的汉字修辞、标点修辞和图符修辞。

　　一般性非语言要素修辞并不怎么丰富，也没有一般性语言要素修辞那么常用，且一般性非语言要素修辞的运用更多地受到作者兴趣爱好和修辞素养的制约。但是，作为汉语修辞的一部分，作为一种可利用的有特色的修辞资源，一般性非语言要素修辞却不应该被忽视。

第一章　汉字修辞

这里说的汉字修辞是指利用汉字的形体来增强表达效果，但未构成辞格的修辞现象。

相对于汉字辞格来说，尚未构成辞格的汉字修辞现象并不怎么丰富。

本章将扼要讨论同旁字修辞和形近字修辞。同旁字修辞可简称为同旁修辞。

第一节　同旁修辞

一、什么是同旁修辞

同旁修辞，是运用两个或两个以上偏旁相同的汉字以增强语言表达效果的修辞现象，也是以偏旁相同的汉字为材料的修辞现象。同旁修辞，就是同旁字修辞。

例（1）烟锁池塘柳，

　　　炮镇海城楼①。

例（2）那种腐败恶劣的政治空气，造就了许多"奉"系评论家。要么只会"捧"杀，要么只会"棒"杀。

《要百家争鸣，不要八面讨好》

例（1）中，上下联相对应的汉字都是偏旁相同的汉字：如"烟"与"炮"，都是"火"旁；"锁"与"镇"，皆为"钅"旁；"池"与"海"都是"氵"旁……就是说，例（1）中五个相对应的汉字，没有偏旁不相同的。这就是同旁修辞。从修辞上看，该例引人注目，给人以形式上的对称之美。例（2）利用"捧"与"棒"相同的偏旁，概括出了一个

---

① 本节所用的例证主要来源于曹石珠《非辞格的汉字修辞现象》，见中国修辞学会编、王德春、李月松主编《修辞学论文集》（第十集），上海外语教育出版社，2006年11月第1版，399-407页。

"'奉'系评论家",概括得当,新颖有趣。也是同旁修辞。笔者曾分析说:"'捧'与'棒'的共同之处在于,两者都不能做到客观,不能一分为二地看问题,都是不符合唯物辩证法的。从汉字字义的角度看,'奉'这个汉字并不能把'捧'与'棒'这些共同缺点概括进去。但是,作者从汉字的形体入手,在'捧'字与'棒'字中提取共同的偏旁'奉',进而以相同的偏旁'奉'来概括,把'捧'与'棒'归入"奉"系一派,避免了根据语义归纳的麻烦,同时又顺理成章地归为一派,真可谓归类得当,别出心裁,令人拍案叫绝。"①

二、同旁修辞与联边的区别

同旁修辞与联边都运用偏旁相同的汉字,因而容易混淆。要正确区分同旁修辞与联边,必须准确把握同旁修辞与联边各自的特点。

例(3)考老者三个土头,

　　　弄琵琶五家王子。

例(4)泪滴湘江流满海,

　　　嗟叹嚎啕哽咽喉。

例(3)是同旁修辞。"考老者"三个汉字都是"土"字头,因而有"三个土头"的描写;"弄琵琶"有五个"王"字,故有"五家王子"的描写。可谓属对自然,虽不怎么工稳,却是别有妙趣。例(4)用了联边。笔者曾说,联边就是连用三个或三个以上偏旁相同的汉字②。例(4)上联连用七个偏旁为"氵"的汉字,下联连用七个偏旁为"口"的汉字,可见例(4)上下联都分别构成了联边。

结合前面分析过的例证来看,同旁修辞的特点主要有以下几方面:一是至少运用两个偏旁相同的汉字。例(3)中"考老者"有三个"土","弄琵琶"共有五个"王"字头。例(1)中上联"烟"与下联"炮"都是"火"旁,上联的其余四个汉字都分别与下联的四个汉字构成了偏旁相同的汉字。例(2)也是有两个偏旁相同的汉字。二是不要

---

① 曹石珠《非辞格的汉字修辞现象》,见中国修辞学会编,王德春、李月松主编《修辞学论文集》(第十集),上海外语教育出版社,2006年11月第1版,401页。

② 曹石珠《汉字修辞学》,西安出版社,2004年1月第1版,179页。

求连用。例（1）偏旁相同的汉字用在了上联、下联相对应的位置，不是相同偏旁汉字的连用；例（2）中的"捧""棒"也不是连用；而例（3）中"考老者""琵琶"是偏旁相同的汉字连用。总之，同旁可以不连用偏旁相同的汉字，也可以连用偏旁相同的汉字。三是对相同的偏旁进行描写或概括。例（3）用"三个土头""五家王子"分别对"考老者""弄琵琶"的相同偏旁进行描写，例（2）则把"捧""棒"概括成"奉系。"例（1）与例（2）、例（3）却不一样，它既未对偏旁相同的汉字进行描写，也未对偏旁相同的汉字进行概括，但它却是两个偏旁相同的汉字的对应运用。

结合更多的语言事实来看，联边的特点也有几个方面：一是至少运用三个偏旁相同的汉字。例（4）上、下联都是七个偏旁相同的汉字。凡是联边，都要运用三个或三个以上偏旁相同的汉字，而不是运用两个偏旁相同的汉字。二是必须连用。例（4）上、下联都是七个偏旁相同的汉字接连运用，中间没有偏旁不同的汉字。凡是联边，相同偏旁的汉字必须连用，没有例外。三是客观展示偏旁相同的汉字，不对相同的偏旁进行描写或概括。凡是联边，都是如此。联边的这一特点，似乎与例（1）有相似之处；但例（1）却与例（4）有明显区别：例（1）是运用两个偏旁相同的汉字，且不是连用，而是相互对应。

综合考虑同旁修辞、联边上述几方面的特点，就能正确无误地把同旁修辞与联边区别开来。

三、同旁修辞的功能

例（5）李宋两先生，木头木脚；

龚庞二小姐，龙首龙身。

例（5）中"李"字的偏旁是木字头，"宋"字的偏旁是木字底，作者根据其偏旁的特征，顺其自然地把"李宋"二字描写成"木头木脚"；下联中"龚"字的偏旁是龙字头，"庞"字的偏旁是龙字底，根据其偏旁的这一特征，作者富有创意地把"龚庞"二字描写成了"龙首龙身"。从对联的角度看，上下联分别从相同的偏旁入手，巧妙地构成了结构相同、语义相关，且都利用了相同偏旁的汉字之联语，可谓对仗工稳，巧夺天工。同时，通过描写相同的偏旁，例（5）体现了联想自然、妙趣横生的

修辞特色。

除例（1）外，上述各例中的同旁修辞，也有例（5）这样的修辞功能。

此外，例（1）这种现象，看似很平常，但在运用时不注意这种特点，必将影响对仗的工稳。笔者以为，对仗是否工稳，与修辞有关。因此，虽然平常，却也不能忽视。

第二节 形近字修辞

一、什么是形近字修辞

形近字修辞，是运用字形相近的汉字以增强语言表达效果的修辞现象，也是以字形相近的汉字为材料的修辞现象。

例（1）大雨沉沉，二沈缩头勿出；

狂风阵阵，两陈摇尾不开。

《古今谭概》

例（2）大丈夫半截人身，

朱先生三个牛首。

例（1）是形近字修辞。据载，沈筠溪少时聪明，一天他和弟弟途遇暴风骤雨，兄弟二人只好避雨不出。陈氏兄弟两人看见了沈氏兄弟的狼狈相，因而出上联戏谑他们，沈氏兄弟也不示弱，因而对下联回敬他俩。从修辞上看，上下联都是在形近字上做文章。上联从沈氏兄弟的姓氏"沈"字立意，根据特定的环境找出与"沈"字字形相近的"沉"字，并由"沉"字不像"沈"字的形体那样上边出了头展开联想、想象，引申发挥，形成"大雨沉沉，二沈缩头勿出"的妙语；下联从陈氏兄弟的姓氏"陈"字立意，结合特定的环境找出与"陈"字字形相近的"阵"字，并由"阵"字不像"陈"字那样两点分开展开联想、想象，形成"狂风阵阵，两陈摇尾不开"的佳句。综观上下联，可谓在特定的语境中联想自然，引申得当，妙语天成，且对仗工稳，全无斧凿之痕。从汉字修辞的角度看，上下联都利用了字形相近的汉字。笔者曾说："从修辞的目的看，上联的目的在于戏谑，而下联的意图则在于回敬。整个联语表现出的只是文人间的相互戏谑，仅仅是斗智逗趣，既非恶语相加，又非强词夺理，显得轻松诙谐，更显示出古代文人的情趣和风度。"①例（2）上联"大丈夫"三个汉字的下半部分与"人"字的下半部分相同，作者通过联想、想象，巧妙而自然地把它们描写成"半截人身"；下联"朱先生"三个汉字的上半截与"牛"字的上半截相同，作者通过联想、想象，巧妙而生动地把它们描写为"三个牛首"。该例上下联都从汉字的形体入手，立意独特，对仗工稳。从修辞上看，此例从汉字的形体切入展开联想、想象，可谓联想、想象自然，描写贴切生动，别有情趣。也有人说，此例是三个秀才出的上联，祝枝山对的下联。三个秀才试图难倒祝枝山，但祝枝山从三人中一人姓"朱"而得到灵感，便对出了"朱先生三个牛头"的下联，暗含着嘲讽这三个秀才愚蠢的语意。笔者至少对其中的"牛头"持不同看法。上联末字"身"是平声字，下联末字"头"也是平声字，对仗不工稳，而以"牛头"与"人身"相对，则不恰当。笔者以为作为才子的祝枝山不会对出这种不考虑平仄的下联。

例（1）与例（2）既有相同之处，又有不同特点。二者的相同之处在于，都是利用形体相近的汉字。二者的不同特点在于：例（1）是利用形近字的不同特点来引申发挥，例（2）却是利用形近字的相同特点加以描写。

二、形近字修辞的特点

形近字修辞的特点很简单，就是以字形相近的汉字为修辞利用的材料，对形近字的差异加以引申发挥或有趣描写。

三、形近字修辞的功能

例（3）夫子天尊大王，头上不同；

　　　官人宦者宫娥，腰间各别。

例（3）上联中"夫、天、大"三个汉字的上半部分明显不同，故把它们概括为"头上不同"；下联中"官、宦、宫"三个汉字的中间部分有明显差异，因而把它们描写为"腰间有别"。可谓概括恰当，描写形近字

---

① 曹石珠《非辞格的汉字修辞现象》，见中国修辞学会编，王德春、李月松主编《修辞学论文集》（第十集），上海外语教育出版社，2006年11月第1版，404页。

的差异自然生动，还有些诙谐幽默的味道。此外，从联语的角度看，此例属对自然，对仗工稳，颇有情趣。

　　例（1）、例（2）也有类似于例（3）这样的修辞功能。

第二章　标点修辞

本章讲的标点修辞，是尚未构成辞格的标点符号修辞现象。

尚未构成辞格的标点修辞，到底包含哪些修辞现象，还需要进一步的探索。也正是因为研究的不深入，要对标点修辞现象进行简明扼要的概括，也是非常困难的。因此，本章只讨论引号修辞。

第一节　引号修辞

一、什么是引号修辞

引号修辞，是以引号（""）为材料的修辞，或者说，是利用引号以增强语言表达效果的修辞现象。

例（1）能够在我喜爱的一幅画作前用钢琴来演绎我的作品，我认为这与在歌剧院相遇到柴可夫斯基的作品一样，也是一种"缘"。

迟子建《艺术之"缘"》

例（2）它们一早就起飞走了，晚上才飞回来，常常落到磨坊门口，双脚跳跃着觅食；我撒一把麦粒过去，它们却"忽"地飞去了。

贾平凹《鸟窠》

例（3）我们选定了北京的手工艺品作为礼品的一部，也是有原因的。中国工艺的卓越的"功夫"，在世界古今著名，但这还不是我们选择它的主要原因。我们选择它是因为解放以后，我们新图案设计的兴起，代表了我们新社会在艺术方面一股新生的力量。

林徽因《和平礼物》

例（1）中"缘"字上的引号，从标点符号的用法看，应该不用，而从修辞上讲是必不可少的。作者之所以这样用，正是为了从语意上强调"缘"，并在视觉上引人注目。这就是引号修辞。例（2）中"忽"字上的引号与例（1）中的引号一样，是修辞上刻意为之的，目的在于强调

"忽"，并在视觉上引起读者的注意。例（3）中"功夫"一词的引号与例（1）、例（2）中的引号完全相同，既强调突出"功夫"，又给人以引人注目的视觉效果。

二、引号修辞的特点

引号修辞的特点在于，不以引用为目的，在一般不用引号的地方用引号，构成了引号的超常用法。

例（4）儿子听不懂，问爸爸是干什么工作？回答是："作家"。"作家！作家！"儿子喊起来，外边都知道了。慢慢传开，都说这里有一个下班回来，"坐家"的人。有懂行的，说此人不可小瞧，现在是搞业余写作，说不定将来真成气候，要去作协工作呢。楼上几个老太太便如梦初醒，但却瘪了嘴：哦，原来是个"做鞋"的？！

贾平凹《一位作家》

例（5）所以比较而言，我更喜欢《红楼梦》里的那块"灵石"，因为它朴素真切，更接近"人"的真相。而《西游记》中的"灵石"，昭示的是"神"的真相，情节虽然跌宕起伏，但所有的"难"，最终都能克服，艺术上给人以审美疲劳感。而人生是残缺的，不是所有的"难"，都能过去的。

迟子建《石头的诉说》

例（4）中"'坐家'""'做鞋'"的两个引号是标点修辞；而"'作家'""'作家！作家！'"的引号不是标点修辞。比较二者可知，"'作家'"引用的是爸爸的话，"'作家！作家！'"引用的是儿子的话，二者都是直接引用人物的话语，是直接引用，是标点符号的正常用法，与标点修辞无关；而"'坐家'""'做鞋'"却与它们完全不同，"都说这里有一个下班回来，'坐家'的人""哦，原来是个'做鞋'的"都是间接引语，都没有用引号，却只在"坐家""做鞋"这两个词上用引号，意在强调人们对"作家"的不了解、不懂甚至可笑，同时还使这两个词产生了在视觉上引人注目的效果。此外，如果不是为了修辞，"坐家""做鞋"这两个词上的引号完全可以不用。可见，例（4）中"'坐家'""'做鞋'"的引号是引号修辞，也是引号的超常用法。例（5）中"'灵石'""'人'""'灵石'""'神'""'难'""'难'"的引号都是标点修辞。从标点的常规用法看，这些词语中的引号都可以不用。正是为了修辞的目的，作者在可以不用引号的地方用了引号，用以突出这些引号所标示的词语，或者说突出这些关键信息，同时给人以引人注目的视觉效果。可见，例（5）中的引号，同样是超常用法。

结合更多的语言事实看，引号修辞的特点表现为引号的超常用法。也可以说，这就是引号修辞的本质特点。

三、引号修辞的功能

例（6）妻让念念他的著作，他绘声绘色，念毕了，妻说"不好"他便沉默，若说"好"字，他又满脸得意，说是知音，过去"嘣"地一声，飞吻一口。

贾平凹《一位作家》

例（7）它们是"不简单"的；这些中国劳动人民所积累的智慧的结晶，今天为全世界人民光明的目的——和平而服务了。

林徽因《和平礼物》

例（8）到了英国与瑞士的比赛日，我像以往一样提前十几分钟走进酒吧，可是里面已经爆满，一个座位都没有了，中央地带还站着许多人。我急得转来转去的，希望有一个座位成为"漏网之鱼"，然而我的希望落空了。

迟子建《酒吧中的欧洲杯》

例（6）中"嘣"字上的引号是引号修辞，意在强调突出"嘣"，并给人以引人注目的视觉信息。例（7）中"不简单"三个字上的引号，是引号修辞，意在强调突出"不简单"，同样能引人注目。例（8）中"漏网之鱼"四个字上的引号，也是引号修辞，意在强调突出自己找到座位的迫切希望，兼具引人注目的视觉效果。此外，此处的"漏网之鱼"是喻体，通过暗喻，增强了言语作品形象性和生动性，但这样的修辞效果与引号修辞无关。

综合起来看，引号修辞的功能体现在两个方面：既强调突出引号所标示的词语，又引人注目。

第四编　语言要素构成的辞格

　　语言要素构成的辞格，非常丰富。以笔者浅见，唐松波、黄建霖主编的《汉语修辞格大辞典》收录的语言要素辞格最多：总计156个辞格[①]中，只有拆字、联边等几个非语言要素构成的辞格。尽管该辞典所收录的某些辞格能否成立，还有待商榷。但是，笔者认为该辞典收录的语言要素辞格最多。不可否认，汉语中到底有多少个语言要素构成的辞格，尚无定论。尽管如此，但说语言要素构成的辞格丰富多彩，却不存在异议。

　　为了表述的方便，笔者把语言要素构成的辞格简称为语言要素辞格。

　　关于语言要素辞格，研究的学者不在少数，研究的内容也比较深入。

　　本编并不打算将所有辞格一一罗列，面面俱到地加以论述，只想就其中的比喻、比拟、借代、拈连、对偶、排比、顶真等辞格分成若干章节进行探讨。

　　[①] 唐松波、黄建霖《汉语修辞格大辞典》，中国国际广播出版社，1989年12月第1版。

第一章 比喻、比拟、借代和拈连

比喻与比拟有相似之处，借代与比喻中的借喻有一个共同特点，拈连与比喻、比拟、借代似乎没有关系，但它们都关涉两个事物，应该看作一种联系。当然，比喻、比拟、借代和拈连都有各自的特点。

从常用性看，比喻、比拟最为常用，借代次之，拈连则不那么常用。

第一节 比 喻

一、什么是比喻

比喻，是根据甲、乙两事物本质不同却具有相似关系的特征，用乙事物来比喻甲事物的辞格。通俗地讲，比喻就是打比方。

例（1）我们共产党人好比种子，人民好比土地。我们到了一个地方，就要同那里的人民结合起来，在人民中间生根、开花。

毛泽东《关于重庆谈判》

例（2）书犹药也，善读之可以医愚。

刘向《说苑》

例（3）老师又说，自然科学的皇后是数学，数学的皇冠是数论，哥德巴赫猜想，则是皇冠上的明珠。

徐迟《哥德巴赫猜想》

例（1）中的"共产党人"，是甲事物，"种子"是乙事物；"人民"是甲事物，"土地"是乙事物。以"种子""土地"打比方，就是以乙方事物比喻甲事物。此例通过比喻，揭示了共产党人与人民结合起来的强大生命力，以及党和人民不可分割的本质特征。从比喻的三要素看，其中的"共产党人""人民"是本体，"种子""土地"是喻体，两个"好比"都是喻词。从修辞效果看，该例运用两个比喻，表意形象生动，说理通俗深入，具有不可辩驳的逻辑力量。例（2）中的"书"是甲事物，是

本体；"药"是乙事物，是喻体；"犹"是喻词。例（2）用"药"来比喻"书"，是用乙事物来比喻甲事物。该例的修辞效果是表达形象具体，说理透彻深入。例（3）中的"皇后""皇冠"和"皇冠上的明珠"是喻体，"数学""数论"和"哥德巴赫猜想"是本体，每一句中的"是"都是联系本体与喻体的词语。例（3）同样是用乙事物来比喻甲事物。通过打比方，把抽象概念描写得形象生动，令人联想。同时通过连用三个比喻，形象而有层次地提示了三个本体各自不同的重要地位，并且突出了哥德巴赫猜想的无法替代的突出地位。

二、比喻的特点

（一）构成比喻的本体、喻体，是本质不同的事物

作比的事物与被比的事物一定是本质不同的事物。正如高万云所说："作比的事物必须是'异类'……"①

例（4）为什么结婚是爱情的坟墓呢，因为结婚之后爱情像启封泄气的酒，由醉人的浓味变为淡水的味儿；又因油盐酱醋把两人的心腌得五味俱全，并不像恋爱时代那样全是甜味了。

王力《夫妇之间》

例（5）爸爸每天去打鱼，

　　　　爸爸的手，

　　　　是我们家的筷子，

　　　　伸到海里去，

　　　　把鱼虾夹上来。

李飞鹏《筷子》

例（4）以"启封泄气的酒"来比"结婚之后的爱情"，意在表达婚后的爱情味道变淡了，不那么甜蜜了，既形象具体，又令人印象深刻。其中的喻体是"启封泄气的酒"，本体是"结婚之后的爱情"，此二者一为酿造的食品，一为抽象的情感，本质毫不相干。例（5）出自小学一年级课外阅读书籍《日有所诵》一书。此例以喻体"筷子"来比本体"爸爸的手"，形象生动，令人难忘。其中的喻体"筷子"是中国人用餐的工具，

---

① 高万云《钱钟书修辞学思想演绎》，山东文艺出版社，2006年7月第1版，146页。

本体"爸爸的手"是人的肢体，二者本质完全不同。

再如，例（1）中的"共产党人"是有血有肉的人，"种子"是植物的繁殖体，二者本质不同；例（1）中的"人民"与"土地"，例（2）中的"书"与"药"都是本质完全不同的事物。

本体与喻体本质不同，是构成比喻的重要条件，但不是唯一条件。

（二）本体和喻体具有相似关系

正如高万云所说："'具有相似性'是指比喻的两面必须有一点是相似的……"①这里所说的"比喻的两面"就是比喻的本体和喻体。

例（6）同路的人，一到目的地，就分散了，好像一个波浪里的水打到岸边，就四面溅开了。

钱钟书《围城》

例（6）以"打到岸边"的"一个波浪里的水"来比"一到目的地就分散"的"同路的人"，形象生动，令人难忘。仔细观察可知，其中的本体与喻体在"分散"这一点上具有相似性。

观察前面分析的比喻，每一例中的本体和喻体都在某一点上相似。

比喻的本体和喻体必须在某一点上相似，这是构成比喻的又一重要条件。

需要特别说明的是，比喻的本体与喻体必须本质不同，且本体与喻体具有相似性，二者必须同时具备，缺一不可。

例（7）我是军人，

　　　　却不能挺身而出，

　　　　像黄继光，

　　　　用胸脯筑起一道铜墙！

雷抒雁《小草在歌唱》

例（8）我手扶着栏杆，站在大桥上，远望江面，江上的轮船像一叶叶扁舟，随着波浪时起时伏……

《南京长江大桥》

例（7）中的"我"是军人，"黄继光"是英雄，是军人的楷模；

---

① 高万云《钱钟书修辞学思想演绎》，山东文艺出版社，2006年7月第1版，146页。

但二者都是军人，有共同点，或说相似关系，并非本质不同。因此，例（7）是比较，或说类比，却不是比喻。例（8）中，"扁舟"即"小船"。"随着波浪时起时伏"，是"轮船"和"扁舟"的相似之处，但"轮船"和"扁舟"并无本质上的不同。因此，"江上的轮船像一叶叶扁舟"只是类比，并不是比喻。

（三）喻体具有"两柄"和"多边"的特征

喻体的"两柄""多边"是比喻的重要特征。

一方面，喻体有"两柄"的特性。钱钟书说："同此事物，援为比喻，或以褒，或以贬，或示喜，或示恶，词气迥异；修词之学，亟宜拈示。斯多噶派哲人尝曰：'万物各有二柄'，人手当择所执。刺取其意，合采慎到、韩非'二柄'之称，聊明吾旨，命之'比喻之两柄'可也。"[①]高万云解释说："'比喻之两柄'是指对相同比喻正反仇合的态度取向……同一比喻形式，自然可以渗透相反的情感态度，或者说，可以用对立的情感态度去驱遣它。"[②]笔者认为，钱钟书所讲的"两柄"是专就喻体说的，进一步讲，是说同一个喻体既可以用于褒义，也可以用于贬义。

例（9）图为解放军士兵进行坦克搭乘训练，战士们个个都像下山的猛虎。

《战士们个个都像下山的猛虎，图说八十年代解放军的实战化训练》

例（10）孔子过泰山侧，有妇人哭于墓者而哀，夫子式而听之，使子路问之，曰："子之哭也，壹似重有忧者。"而曰："然。昔者吾舅死于虎，吾夫又死焉，今吾子又死焉。"夫子曰："何为不去也？"曰："无苛政。"夫子曰："小子识之：苛政猛于虎也。"

《礼记·檀弓下》

不难看出，例（8）、例（9）的喻体都是"虎"。但例（9）中的"虎"具有褒义，例（10）中的"虎"具有贬义。同一个喻体，既可用于褒，也可用于贬。这就是钱钟书所说的"比喻的两柄"，更准确地说是喻体的两柄。

---

① 钱钟书《管锥编》，中华书局，1996年版，37页。

② 高万云《钱钟书修辞学思想演绎》，山东文艺出版社，2006年7月第1版，141页。

另一方面，喻体还有"多边"的特性。关于比喻的多边，钱钟书说："盖事物一而已，然非止一性一能，遂不限于一功一效。取譬者用心或别，着眼因殊，指同而旨则异；故一事物之象可以子立应多，守常处变。①高万云解释说："这是说，同一事物具有多种属性，每一种属性又可能与他种事物的他种属性构成相似关系……"②通俗地讲，就是一种喻体有多种属性，可以用来比喻多种不同的本体。

例（11）问君能有几多愁？恰似一江春水向东流。

李煜《虞美人·春花秋月何时了》

例（12）柔情似水，佳期如梦。

秦观《鹊桥仙·纤云弄巧》

例（13）遥夜沉沉如水，风紧驿亭深闭。

秦观《如梦令·遥夜沉沉如水》

例（11）中，"愁"是本体，"水"是喻体，二者的相似性是"连续不断"。例（12）中，"柔情"是本体，"水"是喻体，二者的相似性是"缠绵交融"。例（13）中，"遥夜"是本体，"水"是喻体，二者的相似点是"深邃悠长"。在这三个例证中，喻体"水"具有三方面的特性，这就是钱钟书所说的比喻的多边，更准确地说是喻体的多边。

其实，喻体"水"还不止上述三方面的属性，比如"上善若水"的"水"，就具有"利万物而不争"的特性。那么，喻体到底要有几方面的特性才叫"多边"呢？综合更多例证看，笔者认为，喻体只要不止一个方面的特性，就应该叫多边。这样看来，喻体的多边就不仅是某些事物的特性，而是很多事物的共同属性了。

结合上述两方面看，喻体的"两柄"表明，说写者选择喻体时没有褒贬的限制；喻体的"多边"说明，说写时同一喻体可以用来比喻多种多样的本体。这样，正好为创造出五彩缤纷、无穷无尽的比喻提供了广阔的舞台。钱钟书所揭示的比喻的"两柄""多边"，可谓深得比喻之壸奥。

---

① 钱钟书《管锥编》，中华书局，1996年版，39页。

② 高万云《钱钟书修辞学思想演绎》，山东文艺出版社，2006年7月第1版，142页。

（四）喻体不可少

在比喻三要素中，本体可以不出现，喻词可以不出现，唯有喻体必须在言语作品中出现，少了喻体，就不成其为比喻。

例（14）至于"打落水狗"，则并不如此简单，当看狗之怎样，以及如何落水而定。

鲁迅《论"费厄泼赖"应该缓行》

其中的"落水狗"是喻体，而本体则是"已经失败的坏人"。此例中，喻体直接出现在本体的位置上，喻体、喻词都未在言语作品中出现，是借喻。此例如果把"落水狗"换成"已经失败的坏人"，那就没有了喻体，比喻也因之而不成其为比喻了。

必须有喻体，这是比喻的重要特征，也是比喻与非比喻的重要区别。

三、比喻的基本类型

按照本体、喻体和喻词的不同特点，比喻一般分为明喻、暗喻和借喻三个基本类型。

（一）明喻

明喻，就是本体、喻体和喻词都出现，且喻词是"像、好像、犹、犹若、似、好似、好比"等的比喻。

例（15）共产党像太阳，照到哪里哪里亮。

《东方红》（歌词）

例（16）不管是谁，心脑里都贮藏着无数迷人的故事，好似地下的一股暗水，只要截个小洞，就要喷溅出来。

杨朔《画山绣水》

例（15）中，"共产党"是本体，"太阳"是喻体，"像"是喻词。可见，此例是明喻。例（16）中，"无数迷人的故事"是本体，"暗水"是喻体，"好似"是喻词，此例也是明喻。

再如，例（1）、例（6）、例（9）等都是明喻。

（二）暗喻

暗喻，是本体、喻体和喻词都出现，喻词是"是、变成、成为、等于"等词语的比喻，也包括一些不用喻词的比喻。

暗喻可分为以下四种情况：

1.喻词是"是、成为"等词语的暗喻

例（17）她是夜明珠，暗夜里，

放射出灿烂的光芒；

死，消灭不了她。

她是太阳，

离开了地平线，

却闪耀在天上！

雷抒雁《小草在歌唱》

例（18）霎时间，东西长安街成了喧腾的大海。

袁鹰《十月长安街》

例（17）中，"她是夜明珠""她是太阳"都是用喻词"是"联系本体和喻体的暗喻；例（18）是用喻词"成了"联系"长安街"和"大海"的暗喻。

再如，例（3）、例（5）等都是暗喻。

2.本体与喻体为并列关系，是不用喻词的暗喻

例（19）油灯不拨不亮，

真理不辩不明。

例（20）刀不磨要生锈，

人不学要落后。

此二例都是前一分句是喻体，后一分句为本体，前一分句具体形象，后一分句较为抽象，以形象具体的喻体来比抽象的本体，把道理说得透彻深刻，令人过目不忘。这类暗喻，未用喻词，两个分句为并列关系，二者相互映衬。这是它们的突出特点。

这类暗喻，也有人把它们看作没有喻词的比喻，因而把它们归为比喻的变化形式①。笔者认为，例（19）、例（20）是可以补出喻词的，还是归为暗喻更为恰当。

3.本体、喻体为定中关系，是不用喻词的暗喻

例（21）在朝鲜的每一天，我都被一些东西感动着，我的思想感情的

---

① 黄伯荣、廖序东主编《现代汉语》（下册），高等教育出版社，2017年6月第6版，193页。

潮水，在放纵地奔流着……

魏巍《谁是最可爱的人》

例（22）一个幽灵，共产主义的幽灵，在欧洲游荡。

《共产党宣言》

例（21）中的"思想感情"是本体，"潮水"是喻体，不难看出，本体和喻体是定中关系。例（22）中的"共产主义"是本体，"幽灵"是喻体，本体和喻体也是定中关系。二者都没有用喻词，都是暗喻。其实"思想感情的潮水"可转化为"思想感情像潮水"，"共产主义的幽灵"可转化为"共产主义像幽灵"。当然，这样转化后就成了明喻了。

4.本体、喻体为同位关系，是不用喻词的暗喻

例（23）我爱我们的灯光，每一片灯光都是温暖的心，都是祖国母亲的微笑。

刘白羽《从富拉尔基到齐齐哈尔》

例（23）中的"祖国"是本体，"母亲"是喻体，"祖国母亲"是本体、喻体为同位关系的比喻。此外，此例还有"每一片灯光都是温暖的心"这个暗喻。从整体上看，此例是两个暗喻连用。

（三）借喻

借喻，是本体、喻词不出现，只出现喻体的比喻。

例（24）我们应当禁绝一切空话。但是主要的和首先的任务，是把那些又长又臭的懒婆娘的裹脚，赶快扔到垃圾桶里去。

毛泽东《反对党八股》

例（25）党委的同志要学好"弹钢琴"。

毛泽东《党委会的工作方法》

例（24）中的"那些又长又臭的懒婆娘的裹脚"是喻体，从这段话前面的内容看，本体是"没有什么内容""又长又臭"的"文章"，可见该例是不出现本体、不出现喻词，却让喻体直接出现在本体位置上的借喻。例（25）中的"弹钢琴"是喻体，本体是"工作方法"，也是本体、喻体不出现，直接将喻体用在本体位置上的借喻。

四、比喻的变化形式

应该说，明喻、暗喻和借喻基本涵盖了比喻的所有现象。但是，某些比喻除了可以归入其中的一类，还有一些别的特征，把这些具有不同特征的比喻再进行分类，则可以分出别的类型来。这就是比喻的变化形式。

（一）博喻

博喻，就是三个或三个以上的喻体连续比喻同一个本体的比喻。

例（26）它是黑夜的火把，雪天的煤炭，大旱的甘露。人们含着欢喜的眼泪听这首歌。

吴伯箫《歌声》

例（27）黄昏真像一首诗，一支歌，一篇童话；像一片明月楼上传来的悠扬的笛声，一声缭绕在长空里亮喉的鹤鸣；像陈了几十年的绍酒；像一切美到说不出来的东西。

季羡林《黄昏》

例（26）连用"火把""煤炭"和"甘露"三个喻体设喻，以此来比喻同一个本体"这首歌"，把"这首歌"描写得形象具体，引人联想。例（26）连用"诗""歌""童话""笛声""鹤鸣""绍酒"等六个喻体描写同一个本体"黄昏"，形象生动，有声有色，有滋有味，淋漓酣畅，令人浮想联翩。

如果从比喻的基本类型看，例（26）是暗喻，例（27）则是明喻。

（二）回喻

回喻，是先提出喻体，然后否定喻体，最后引出本体的比喻。这类比喻具有迂回设喻的特点。

例（28）在正对面的山腰上，有一大块白云，慢慢的浮动。仔细一看，那不是白云，而是羊群。

杜宣《井冈山散记》

此例先提出喻体"白云"，然后否定喻体（"不是白云"），最后说出本体"羊群"，迂回设喻，形象生动，同时符合远处观看事物的认识规律，令人有恍然大悟之感。

从比喻的基本类型看，例（28）是暗喻。

（三）互喻

互喻，是指互为本体、互为喻体的比喻。

例（29）远远的街灯明了，

好像闪着无数的明星；

天上的明星现了，

好像点着无数的街灯。

郭沫若《天上的街市》

例（30）有人比喻，沙丘像凝固的大海，大海像涌动的沙丘。

杨闻宇《沙丘鸣钟》

例（29）中，第一分句的"街灯"是本体，第二分句的"明星"是喻体，第三分句的"明星"是本体，第四分句的"街灯"是喻体。在该例中"街灯"先后成为本体、喻体，"明星"先后成为喻体、本体。可见，其中的"街灯""明星"互为本体、喻体。从修辞上讲，此例既有形象生动的表达效果，又有回环的韵味。例（30）中，"沙丘"先是本体，后又成了喻体，"大海"先是喻体，后又成为本体，二者互为本体和喻体，既形象具体，又兼具回环的特征。

从比喻的基本类型看，例（29）、例（30）都是明喻。

（四）反喻

反喻，是从所说事物的反面设喻的比喻。反喻也是否定方式的比喻。

例（31）文章的末尾最好能让读者觉得余香满口，余味无穷，千万不要是一粒发了霉的花生米。

徐中华《文章的结构》

例（32）他们的爱情可不是盘子里培育出来的绿豆芽，根是那么浅。

陈继光《旋转的世界》

例（31）的喻体是"发了霉的花生米"，作者从否定方面设喻，"以正托反，相反相成"[1]，强调本体"文章的末尾"不具有喻体那个方面的特性，应该是"香喷喷的花生米"，具有形象生动的修辞效果。例（32）的喻体是"盘子里培育出来的绿豆芽"，作者从否定方面设喻，强调本体"他们的爱情"不具有喻体那样"根是那么浅"的特征，同样具有形象生动的修辞特征。

从比喻的基本类型看，例（31）、例（32）都是暗喻。

---

[1] 黄伯荣、廖序东《现代汉语》（下册），高等教育出版社，2017年6月第6版，194页。

（五）较喻

较喻，是本体、喻体在程度上相互比较的比喻。这类比喻常用"不如""不及"等词语。

例（33）我们四川还有人用牛粪作燃料，至于那些又长又臭的文章，恐怕连牛粪也不如。

徐中华《文章的结构》

例（33）是较喻，其中的"牛粪"是喻体，说"又长又臭的文章""恐怕连牛粪也不如"，既具有形象生动的修辞特征，又强调突出了那些"又长又臭"的文章还不如牛粪的特征。

从比喻的基本类型看，例（33）可归入明喻。

五、比喻的修辞功能

例（34）这是何等动人的一页又一页篇章！这些是人类思维的花朵。

徐迟《哥德巴赫猜想》

例（35）革命要有根据地，就像人要有屁股。

毛泽东《中国革命的特点》

例（36）数学家的逻辑像钢铁一样的坚硬。

徐迟《哥德巴赫猜想》

例（34）用"花朵"比"文章"，形象具体。例（35）以"人要有屁股"比"革命要有根据地"，既形象生动，又把深奥的道理描绘得通俗浅显，使人易于理解。用现在的话来说，就是非常接地气。例（36）以"钢铁"来比抽象的概念"逻辑"，既形象具体，又使人易于接受。同时，这些比喻都具有引人联想、引人思考的特征。

综合上述所论各例，比喻的修辞功能可以概括为三个方面：形象生动、具体；说理透彻，易于接受；引人联想，引人思考。在一个具体的比喻中，其修辞效果可以具备其中的三项，也可以只具备其中的一二项。

第二节　比　拟

一、什么是比拟

比拟，是把人当物或把物当人，或把甲物当乙物来写的辞格。

例（1）在各种"勒令""政策"的间隙中，她悄悄扎下了根，如石缝中一茎细草，她活得多么艰难多么顽强……

向义光　张飚《她心中有个明亮的世界》

例（2）云层里的太阳笑吟吟地伸出头来，塞纳河畔的风也牵来一丝儿暖意。春天，就这样突然间降临到了巴黎。

梅苑《春，在巴黎》

例（3）别了，我的第二故乡。我把青春栽种在这里，尽管时值严冬，却终于蔚然成林，告慰着我们这些付出血与汗的人们。

孔捷生《绿色的蜜月》

例（1）中，"她悄悄扎下了根"，是把人当作物来写，一个"扎"字，生动形象，也写出了"她"的艰难与顽强。例（2）中，"太阳笑吟吟伸出头来"，是把物当作人来写，既栩栩如生，形象活泼，又赋予了"太阳"以人的喜悦之情。"塞纳河畔的风也牵出来一丝儿暖意"，是把物当人来写，一个"牵"字，形象生动，新颖有趣。例（3）中"青春"可以"栽种"，是把甲物当乙物来写，生动新奇，又赋予"青春"以特别的含义，表达了作者对"我的第二故乡"的一片深情。可见，这三例都构成了比拟。

二、比拟的特点

（一）用描写彼物的词语来写此物

例（4）……真有价值的创作固不须说，就是真正的文艺鉴赏也是没有发芽的机会的。

成仿吾《上海滩上》

例（5）但是，当我久久凝视着它的时候，我突然醒悟到，这树并没有死，它是在冬夜里沉思呢！

贾平凹《退婚》

例（4）中的"文艺鉴赏"没有机会"发芽"，是比拟。"文艺鉴赏"本身不能"发芽"，只有某些植物的种子才可以"发芽"，就是说，此处是把"文艺鉴赏"当作可以发芽的种子来写，是把甲物当乙物来写。例（5）中"树"能"沉思"，是比拟。"树"本不能"沉思"，只有人才能沉思，用写人的词语"沉思"来写"树"，是把物当作人来写。

例（4）是把甲物当乙物来写，例（5）是把物当人来写，总之，在描写某人某物时并非单纯地平铺直叙，而是用本来描写别的人或别的物的词语来描写。因此，用一句简单的话来概括，就是用描写彼物的词语来描写此物。

（二）赋予人的行为性情

一旦把物当人来写，就必然赋予物以人的行为性情，不会开口说话的会开口说话，没有感情的也被赋予了感情。这或许就是高万云所说的"加其行性"[①]。

例（6）六平方米的小屋，竟然空如旷野。一捆捆的稿纸从屋角的两只麻袋中探头探脑地露出脸来。

徐迟《哥德巴赫猜想》

例（7）小鱼儿说："荷叶是我的凉伞。"小鱼儿在荷叶下笑嘻嘻地游来游去，捧起一朵朵很美很美的水花。

胡木仁《荷叶圆圆》

例（6）中"稿纸"这种没有生命的物件却"探头探脑地露出脸来"，是比拟。通过比拟，作者赋予了"稿纸""探头探脑地露出脸"的行为；也是通过比拟，作者将两只破麻袋装稿纸的场景描写得栩栩如生，令人过目难忘。例（7）出自部编版小学语文一年级下册。其中的"小鱼儿"会说话，它还"笑嘻嘻"，"捧起……水花"是比拟。正是通过比拟，作者赋予小鱼儿以人的行为，人的欢乐，其高兴之情可谓溢于言表。

三、比拟的类型

比拟可分为两种类型：拟人、拟物。

（一）拟人

拟人，就是把物当人来写，并赋予"物"以人的行为、情感。

拟人也是多方面的，根据被比拟的特点，拟人可分为生物拟人，非生物拟人和抽象概念拟人。

1.生物拟人

例（8）河岸上的柳枝轻摆，春蛙唱着恋歌，嫩蒲的香味散在春晚的

---

① 高万云《钱钟书修辞学思想演绎》，山东文艺出版社，2006年7月第1版，169页。

暖气里。

老舍《月牙儿》

例（9）单说周围的短短的泥墙根一带，就有无限的趣味。油蛉在这里低唱，蟋蟀们在这里弹琴。

鲁迅《从百草园到三味书屋》

例（8）中，"春蛙"即春天的青蛙，是有生命的动物，但不能说话，说它"唱着恋歌"是把有生命的动物当作人来写，形象生动，新颖有趣，且赋予了"春蛙"非同一般的人的情感。例（9）中的"油蛉""蟋蟀"是有生命的动物，"低唱""弹琴"是人的行为，说"油蛉""低唱""蟋蟀""弹琴"，是把生物当作人来写，形象生动，既赋予它们人的行性，也表达了"我"对百草园的喜爱之情，透露出"我"内心的快乐。

2.非生物拟人

例（10）……常常是在灰尘满面、干渴异常的时候，水声就朝我扭动它水灵灵的腰肢。

冷克明《水声》

此例中，"水声"是一种声音，是非生物。说"水声"能"扭动"腰肢，是把一种无生命的事物当作人来写，并且赋予它人的行为，生动有趣，引人联想。

3.抽象概念拟人

例（11）这里叫洋八股废止，有些同志却实际上还在提倡。这里叫空洞抽象的调头少唱，有些同志却硬要多唱。这里叫教条主义休息，有些同志却叫它起床。总之，有许多人把六中全会通过的报告当做耳边风，好像是故意和它作对似的。

毛泽东《反对党八股》

例（12）正义被绑着示众，

　　　　真理被蒙上眼睛，

艾青《在浪尖上》

例（13）当我一拿起笔就不能自己了。因为我被病魔囚禁了半年多，而且是在写作高峰时被病魔踩在下边，心里压了太强烈的写作欲望。

冯骥才《激流中》

例（11）中，"教条主义"是抽象概念，而"休息""起床"都是人的行为，说叫"教条主义""休息""起床"，是把抽象概念当作人来写，既生动新颖，也表达了作者的贬斥之情。例（12）中，"正义"、"真理"都是抽象概念，"被绑着示众""被蒙上眼睛"都可以看作是对待人的行为。例（12）正是通过比拟，把对"正义"的亵渎和对"真理"的歪曲写得形象生动，令人印象极为深刻。同时，更包含着作者的愤慨之情。例（13）中的"病魔"，即像魔鬼一样的疾病，是抽象概念，说"被病魔踩在下边"，是把抽象概念当作人来写，表意形象生动，且赋予了病魔以人的行为。

（二）拟物

拟物，是把人当物来写、把甲物当乙物来写。

细究起来，拟物还可分为三个小类。

1.把人当物来写

例（14）小D和妹妹常常没有晚饭吃，将门锁了，把自己焊在礁石上，听潮起潮落，看日沉日升。

舒婷《梦入何乡》

此例中的动词"焊"可用于"钢、铁"等，而"把自己焊在礁石上"，是用描写物的词语来描写人，即拟物。运用比拟，比"自己一动不动地坐在礁石上"这样的描写更为生动，更为传神。

2.把甲物当乙物来写

例（15）不管怎么，且把这矛盾重重的诗篇埋在坝下，它也许不合你秋天的季节，但到明春准会生根发芽。

郭小川《团泊洼的秋天》

该例说"诗篇""会生根发芽"，是把非生物的"诗篇"当作植物来写，正是把甲物当乙物来写，既生动形象，又含蓄地表达了作者对春天的期待和信心。

3.把抽象概念当具体事物来写

例（16）还有一问，是："公理"几块钱一斤？

鲁迅《"公理"之所在》

此例的"公理"是抽象概念，本来无法论斤两，作者问："公理几块

钱一斤？"是把抽象概念当具体事物来写，表达新颖别致，更是对所谓正人君子所标榜的"公理"的嘲讽。

四、比拟与比喻的区别

比拟与比喻都有个"比"字，二者有某些相似之处。但应怎样区别，学者却有不同的看法。比如有人说："比喻的重点在'喻'"，"比拟的重点在'拟'"[①]。这一说法听起来并无不妥，但以此来区别比拟与比喻，却很难操作。

从比拟与比喻的特点看，比拟是用描写彼物的词语来描写此物，是没有喻体的；而比喻具有本体、喻体和喻词三个要素，但是构成比喻时本体、喻词都可以不出现，唯有喻体一定要出现。从这个特点出发，我们可以得出一个简短的结论：比喻一定要出现喻体，比拟则不出现喻体。用谭永祥的话来说，则是："喻体的隐或现是区别比拟和比喻的根本标志。"[②]

例（17）那肥大的荷叶下面，有一个人的脸，下半截身子长在水里。那不是水生吗？

孙犁《荷花淀》

例（17）用描写"荷梗"之类的水生植物的词语描写人，没有出现喻体，是拟物。但有人却说此例是比喻。说此例是比喻的人认为，可以补出喻体，即"下半截身子长在水里"可以变成"下半截身长像荷梗一样长在水里"。毫无疑问，把运用比拟的句子补出喻体，这样的语句确实成了比喻。问题是，以补出喻体的方法来区分比拟和比喻是非常错误的。道理很简单，如把例（17）补出喻体，就改变了原来的语句。原来没有喻体，补出喻体后没有喻体的语句成了有喻体的语句，也就把不是比喻的句子变成了比喻句，就是说，这样一来，例（17）已经不是原来的句子了。观察更多运用比拟的语句可见，每一个运用比拟的语句都可以补出喻体；换句话说，如果用补出喻体的方法，那么所有的比拟句都成了比喻句，比拟作为

---

① 黄伯荣、廖序东主编《现代汉语》（下册），高等教育出版社，2017年6月第6版，196页。

② 谭永祥《汉语修辞美学》，北京语言学院出版社，1992年12月第1版，447页。

一种辞格也就不存在了。可见，用补出喻体的方法来区分比拟与比喻，从根本上就是错误的。

运用喻体的隐现情况来区别比拟与比喻，就显得简便易行了。

例（18）朋友，你可晒过春天的太阳？倚着树，靠着墙，闭上眼睛，让金黄色的太阳从头到脚抚摸你，你感到暖和，你感到舒适，身子散了，软了……

王蒙《春天的心》

例（19）我们啊，像种子一样，一生向阳，在这片土壤，随万物生长。

唐恬（电视剧《人世间》主题曲的歌词）

例（18）说"太阳"会"抚摸"，是把物当人来写，且没有出现喻体，是比拟；例（19）喻体是"种子"，"我们啊，像种子一样"是明喻。以喻体的隐现情况为标准来区分比拟和比喻，既紧扣了比拟、比喻各自的特点，又简单实用。

五、比拟的修辞功能

例（20）荷叶下，

　　　　两只躲雨的小青蛙，

　　　　唱着快乐的歌儿，

　　　　咕呱，咕呱！

樊发稼《雨中的歌》

例（21）现在各县莲塘的生产大发展，莲农们精心培植，把绵绵情意栽种在每一口莲塘里。

何为《山城莲塘》

例（20）出自小学一年级课外读物《日有所诵》。此例说"小青蛙""唱着快乐的歌儿"，是把"小青蛙"当作人来写，即拟人。从修辞效果讲，此例生动活泼，趣味有加，形象地表达了青蛙的欢愉之情。例（21）中的"情意"是抽象概念，说把它"栽种"在莲塘里，是把抽象的概念当作具体的"莲"来写，是拟物。其修辞效果形象具体，新颖有趣，同时也表达了莲农对莲的喜爱之情。此外，"青蛙唱歌""栽种情意"，都能调动人的心智，令人产生联想。

第三节　借　代

一、什么是借代

借代，是不直接说出表达对象，借用与表达对象有实在联系的事物或动作行为来替代的辞格。表达对象是人、事物或动作行为的本来说法，即本体；借用来代替本体的人、事物或动作行为的，叫代体。

例（1）一间阴暗的小屋里，上面坐着两位老爷，一东一西。东边的一个是马褂，西边的一个是西装……马褂问过他的姓名、年龄、籍贯之后，就又问道："你是木刻研究会的会员么？"

鲁迅《写于深夜里》

例（2）当然，要把家庭带来的各种各样的习惯统一到领章帽徽下面来，要把平均年龄二十岁的一群女孩子的心收拢来，是要有一个过程的。

徐怀中《西线轶事》

例（3）于是大家替他们弟兄捏着把汗。

老舍《黑白李》

例（1）中的"马褂"代替穿马褂的老爷，"西装"代替穿西装的老爷。此例中，"穿马褂的老爷"是表达对象、本体，"马褂"是代体；"穿西装的老爷"是表达对象、本体，"西装"是代体。从本体与代体的关系看，"马褂""西装"是两位老爷身上各自穿着的不同的衣服，都是以特征代本体。由此可见，例（1）中本体与代体的关系是实实在在的，客观存在的。观察可见，例（1）用了两个借代。例（2）也用了借代，以"领章帽徽"代替"军容风纪"。"军容风纪"是表达对象、本体，"领章帽徽"是代体。从本体与代体的关系看，戴上了领章帽徽，才是军人，才有所谓的"军容风纪"，否则，军容风纪就无从谈起。可见，本体"军容风纪"与代体"领章帽徽"有实实在在的联系，这种联系也是客观存在的。例（3）同样用了借代，以"捏着把汗"代替"担心"。"担心"是表达对象、本体，"捏着把汗"是代体。从本体、代体的关系看，"担心"是心理行为，"捏着把汗"也是心理行为，二者的联系也是实实在在的，客观的。从修辞上看，上述三例都具有形象具体、引人联想的特征。

此外，例（3）与例（1）、例（2）还有不同之处。例（3）是用动作行为代替动作行为，例（1）则是名词替代名词性短语，例（2）则是名词性短语替代名词性短语。

二、借代的特点

借代的特点主要表现为以下两个方面。

（一）本体与代体具有实实在在的联系

一般都认为，借代的本体与代体具有相关性[①]，但是，相关性比较抽象，一般人难以准确理解，难以正确把握，常常把不相关的当作了相关，甚至把相似也当成了相关。认真观察借代的本体和代体，笔者赞成借代的本体和代体具有实实在在的联系的观点。

例（4）在一撮毛说话的时候，少剑波一直盯着那两张纸，一句也没问，连看也没看他一眼。

曲波《林海雪原》

例（5）寒夜里，一个"大白"在打拳……

《这群寒夜里的"大白"，个个身怀"独门绝技"！》

例（4）中的"一撮毛"是代体，代替座山雕的副官刘维山。本体是刘维山。刘维山右腮上长有一颗铜钱大的痣，痣上长着二寸多长的一撮黑白间杂的毛，所以人们叫他"一撮毛"。刘维山右腮上长了"一撮毛"，可见本代和代体"一撮毛"的关系是实实在在的，也是客观存在的。例（5）出自《人民日报》，描写的是为了应对深夜执勤时的寒冷，穿着白色医用防护服的某警察在街上打拳的画面。例（5）中的"大白"是代体，所代替的是身着白色医用防护服的警察，即本体。可见，本体与代体的关系是实实在在的，不是作者想象出来的。

观察更多的语言事实可知，凡是借代，它们的本体和代体都具有实实在在的联系，这种联系是客观存在的，不是作者想象出来的。

---

① 黄伯荣 廖序东主编《现代汉语》（下册），高等教育出版社，2017年6月第6版，197页。

（二）本体、代体可以是名词或名词性短语，也可以是非名词或非名词性短语

例（6）"我们这些人也可怜。"老魏断断续续地说，"说来归齐，我们太爱惜乌纱帽了。如果当初在你们这些人的事情上我们敢于仗义执言，如果我们能更清醒一些，更负责一些，更重视事实而不是只重视上面的意图，如果我们丝毫不怕丢官，不怕挨棍子，挺身而出，也许本来可以早一点克服这种'左'的专横。"

王蒙《布礼》

例（7）就是那广智的师弟，上前来道："此计不妙。若要杀他，须要看看动静。那个白脸的似易，那个毛脸的似难；万一杀他不得，岂不反招己祸？我有一个不动刀枪之法，不知你尊意如何？"

吴承恩《西游记》（第十六回）

例（8）二诸葛原来叫刘修德，当年做过生意，抬脚动手都要论一论阴阳八卦，看一看黄道黑道。

赵树理《小二黑结婚》

例（6）的本体是名词"官"，代体是名词"乌纱帽"，是名词替代名词，也可以说是名副其实的"换名"。例（7）的"白脸的""毛脸的"都是代体，前者与唐僧有实在的联系，故以它代唐僧，后者与孙悟空有实在的联系，故用来代替孙悟空。"白脸的""毛脸的"都是的字短语，二者分别与唐僧、孙悟空构成名词性词语的替代，也可以看作是换名。例（8）中的"抬脚动手"是代体，它所代替的是本体"无论干什么事情"，观察本体、代体可见，本体和代体都是动词性短语，不是名词的替换，当然也就不能说是"换名"了。

综合上述三例可见，借代中的本体、代体可以是名词、名词性短语，也可以是非名词、非名词性短语。正因为如此，用"换名"来概括借代的特征就很不恰当。

三、借代的类型

根据本体和代体的特点来分类，可将借代分为多种类型。

（一）特征、标志代本体

特征、标志代本体，是用事物的特征、标志作代体，来代替本体。

例（9）随后一个剪和尚头的学生把屁股稍为掀掀，来代替了起立：
"李先生，那么那些宣传画呢？——是不是艺术？"

……

"李先生，"——这回那个和尚头索性连身子都不欠一欠了，只坐在
画架前面干叫。

张天翼《新生》

例（10）断头今日意如何？

　　　　创业艰难百战多。

　　　　此去泉台招旧部，

　　　　旌旗十万斩阎罗。

陈毅《梅岭三章》（之一）

例（9）"这回那个和尚头"中的"和尚头"是代体，和尚不蓄发，
剃光头，后因此称光头为和尚头。"和尚头"是"那个剪和尚头的学
生"的发型特征，不说"那个剪和尚头的学生"，而直接用"和尚头"
来代替，是以特征代本体的借代。例（10）中的"旌旗"是旗帜的总
称，此处用作代体。在特定的语境中"旌旗"代替"军队"，是以标志
代本体的借代。

从修辞上看，例（9）将"和尚头"代替"那个剪和尚头的学生"，
既形象，又简洁。例（10）将"旌旗"代替"军队"，既形象，又生动。

（二）具体代抽象

具体代抽象，是用具体事物作代体，来代替抽象事物。

例（11）每个共产党员都应懂得这个真理："枪杆子里面出政权。"

毛泽东《战争和战略问题》

例（12）生产力的发展要靠改革，生产发展了，我们的房子、车子、
煤气炉子、菜篮子、孩子（入托）也可以解决了。

《光明日报》（1988年3月28日）

例（11）中"枪杆子"是代体，是具体的物件，本体是"武装斗
争"，是抽象概念，以"枪杆子"代替"武装斗争"是具体代抽象的借
代。例（12）中"菜篮子"是代体，是具体的器具，本体是"与人们日常
生活密切相关的肉、蛋、奶、蔬菜等副食品的供应"，表意抽象，可见例

（12）也是具体代替抽象的借代。

从修辞上看，用"枪杆子""菜篮子"等具体事物代替句中的抽象概念，具体生动，形象突出，特点鲜明。

（三）专名代泛名

专名代泛名，是用具有典型性的人或事物的专用名称作代体，来代替本体。

例（13）你们杀死一个李公朴，会有千百万个李公朴站起来！

闻一多《最后一次演讲》

例（14）接过雷锋的枪，

　　　　雷锋是我们的好榜样；

　　　　接过雷锋的枪，

　　　　千万个雷锋在成长。

朱践耳《接过雷锋的枪》（歌词）

例（13）"会有千万个李公朴站起来"中的"李公朴"是代体，李公朴是著名的爱国民主人士，"李公朴"是专用名词，这里所代替的本体是"爱国民主人士"，是专名代泛名的借代。例（14）"千万个雷锋在成长"中的"雷锋"是代体，雷锋是一个时代的楷模，"雷锋"是专用名词，它所代替的本体是"具有雷锋精神的人"，也是专名代泛名的借代。

从修辞上看，用"李公朴""雷锋"等专用名词代替像他们一样的人，生动具体，表意简洁，鲜明突出。

（四）部分代整体

部分代整体，是用事物具有代表性的一部分作代体，来代替本体。

例（15）革命军人个个要牢记，

　　　　三大纪律八项注意。

　　　　第一一切行动听指挥，

　　　　步调一致才能得胜利。

　　　　第二不拿群众一针线，

　　　　群众对我拥护又喜欢。

　　　　……

《三大纪律八项注意》（歌词）

例（16）天门中断楚江开，

碧水东流至此回。

两岸青山相对出，

孤帆一片日边来。

李白《望天门山》

例（15）中的"一针线"是代体。"一针线"是为了构成九字节的歌词而将"一针一线"省略而成，所指仍是"一针一线"，"群众的一针一线"，是群众财物中最小甚至是微不足道的部分，以"一针线"代替群众的所有财物，是以部分代替整体的借代。例（16）中的"帆"是代体，代替本体"船"，"帆"是"船"的一部分，此为部分代替整体的借代。

从修辞上看，例（15）形象具体，生动鲜明，令人印象深刻。例（16）生动有趣，引人联想。

（五）结果代原因

结果代原因，是以表示结果的词语作代体，代替表示原因的本体。

例（17）刘姥姥会意，未语先飞红了脸，欲待不说，今日又所为何来？

曹雪芹 高鹗《红楼梦》（第六回）

例（18）孔乙己一到店，所有喝酒的人便都看着他笑。有的叫道："孔乙己，你脸上又添上新伤疤了！"

鲁迅《孔乙己》

例（17）"红了脸"是代体，代替刘姥姥难为情的心理。"红了脸"是难为情的结果，以"红了脸"代替刘姥姥难为情的心理，是结果代替原因的借代。例（18）"又添新伤疤了"是代体，代替"挨打"。"添上新伤疤了"是挨打的结果，以"添上新伤疤了"代替"挨打"，是结果代原因的借代。

从修辞上讲，例（17）、例（18）都具有形象生动、引人联想的特点。

借代的方式，远不止上述五种。如整体代部分、作家代作品、首都代国名等，都是借代。

四、借代与借喻的区别

要正确地区分借代与借喻，必须先把握借代与借喻的共同特点和不同

特征。

（一）借代与借喻的共同特点和不同特征

1.借代和借喻的共同特点

借代和借喻的共同特点主要表现为两个方面。

其一，"替代"是借代和借喻的共同特点。借代和借喻都是本体不出现，借代的代体、借喻的喻体直接用在本体的位置上。因此，二者都具有替代的特性，借代的代体替代了本体，借喻的喻体也替代了本体。可以说，替代是借代和借喻的共同特征。

其二，"换名"是部分借代和部分借喻的共同特点。我们的研究表明，部分借代和部分借喻都是名词的替换；借用"换名"的说法，就是部分借代的代体和本体具有换名的特征，部分借喻的喻体和本体也具有换名的特征。笔者曾说过，"换名""对借代本身不具有包容性，对借代之外的辞格又不具有排他性"[①]。可以说，"换名"也是部分借代和部分借喻的共同特征。

2.借代与借喻的不同特征

借代和借喻的不同特征，只有一个方面。那就是借代的代体和本体与借喻的喻体和本体的关系不同。借代的代体和本体具有实实在在的联系，这种关系是客观存在的，不是想象出来的。借喻的喻体和本体具有相似关系，这种关系不是客观存在的，而是作者想象出来的。比如例（1）中的"马褂"是借代，是因为坐在东边那个老爷身上穿着马褂，这是他的衣着特征。可见，代体"马褂"与本体"那个穿着马褂"的"老爷"有实实在在的联系，这种联系是客观存在的，不是作者想象出来的。凡是借代，代体和本体的关系都是如此。而借喻却没有这样的特征。

可以说，借代的代体和本代具有实在的联系，借喻的喻体和本体具有相似关系，这就是借代和借喻的不同特征，也是二者的区别特征。

正确地把握借代和借喻的共同特点和区别特征，是正确区分借代与借喻的前提。

---

① 曹石珠."换名"说的不准确及其对辨别借代与借喻的误导 [J].郴州师范高等专科学校学报，1999（1）：21-24.

（二）怎样区分借代与借喻

以借代和借喻的区别特征为标准来区分借代与借喻，就可以化难为易。

例（19）却见一个凸颧骨，薄嘴唇，五十岁上下的女人站在我面前，两手搭在髀间，没有系裙，张着两脚，正像一个画图仪器里细脚伶仃的圆规。

……圆规一面愤愤的回转身，一面絮絮的说，慢慢向外走……

鲁迅《故乡》

例（20）韩老六的大老婆应声走出来。这是一个中间粗，两头尖，枣核样的胖女人……大枣核存心把剩下的钱往少处说。

周立波《暴风骤雨》

这两例中的借喻，长期被人们误判为借代，甚至被一些修辞学名家误认为是借代。例（19）中的"五十岁上下的女人……正像一个……圆规"是明喻，不在讨论之列。而"……圆规一面愤愤的回转身"，到底是借喻还是借代呢？笔者认为是借喻。而有学者却说，例（19）"先描写杨二嫂的形象像一个圆规，下文有几处就直接把杨二嫂'叫圆规'了。这是借用人物形象的特征来代替人"[1]。此段分析的第一分句是正确的，后面的分析就似是而非了，因为借喻也有替代的特点。问题是作者把例（19）作为借代的第一个例证[2]，说明他把"替代"这个借代与借喻的共同特征当成了区别特征。笔者认为，说"圆规"代替"杨二嫂"是借代，那么，二者就要有实在的联系，且这种联系是客观存在的。事实上，"圆规"与"杨二嫂"的联系并不是实在的，不是客观的。仔细分析可知，作者通过联想、想象，觉得站在"我面前"的这个杨二嫂的形象与"圆规"很相似。就是说，"圆规"与"杨二嫂"的相似关系是作者想象出来的，不是客观存在的。因此，"圆规一面愤愤的回转身"只能是借喻。例（20）与例（19）完全相同，但也被有的学者说成了借代。持这种观点的学者认为："……为了避免误解，不少借代在出现前后，往往通过比喻进行解

---

[1] 张志公主编《现代汉语》（下册），人民教育出版社，1982年11月第1版，150页。

[2] 张志公主编《现代汉语》（下册），人民教育出版社，1982年11月第1版，150页。

释"①"借代与比喻交错使用，比喻对借代起解释作用"②。应该说，"这是一个中间粗，两头尖，枣核样的胖女人"的确是比喻，但它并非为了让借代"避免误解"。笔者认为，"大枣核存心把剩下的钱往少处说"中的"大枣核"，是借喻，而不是借代。原因很简单，"大枣核"与"韩老六的大老婆"没有实在的联系，或者说，二者客观上没有关系，但是作者通过联想、想象，把韩老六的大老婆"中间粗、两头尖"的体型与"大枣核"的形状联系起来，使二者构成了相似关系，它们的联系是作者想象出来的，不是客观存在的。可见，例（20）中的"大枣核"只能是借喻③，而绝非借代。这样看来，例（20）是先出现一个暗喻，再用借喻，是暗喻与借喻连用，而不是什么"借代与比喻交错使用"。

此外，要正确区分借代与借喻，还应避免把借代与借喻的共同特征当成区别特征，防止简单套用"换名"的说法④。

五、借代的修辞功能

例（21）春天，树木开花了，是晴明、暖和的天气。早晨大路上到处都是褴褛的衣服和光赤的脚。

巴金《能言树》

例（21）中的"褴褛的衣服和光赤的脚"是代体，代替本体"贫民"，是以特征代本体的借代。不说"贫民"，而说"褴褛的衣服和光赤的脚"，形象生动、具体，令人产生联想。

综合前面分析过的例证可知，形象生动、具体，令人产生联想是借代的最重要的修辞功能。

---

① 宗廷虎、陈光磊主编《中国修辞史》（中），吉林教育出版社，2007年4月第1版，837页。

② 宗廷虎、陈光磊主编《中国修辞史》（中），吉林教育出版社，2007年4月第1版，837页。

③ 曹石珠."圆规"、"枣核"是借喻！——答严绪炎先生［J］.语文月刊.1998年（4）：32-35.

④ 曹石珠."换名"说的不准确及其对辨别借代与借喻的误导［J］.郴州师范高等专科学校学报，1999（1）：21-24.

第四节 拈 连

一、什么是拈连

拈连，是甲乙两事物一同叙述时，描写甲事物之后，又把只适用于甲事物的词语超常运用于乙事物的辞格。

例（1）原来是冯牧给阿城弄了个僻静处，"关"了段时间，又"关"出篇《树王》来。

钟呈祥《钟氏父子素描》

例（2）当年毛委员和朱军长带领队伍下山去挑粮食，不就是用这样的扁担吗？

他们肩上挑的，难道仅仅是粮食？不，他们挑的是中国的无产阶级革命！

袁鹰《井冈翠竹》

例（1）中"'关'了段时间"中的"关"，是适用于甲事物的词，"'关'出篇《树王》来"中的"关"是超常用法，也可以说是顺势将适用于甲事物的词用于乙事物，是拈连。从修辞上看，"'关'出篇……"中的"关"，其语意是"写"或"创作"之类的词，不用"写"却用"关"，它所表达的内容更丰富而新颖，且生动有趣。由于"关""关"一前一后接连使用，使得其表达别致而自然，耐人寻味。例（2）中"他们肩上挑的，难道仅仅是粮食吗"中的"挑"，是适用于甲事物的词，"他们挑的是中国的无产阶级革命"中的"挑"是超常用法，也是顺势将适用于甲事物的词用于乙事物，适用于甲事物的词与超常运用的词一前一后，接连使用，是拈连。从修辞上看，"他们挑的是中国的无产阶级革命"中的"挑"，是"担负""肩负"之类的语意，不用"担负"之类的词，而用更通俗的"挑"，生动别致。一前一后接连运用"挑"，同样具有新颖、自然，引人联想的效果。

需要说明的是，像例（1）中将前后两个"关"都用引号的现象，较为少见。

二、拈连的特点

拈连的特点，主要表现为两个方面。

（一）描写甲乙两事物的词，是两个既有联系又有区别的同音同形的词，二者一前一后接连出现

例（3）突然一道没有雷鸣、干燥的闪电从夜空里划下来，一直划破了他的梦。

郑万隆《古道》

例（4）在高原的土地上种下了一株株的树秧，也就是种下了一个美好的希望。

《中国人民解放军战士诗选·植树歌》

例（3）"划下来"中的"划"是适用于甲事物"从夜空里"的词，"划破了他的梦"中的"划"是超常用法，其中的两个"划"读音相同，汉字相同，但语意却大不相同。两个既有联系又有区别的"划"一前一后接连出现，二者缺一不可。例（4）"种下了一株株的树秧"中的"种"是适用甲事物"树秧"的词，"种下了一个美好的希望"中的"种"，是超常运用于乙事物"希望"的，其中的两个"种"，语音、汉字都相同，但语意却有别。两个既有联系又有区别的"种"一前一后接连出现，二者缺一不可。

可以说，两个既有联系又有区别的同音同形的词一前一后接连出现，是拈连的重要特征。

（二）描写乙事物的词是超常用法

例（5）一年三百六十五天，闰年三百六十六天，当镇上的人还在做着梦、睡着宝贵的"天光觉"时，他们已经挥动着竹枝扫把，在默默地扫着、默默地扫了。好像春天、夏天、秋天、冬天，都是在他们的扫帚下，一个接一个地被扫走了，又被扫来了。

古华《芙蓉镇》

例（6）酒吧间的门开了，挤出两个人，同时又挤出一股酒气和烟气所交织而成的欢乐来，融化在门前一片晕了似的灯光中。

孙席珍《没落》

例（5）中的"春天、夏天、秋天、冬天"都是表季节的名词，它们中的任何一个名词，都是不能与"扫"搭配的，"扫"无法把它们扫走，也无法把它们扫来，就是说，这里的"扫"是超常用法，是为了修辞而刻意为之的。例（6）可以说"挤出两个人"，却一般不说"挤出""欢乐"。此处"挤出""欢乐"，同样是为了修辞的目的而刻意为之的超常用法。

再如，例（1）"又'关'出篇《树王》来"中的"关"，例（2）"他们挑的是中国的无产阶级革命"中的"挑"，都构成了刻意为之的超常用法。

综合上述各例，不难发现，凡是拈连，其用于乙事物的词语都构成了刻意为之的超常用法。

三、拈连的类型

按照用于甲乙两事物的两个词语出现的不同特点，可以将拈连分为两种类型，即常式拈连和变式拈连。

（一）常式拈连

常式拈连，是适用于甲事物的词在前、超常运用于乙事物的词跟随其后的拈连。

例（7）这一锤没敲在钟上，却敲在俺的心上。

萧兵《太行青松》

例（8）要是说我们任务完成得还可以，那也是多亏了一号，是一号刮鼻子刮出来的。

徐怀中《西线轶事》

例（7）"没敲在钟上"中的"敲"是适用于甲事物的词，"敲在俺的心上"中的"敲"是超常用于乙事物的词；适用于甲事物的词在前，超常运用于乙事物的词在后，二者一前一后接连出现，是常式拈连。例（8）"刮鼻子"中的"刮"是适用于甲事物的词，"刮出来的"中的"刮"是超常用于乙事物的词，两个既有联系又有区别的"刮"一前一后接连出现，是常式拈连。

凡是适用于甲事物的词在前，超常运用于乙事物的词在后的拈连，都是常式拈连。如例（1）、例（2）等，都是常式拈连。

（二）变式拈连

变式拈连，是适用于甲事物的词在后、超常运用于乙事物的词在前的拈连。

例（9）大红花在我心里早戴上喽，评功的时候我就说过：年轻人戴上青枝绿叶大红花分外的好看……

魏连珍《不是蝉》

例（9）"大红花在我心里早戴上喽"中的"戴"，按常规是不能与"在我心里"搭配的，属于修辞上的超常用法，"年轻人戴上青枝绿叶大红花"中的"戴"，是适用于甲事物的词，把二者合起来看，例（9）是超常运用于乙事物的词在前，适用于甲事物的词在后，这就是变式拈连。

观察更多的语言事实，我们能够发现，在两种类型的拈连中，常式拈连较为丰富，而变式拈连相对较少。

四、拈连与比拟的区别

拈连是把适用于甲事物的词超常运用于乙事物；比拟是把人当物写或把物当人写，或把甲事物当乙事物写，无论写人或写物都是超常运用。可见，在超常运用某个词方面，拈连与比拟具有相同之处。

但二者也有区别，其区别表现为：拈连是适用于甲事物的词和超常运用于乙事物的词一前一后地接连出现，二者缺一不可；而比拟只是单独出现超常运用于乙事物的词。以这一特征为标准，区分拈连与比拟便简单易行了。

例（10）农民把玉米种在地里，到了秋天，收了很多玉米。农民把花生种在地里，到了秋天，收了很多花生。

小猫看见了，把小鱼种在地里，他想：到了秋天，一定会收到很多小鱼呢！

《小猫种鱼》

按照拈连与比拟的不同特征，可以很容易判断例（10）到底是什么辞格。例（10）中"把玉米种在地里""把花生种在地里"中的两个"种"是分别适用甲事物"玉米"、甲事物"花生"的词。而"把小鱼种在地里"中的"种"，是超常运用于乙事物"小鱼"的，既有联系，又有区别的两个"种"一前一后接连出现，是拈连。其实，对于拈连来说，适用于甲事物的词出现一次就够了，像此例这种出现两次的情况较为少见。而例（10）中的标题"《小猫种鱼》"中的"种"是超常运用于乙事物"小鱼"的词，这个"种"是单独出现的，一看便知，标题中的"小猫种鱼"就是比拟。

下面这个例子，应看作比拟，而不是拈连。

例（11）母亲一把大剪刀，仿佛裁掉了我童年的忧伤，给我剪出一个原来如此瑰丽的世界。

何紫《战争，我们正童年》

有学者认为，此例是拈连。他们认为此例是省掉了前提部分——裁剪衣服，是常式拈连，认为此例包括"'裁掉……忧伤''剪出……世界'两个拈连"[①]。笔者却不赞成这样的观点，一是补出部分文字的方法是不正确的，因为补出部分文字，就改变了例（11）本来的言语结构，原本没有的成分变得有了，这样也就不再是原来的句子，变成了另外一个句子。这是非常错误的。二是把例（11）看作省略了"裁剪衣服"也很牵强，原本比较完美的句子也因为补出所谓的省略成分而变得不那么完美了。因此，此例不应看作省略。笔者认为，此例中"裁掉了……忧伤""剪出……世界"就是两处都把甲事物当乙事物来写的比拟，是比拟的连用，却不宜看作拈连。

五、拈连的修辞功能

例（12）日本侵略者烧掉了张各庄的房子，烧不掉张各庄人民的精神。

张天翼《张各庄记》

例（13）毛泽东："打了多少年的疲劳战啊，总算是打出了一个新中国。"

盛和煜总编剧《香山叶正红》

例（12）中"烧掉了……房子"中的"烧"是适用于甲事物的词，"烧不掉……精神"中的"烧"是超常运用于乙事物的词，两个既有联系又有区别的"烧"一前一后接连运用，构成了拈连。从修辞上看，此例新颖别致，生动形象地表达了张各庄人民顽强抗争、坚韧不屈的精神，含蓄

---

① 唐松波、黄建霖主编《汉语修辞格大辞典》，中国国际广播出版社，1989年12月第1版，169页。

地表达了作者对这种精神的赞美之情。此外，此例中"烧掉了"与"烧不掉"紧密配合，后者虽是超常运用，却显得非常自然，一点也不牵强。例（13）出自电视连续剧《香山叶正红》，是毛泽东在新中国成立之日的前夜与周恩来的对话的一部分。当时已是凌晨，毛泽东还在工作。工作人员劝毛泽东吃安眠药后睡觉，毛泽东说吃了也睡不着，仍旧继续工作。工作人员很焦急，他们搬来"救兵"周恩来。周恩来检查开国大典的各项准备工作后来到毛泽东的住处，并且说，值班室的工作人员都睡着了，他没有打扰他们，他们太疲惫了。毛泽东紧接着说了例（13）这段话。在例（13）中，两个既有联系，又有区别的"打……打"一前一后接连运用，构成了拈连。前一个"打"字，写出了中国共产党及其领导的军队和人民所进行的艰苦卓绝的斗争和坚持不懈的长期努力，后一个"打"语意与"建立"基本相同，常规用法的"打"与超常用法的"打"相互配合，巧妙自然，新颖别致，表意含蓄，引人联想，又耐人寻味。此外，例（13）还含蓄地表达了毛泽东对即将建立新中国的高兴、欣慰之情以及对那些因疲劳而睡着了的工作人员的理解之意。

第二章 对偶、对比、排比和层递

对偶中的反对，与对比有共同之处，对偶与排比有相似之处，排比与层递有一个共同特点；但它们都有各自不同的特点。

从常用性看，对偶、对比较为常用。但近些年来，排比句受到人们的青睐，看电视、读报纸、听广播，常能接受到很多的排比句；部署工作、汇报工作、总结工作，常常用到排比句，排比已成为最常用的辞格。

第一节 对 偶

一、什么是对偶

对偶，是前后两句或上下两句字数相等、平仄相对、意义相关的辞格。

例（1）有关家国书常读，

无益身心事莫为。

例（2）人间乐事唯为善，

天下奇观在读书。

例（3）举头一看，中间悬着一个大匾……两边金笺对联，写："读书好，耕田好，学好便好；创业难，守成难，知难不难。"

　　　　　　　　　　　　　　吴敬梓《儒林外史》（第二十二回）

例（1）是革命家、教育家徐特立的题赠联，用了对偶。此联倾注了作者对青年的无比关心和热切期待，意在告诫青年读书做事皆应有所选择。上下两句音节整齐匀称，结构相同，语义相关，既有音乐美，又易于记忆。例（2）为福建南靖长孝坎下村尚德楼的楹联，用了对偶。上联说行善积德是人间最快乐的事，正如《后汉书·东平宪王苍传》所云："为善最乐。"下联讲静心读书可以获得天下奇观，读书可穿越时间，获得出人意料的收获，正如《小窗幽记·集醒篇》所云："天下之事，利害常相

半；有全利，而无小害者，惟书。"此例上下两句音节整齐，结构相同，语义相关，既具有音乐美，也易于记诵。例（3）中的"读书好，耕田好，学好便好；创业难，守成难，知难不难"用了对偶，上联意在说明，无论做什么事，学好才是根本，正所谓行行出状元；下联则讲了"难"的辩证法，迎难而上，努力为之，则可化难为易。此例与例（1）、例（2）具有相同的修辞效果。

有人说，对偶就说"对对子"①，这是不正确的。这里说的"对子"，即对联。对对子是一种创作活动，也可以说是一种微型文学作品的创作活动；而对偶是一种修辞现象，也是创作对子时必须用到的修辞方法。由此可见，二者既有联系，更有本质的区别。此外，对偶也不只是用在对子中，还可用在其他文学作品和非文学作品中。可见，把对偶等同于对对子，是很不恰当的。

对偶是一种古老而年轻的修辞现象。古代的诗歌、散文，尤其是律诗、绝句、楹联、喜联、寿联、丧联、春联等以及字谜歌谣中都离不开对偶；在当代，春联等各种各样的联语同样都离不开对偶，即便是小说、散文等，甚至是领导的讲话稿、电视主持人的主持词、导游的解说词等也常见对偶的身影。

二、对偶的特点

对偶的特点表现为两个方面。

（一）前后两句或上下两句字数相等

例（4）日月两轮天地眼，

诗书万卷圣贤心。

例（5）于人间烟火处，彰显道义与担当；

在悲欢离合中，抒写情怀和热望。

梁晓声《人世间》

例（4）是宋代思想家朱熹为江西庐山白鹿洞书院所题的楹联，大意是天地因日月而得光，人依靠读书而致圣，用现在的话说，就是励志的话。例（4）上下联都是七个汉字，即前后两句的字数相等。例（5）是著

---

① 徐青主编《现代汉语》（修订版），华东师范大学出版社，1997的5月第1版，419页。

名作家梁晓声写在《人世间》封面上的话，前后两句都是十三个汉字，字数完全相等。再如，例（1）、例（2）、例（3）中的对偶，前后两句的字数都是完全一样多的。

前后两句或上下两句字数相等，看起来很平常，却是对偶的重要特征。只要前后两句或上下两句字数多寡不一样，哪怕结构相同、词性一致等其他特征都具备，也不能构成对偶。

（二）语义相关

例（6）大明湖畔，趵突泉边，故居在垂杨深处；

　　　　漱玉词中，金石录里，文采有后主遗风。

例（7）万事莫如为善乐，

　　　　百花争比读书香。

例（6）是郭沫若为济南市章丘区李清照纪念堂题写的联语，用了对偶。例（6）上联写纪念堂的大致方位，下联赞扬女词人李清照的不凡风采，上下联语意紧密相关。例（7）是清代乾隆进士顾光旭的一副联语，用了对偶。例（7）从"为善"和"读书"两个方面阐明了修身养性的问题，语意紧密相关。

从前面我们分析过的那些语言事实可知，它们都具有语意内容相关的特点。

这里所说的"前后两句或上下两句"中的"句"，主要是分句，也可以是复句。

三、对偶的类型

根据对偶的特点，可以从形式、内容两个方面给对偶分类。

（一）从形式上分类，对偶可分成严式对偶和宽式对偶，即严对和宽对。

1.严对

严对，是上下两句字数相等、结构相同、语义相关、词性一致、平仄相对、无重复用字的对偶。

例（8）笔落惊风雨，

　　　　诗成泣鬼神。

杜甫《寄李十二白二十韵》

例（8）上下两句都是五个汉字，字数相等；上句是主谓结构，其中的"笔落"也是主谓结构，下句是主谓结构，其中的"诗成"也是主谓结构，上下句结构相同；从词性看，"笔落惊风雨"为"名—动—动—名"，"诗成泣鬼神"也是"名—动—动—名"，上下句相对应的每个词的词性相同；从平仄上看，上句"笔落惊风雨"是"仄仄平平仄"，下句"诗成泣鬼神"为"平平仄仄平"，平仄相对。此外，这两句也没有重复用字的现象。从语意上讲，上句意为看到你落笔，风雨为之惊叹，下句意为看到你的诗，鬼神都为你感动，上下两句从两个侧面盛赞李白的横溢才华和诗作的伟大成就，语意紧密相关。可见，例（8）是严对。

2.宽对

宽对，是上下两句字数相等、语义相关的对偶。

例（9）要做人民的先生，

　　　　先做人民的学生。

例（10）复生不复生矣，

　　　　　有为安有为哉。

例（9）是毛泽东于1950年为母校湖南省第一师范学校题写的联语，作为对母校师生的勉励。此联上下句字数相等，语义相关，但有重复的字，是宽对。例（10）是康有为挽谭嗣同的联语。此例上下句字数相等，语义相关。表面上，此例上下句都重复了人名；内里面却是看似重复的词语，词性不同，语意有别，很有特色。但是，由于重复用字，尽管此例非常独特，亦应看作宽对。

需要说明的是，所谓严对、宽对，只是从它们各自不同的形式上的特征来说的，并非严对就一定比宽对好。实际上，为了表意的需要，人们常常不用严对，而采用宽对。

（二）从内容上分类，对偶可分为正对、反对和串对。

1.正对

正对，是上下两句的语意相同相近、相补相衬的对偶。

例（11）自信人生二百年，

　　　　　会当击水三千里。

毛泽东《七古·残句》

例（12）全党要坚定道路自信、理论自信、制度自信、文化自信。……有了"自信人生二百年，会当水击三千里"的勇气，我们就能毫无畏惧面对一切困难和挑战，就能坚定不移开辟新天地、创造新奇迹。

例（13）两个黄鹂鸣翠柳，

一行白鹭上青天。

杜甫《绝句》

例（11）是青年时代的毛泽东写的两句诗，该诗从时间、空间两方面着笔，表达了作者的自信和勇气，抒发了豪情壮志。这两句诗语意内容相近，相补相衬，是正对。例（12）中"开辟新天地、创造新奇迹"，前后两个短语字数相等，语意相近，相互衬托，是正对。例（13）意思是两个黄鹂在翠绿的柳树上婉转地鸣叫，一行白鹭直冲向蔚蓝的天空。上下两句都是写景，语意相近，相互衬托，是正对。

2.反对

反对，是上下两句语意相反的对偶。

例（14）或作演讲，则甲乙丙丁、一二三四的一大串；或作文章，则夸夸其谈的一大篇。无实事求是之意，有哗众取宠之心。

毛泽东《改造我们的学习》

例（15）黑发不知勤学早，

白首方悔读书迟。

颜真卿《劝学》

例（14）中"无实事求是之意，有哗众取宠之心"构成了对偶，从"有""无"两方面揭露主观主义态度，语意相反，相互对照，是反对。例（15）从"黑发""白首"两方面着笔，相互呼应，相互对照，劝人趁年轻时勤奋学习，令人印象深刻，是反对。

需要指出的是，换一个角度看，反对又构成了对比。

3.串对

串对，是上下两句语意相连的对偶，或者是上下两句具有承接、递进、因果、假设、条件等关系的对偶。串对也叫流水对。

例（16）春种一粒粟，

秋收万颗子。

李绅《悯农二首·其一》

例（17）行到水穷处，

坐看云起时。

王维《终南别业》

例（16）上句与下句具有条件关系，是串对。进一步分析可知，此例上下句有先有后，先要"春种"，才有"秋收"，上下两句不能颠倒排列次序，有如流水从上游流经下游，因此也叫作流水对。例（17）的上下句具有承接关系，下句承接上句，上下句有先有后，不能颠倒排列次序，构成了串对，即流水对。

从不同的角度看，对偶还可以分出别的类型，此处不赘。

由于上述分类标准不同，同一个运用对偶的言语作品也可以分属于不同的类型。

例（18）正如毛泽东同志在这次全会上所说的，国际形势的总的特点是"敌人一天天烂下去，我们一天天好起来"。

《中国共产党第八届中央委员会第六次全体会议公报》

其中的"敌人一天天烂下去，我们一天天好起来"构成了对偶，如果从形式上分类，例（18）是宽对；如果从内容上分类，例（18）则是反对。前面讨论过的那些严对和宽对，都可以归属于从内容上分出的正对、反对和串对等对偶中的某一类。

四、对偶的修辞功能

例（19）墙上芦苇，头重脚轻根底浅；

山间竹笋，嘴尖皮厚腹中空。

例（19）这副对联，上下两句字数相等，结构相同，词性一致，平仄相间，语义相关，其中的"头重"与"脚轻"构成对偶，"嘴尖"与"皮厚"也构成了对偶，是每一句自成对偶的自对。从整体上看，此联对仗工稳，无可挑剔。音节整齐匀称，具有音乐美，同时便于记忆，令人对该例所表达的内容产生深刻而难忘的印象。

综合上述各例可见，凡是对偶，都具有这样的修辞功能。

第二节 对 比

一、什么是对比

对比，是两种对立的人或事物、或者同一人或事物的两个对立的方面相互比较的辞格。

例（1）有缺点的战士终竟是战士，完美的苍蝇也终竟不过是苍蝇。

鲁迅《战士和苍蝇》

例（2）这体现了他为人的原则：你对我好，我对你更好；你对我坏，我比你还坏。

王安忆《舞台小世界》

例（1）是"有缺点的战士"与"完美的苍蝇"的对比，是人与动物的对比，也是两体的对比，它形象生动地揭示了美与丑的对立，表意鲜明，能使人在强烈的对比中得到鉴别。例（2）是"他为人的原则"的两个方面的对比，是一体两面的对比。通过对比，例（2）揭示了看似矛盾却又对立统一的为人原则，对比鲜明，语意突出，令人印象深刻。

二、对比的特点

对比的特点主要表现为：必须包含两个方面、表达对立的语意。

（一）必须包含两个方面

对比主要是在两体之间或一体两面之间进行的；换句话说，要构成对比，必须有两个方面。可以说，如果没有两个方面，或者说，只有一个方面，就无法构成对比。

例（3）小少爷的面前是一张紫檀书桌，花梨木太师椅上铺的软缎丝棉坐垫；吴钩的面前是一张白板方桌，坐的是一只腐腿春凳。

刘绍棠《瓜棚柳巷》

例（4）我们的战士，对敌人这样狠，而对朝鲜人民却是那样的爱，充满国际主义的深厚热情。

魏巍《谁是最可爱的人》

例（3）中"小少爷"面前的"紫檀书桌"、铺着"软缎丝棉"的"太师椅"与"吴钩"面前的"白板方桌""腐腿春凳"形成鲜明的对

147

比，是两体的对比，包含着两个方面。例（4）中"战士""对敌人这样狠"与"对朝鲜人民却是那样的爱"表达了战士的恨与爱，构成鲜明的对比，是一体两面的对比，同样包含两个方面。

再如，例（1）、例（2）都包含了两个方面。

必须包含两个方面，是构成对比的重要条件。

（二）表达对立的语意

对比的两个方面，所表达的语意是对立的，就是说，对比的两个方面常常是好与坏、美与丑、善与恶等方面的对立，二者地位平等，不分主次。同时，对比强调语意上的对立，却不论语言的结构，不论词语数量的多寡。

例（5）看文学大师们的创作，有时用简：惜墨如金，力求数字乃至一字传神。有时使繁：用墨如泼，汩汩滔滔，虽十、百、千字亦在所不惜。

周先慎《简笔与繁笔》

例（6）哭着，

不一定是悲哀；

笑着，

却常有内心的痛泣！

人啊，真是一个奇怪的谜。

雷抒雁《人之谜》

例（5）是"简"与"繁"的对比，二者在语意上是对立的，二者地位平等，无主次之别。例（6）是"哭"与"笑"的对比，二者在语意上对立，却地位平等，无主次之分，至于句子的结构、词语的数量多寡等则不必论及。

对比要求语意对立，地位平等，至于结构、词语多寡等，可以一概不论，这是对比的又一重要特征。

三、对比的类型

按照对比双方的特点，可以将对比分为两体的对比和一体两面的对比。

（一）两体的对比

两体的对比，是指两人或两物的对比。

例（7）有的人过了一生，连"一刻"也不曾拥有，有人仅仅过了"一刻"，已经是生命的永恒。

黄尧 朱运宽《生命的近似值》

例（8）但灯光究竟夺不了那边的月色；灯光是浑的，月色是清的。在浑沌的灯光里，渗入一派清辉，却真是奇迹！

朱自清《桨声灯影里的秦淮河》

例（7）是"有人"与"有人"人生的对比，语意显豁地表明，人生的意义不在于时间的长短，而在于要过得有意义。这是人的两体的对比。例（8）是"浊"的"灯光"与"清"的"月色"的对比，令人对"灯光"与"月色"产生深刻的印象，语意鲜明。这是物的两体的对比。

（二）一体两面的对比

一体两面的对比，是指某一人或物的两个方面的对比。

例（9）他们是羊，同时也是凶兽；但遇见比他更凶的凶兽时便现羊样，遇见比他更弱的羊时便现凶兽样，因此，武者君误认为两样东西了。

鲁迅《华盖集·忽然想到（七）》

例（10）这些人，马克思主义是有的，自由主义也是有的；说的是马克思主义，行的是自由主义；对人是马克思主义，对己是自由主义。两样货色齐备，各有各的用处。

毛泽东《反对自由主义》

例（9）是说"他们（中国社会底层的人）"面对不同对象时所表现出来的两副不同的面孔，是人的一体两面的对比。通过对比，形象生动地揭示了"他们"的两面性的特征，令人印象深刻。例（10）通过"这些人"对立的言行，深刻揭示这些人的两面性，对比鲜明，表意显豁，使人过目难忘。不难看出，例（10）是人的一体两面的对比。

四、对比的修辞功能

例（11）阳奉阴违，口是心非，当面说得好听，背后又在捣鬼，这就是两面派行为的表现。

毛泽东《中国共产党在民族战争中的地位》

例（12）有的人活着，

　　　　他已经死了；

有的人死了，

他还活着。

臧克家《有的人——纪念鲁迅有感》

例（11）是一体两面的对比，该例从某些人"阳奉"与"阴违"、"口是"与"心非"、"当面说得好听"与"背后又在捣鬼"等侧面进行对比，形象而生动地揭示了两面派矛盾对立的行为表现，对比鲜明，令人过目不忘，同时也含蓄地表达作者对两面派行为的贬斥之情。例（12）是该诗的第一节，短短的四行诗，形成了两种人生归宿的对比，语言直白，对比鲜明，毫不含糊，同时含蓄地表达了作者对虽死犹生者的赞美之情。

结合之前分析过的例证可知，对比的修辞功能主要表现为两个方面：表意鲜明，不含糊，可在比较中加深对人或事物的认识；也可以表达特定的褒贬之情。

第三节 排 比

一、什么是排比

排比，是三个或三个以上的结构相同或相似、语气一致、语义相关的词语或句子排列在一起的辞格。

例（1）而我，是世上最呆的人，喜欢静静地坐着，静静地思想，静静地作文。

贾平凹《静虚村记》

例（2）狂风吹不倒它，洪水淹不没它，严寒冻不死它，干旱旱不坏它。

陶铸《松树的风格》

例（3）坐着，躺着，打两个滚，踢几脚球，赛几趟跑，捉几回迷藏。风轻悄悄的，草软绵绵的。

朱自清《春》

例（1）中的"静静地坐着，静静地思想，静静地作文"三个偏正短语构成排比，这三个偏正短语结构相同，语义相关，语气一致。通过排比，增强了节奏感，突出了作者的"喜欢"。例（2）中的四个分句构成了排比。这四个分句都是主谓结构，语气一致，语义紧密相关，运用排比，增强了语势，节奏感很强，强调突出了松树的特征，也含蓄地表达了作者对松树的赞美之情。例（3）"打两个滚，踢几脚球，赛几趟跑，捉几回迷藏"，都是动宾结构，语气一致，语意相关，是分句构成的排比。从修辞上看，此例生动形象，增强了语势，突出了所表达的内容，也寄寓着人们对于春天来了的欣喜之情。

二、排比的特点

排比的特点主要表现为三个方面。

（一）从形式看，排比至少有三项

至少要有三项，是说要构成排比，其中一个条件是不得少于三项。这里所说的"项"，可以是句子、分句，也可以是句子成分等。

例（4）赶超，关键是时间。时间就是生命，时间就是速度，时间就是力量。

郭沫若《科学的春天》

例（5）世界上最苦的，莫过于不能还击，不能申诉，不能出声的被暗害的英雄。

刘真《哭你，彭德怀副总司令》

例（4）中的"时间就是生命，时间就是速度，时间就是力量"是由三个分句构成的排比。例（5）中的"不能还击，不能申诉，不能出声"是三个偏正短语构成的排比。

从构成排比的句子、句子成分等的多寡看，例（4）构成排比的分句是三项，例（5）构成排比的定语是三项。而例（2）、例（3）构成排比的词语、分句都是四项。

笔者认为，构成排比的句子成分、分句、句子等至少要有三项，多则不限。但是，若是只有两项，无论具备什么样的条件，都不能构成排比。这可以说是排比的形式标志，也是它的重要特征。

（二）各项的结构相同或相似，地位平等，语气一致

所谓各项的结构相同或相似，是说构成排比的每一项都是结构相同或相似。所谓地位平等，说的是构成排比的几项之间的语法地位是平等的，无主次之别。

例（6）在这里，蓝天明月，秃顶的山，单调的黄土，浅濑的水，似

乎都是最恰当不过的背景，无可更换。

茅盾《风景谈》

例（6）中的"秃顶的山，单调的黄土，浅濑的水"构成了排比。是定语排比。从结构上看，这三项都是定中关系，结构相同；从地位上看，这三项之间都是并列关系，无主次之分，即地位平等；从语气上说，这三个定中关系的短语语气相同，是语气一致，一气呵成。

还如例（1）、例（2）、例（3）中的排比，它们的各项都是结构相同，语气一致，各项之间同样是地位平等，无主次之别。

（三）各项的语义相关

例（7）马慧娟的作品扎根乡土，深入生活，深植时代……她笔下的文字质朴而鲜活，沾泥土，带露珠，冒热气……

（中国日报网）

例（7）中的"扎根乡土，深入生活，深植时代"是排比，"沾泥土，带露珠，冒热气"也是排比。这两个排比，分别对马慧娟作品的特点进行了描述，都体现了语义相关的特征。

此外，也有学者提出排比有共同的"提挈语"。所谓提挈语，就是排比句中反复出现的相同的词语。结合更多运用排比的语言事实看，有的确实有提挈语，也有的确实没有提挈语。可以说，提挈语对于排比的构成来说，并不是非有不可，而是可以有也可以无。

综上所述，以上三个方面共同构成了排比的特点，可谓缺一不可。

三、排比的类型

根据构成排比的不同语言单位来分类，可以将排比分成以下两种类型。

（一）句子成分构成的排比

句子成分可以构成多种多样的排比。具体来讲，句子成分构成的排比可以分为主语排比、谓语排比、宾语排比、定语排比、状语排比和补语排比等。

1.主语排比

例（8）喧嚣和躁动，慌乱和忧虑，速度和效益，织就一张无形巨网，让人们灵性窒息，疲惫不堪。

彭程《目光里的松阳》

此例中的"喧嚣和躁动，慌乱和忧虑，速度和效益"是主语，三个名词性并列短语构成了排比，是主语排比。

2.谓语排比

例（9）而且这个春天不限于燕园，也不限于北京，也不限于中国。它伸向四海，通向五洲，弥漫全球，辉映大千。

季羡林《春归燕园》

例（9）中的"伸向四海，通向五洲，弥漫全球，辉映大千"，是主语"它"的谓语，此四项共同构成了排比，是谓语排比。

3.宾语排比

例（10）延安的歌声，是革命的歌声，战斗的歌声，劳动的歌声，是极为广泛的群众的歌声。

吴伯箫《歌声》

例（10）中"革命的歌声、战斗的歌声、劳动的歌声"等三项都是宾语，三项都是定中短语，是宾语排比。

4.定语排比

例（11）鲁迅是在文化战线上，代表着全民族的大多数，向着敌人冲锋陷阵的最正确、最勇敢、最坚决、最忠实、最热忱的空前的民族英雄。

毛泽东《新民主主义论》

其中的"最正确、最勇敢、最坚决、最忠实、最热忱"是排比，从句法关系看，它们共同构成了"英雄"这个宾语中心的一个定语，是定语排比。

5.状语排比

例（12）亲爱的朋友们，当你坐上早晨第一列电车走向工厂的时候，当你扛上犁耙走向田野的时候，当你喝完一杯豆浆，提着书包走向学校的时候，当你安安静静地坐到办公桌前开始这一天工作的时候，当你往孩子口里塞苹果的时候，当你和爱人一起散步的时候……朋友，你是否意识到你是在幸福之中呢？

魏巍《谁是最可爱的人》

例（12）中"当你……的时候"等六个介宾短语，组成非常长的状语，是状语排比，意在突出伟大祖国无处不在的幸福。不必讳言，这样长的状语是少见的。

6.补语排比

例（13）左权当机立断，很巧妙地指挥了这场遭遇战，把敌人打得死的死，伤的伤，逃的逃，夺回了敌人抢去的物资。

《左权指挥长乐之战：口袋阵斩断日军队伍，歼敌2千人》

这是在搜狐媒体平台搜索到的例证，其中"死的死，伤的伤，逃的逃"是排比。从语法关系看，这是三个主谓短语构成的联合短语，它们在句中充当补语，是补语排比。

从上面列举的语言事实可知，句子成分构成的排比非常丰富。

（二）句子构成的排比

这里讲的句子构成的排比，不仅是指句子，也包括分句。

1.分句的排比

例（14）……最后一尺布，用来缝军装；最后一碗米，用来做军粮；最后的老棉袄，盖在了担架上；最后的亲骨肉，送他上战场。

《天下乡亲》（歌词）

例（14）中的四个分句都是主谓结构，它们共同构成了排比，是分句构成的排比。

2.句子排比

例（15）生产多么需要科学！革命多么需要科学！人民多么需要科学！

秦牧《向科学技术现代化进军的号角》

此例是三个感叹句构成的排比，是句子排比。

四、排比的修辞功能

例（16）历史教育作为反击历史虚无主义的主要阵地，历史统编教材从历史源头上梳理统一的多民族国家演进的历程，通过第一手史料实证和地图展示，让学生深刻地记住：中国是统一的多民族国家，辽阔的疆域是各民族共同开拓的，悠久的历史是各民族共同抒写的，灿烂的文化是各民族共同创造的，伟大的精神是各民族共同培育的。

例（17）……但在北大人的心目中，它依然很美，依然是一块磁石，吸住你，想着它，恋着它，不愿离开。

谢冕《一百年的青春》

例（16）是总台央视一频道《国家记忆》播出的解说词，其中"辽阔的疆域是各民族共同开拓的"等四个分句构成了排比，强调突出了伟大祖国的一切都是各民族共同努力的成果，语义密切相关，且句式整齐，音节匀称，读来节奏感强，气势壮伟。例（17）"吸住你，想着它，恋着它"是排比，通过排比，强调突出地表现了北大的魅力，且音节整齐匀称。

结合前面讨论过的例证来看，排比既在语意表达上具有强调突出的功能，又具有整齐匀称、节奏鲜明的音乐美。。

第四节　层　递

一、什么是层递

层递，是三个或三个以上的词语或句子按照事物的大小、轻重、深浅、远近等差别组合起来的辞格。

例（1）我们要从国内外、省内外、县内外、区内外的实际情况出发，从其中引出其固有的而不是臆造的规律性，即找出周围事变的内部联系，作为我们行动的向导。

毛泽东《改造我们的学习》

例（2）在这个问题上，钟亦成曾经充满了火热的希望，从那个时候起，许多的黑夜和白天，许多的星期，许多的月，许多的年都过去了。每一天，他就把希望埋得深一点，最后，深得他自己都看不见了。

王蒙《布礼》

例（1）中"区内外"中的"区"是20世纪50年代存在的比县小、比乡大的行政机构。其中的"国内外、省内外、县内外、区内外"，范围由大到小，逐项递降，是层递。在特定语境中，它深刻揭示了无论在什么范围都要从实际出发，表意周密严谨，令人信服。例（2）中"许多的黑夜和白天"说的是"天"；"许多的黑夜和白天、许多的星期，许多的月，许多的年"所表达的是时间的由短到长，逐项递升，也是层递。在特定的语境中，它表明钟亦成的"希望"随着时间的流逝而逐渐破灭，表意周密，滴水不漏。

二、层递的特点

层递的特点主要表现为两个方面，即形式方面的特点和内容方面的特点。

（一）从形式上看，层递至少要有三项

这里所说的"项"，可以是词语，也可以是句子，但不得少于三项。

例（3）三年以来，在人民解放战争和人民革命中牺牲的人民英雄们永垂不朽！

三十年以来，在人民解放战争和人民革命中牺牲的人民英雄们永垂不朽！

由此上溯到一千八百四十年，从那时起，为了反对内外敌人，争取民族独立和人民自由幸福，在历次斗争中牺牲的人民英雄们永垂不朽！

例（4）到了八十年代，沈从文不写小说三四十年了，若论经历，小劫大劫浩劫，劫来劫去，仿佛隔世。

汪曾祺《星斗其文，赤子其人》

例（3）是毛泽东亲自起草并在人民英雄纪念碑奠基仪式上宣读的碑文。"三年以来""三十年以来""由此上溯到一千八百四十年"共有三项，三项都是时间短语。时间由近及远，逐项递升，是层递。此例表意周密严谨，同时还强调突出了三年以来的人民英雄。例（4）中的"小劫""大劫""浩劫"都是词，也是三项，程度由浅及深，是层递。例（4）以逐项递升的层递来描写沈从文坎坷的人生，可谓无以复加。

必须有三项，这是层递的重要特征。需要说明的是，"必须有三项"，是说不能少于三项，却可以多于三项。

（二）从语义上看，几项之间具有递升或递降的关系

例（5）一个人遇到好老师是人生的幸运，一个学校拥有好老师是学校的光荣，一个民族源源不断涌现出一批又一批好老师则是民族的希望。

《习近平同北京师范大学师生代表座谈时的讲话》（《人民日报》，2014年9月10日，第二版）

例（6）他父亲留下的一份家产就这么变小，变做没有，而且现在负了债。

茅盾《春蚕》

例（5）中"一个人""一个学校""一个民族"都是后一项比前一项所表示的范围更大，是在范围上逐项扩大的递升，或者说，例（5）

中的几项之间具有递升关系。通过层递，例（5）深刻揭示了好老师的重要性，表意鲜明，富有说服力。例（6）中"家产"由"变小"到"没有"，再到"负了债"，是数量的由多变少，是后一项比前一项更少，逐项递减，层次分明有序，是递降，是递降的层递。可见，例（5）、例（6）各自的三项之间分别是具有递升、递降的关系。

各项之间具有递升或递降的关系，是层递的又一重要特征。

需要说明的是，层递的上述两个特点紧密相连、缺一不可。判断某个修辞现象是不是层递，需要同时考虑上述两方面的特点。

三、层递的类型

根据层递各项的语意关系分类，可以将层递分为递升的层递和递降的层递两种类型。

（一）递升的层递

递升的层递，是在表意上具有由小到大、由低到高、由浅到深、由轻到重等特点的层递。

例（7）如果他们要打，就把他们彻底消灭。事情就是这样，他们来进攻，我们把他消灭了，他就舒服了。消灭一点，舒服一点；消灭得多，舒服得多；彻底消灭，彻底舒服。

毛泽东《关于重庆谈判》

例（8）本单位职工不能在上班时间内随时到财务科报销，是五十年代没有，六十年代少见，七十年代发展，八十年代普及的新事物。

陈冲《会计今年四十七》

例（7）中的"消灭一点，舒服一点；消灭得多，舒服得多；彻底消灭，彻底舒服"，其中的"彻底"虽不是表数量多寡的，但在特定语境中，"彻底"比其中的"多"更多，可见此例是数量的由少到多，是递升的层递。仔细观察可见，"消灭一点""消灭得多""彻底消灭"是递升的层递，"舒服一点""舒服得多""彻底舒服"，同样是递升的层递。前后两部分分别构成层递。从构成成分看，构成层递的都是分句。因此，也可以说例（7）是前后的分句都分别构成了层递。这是例（7）的独特之处。例（8）中"五十年代、六十年代、七十年代、八十年代"等是时间上的由远到近，构成了层递；从数量上看，"没有—少见—发展—普及"是由少

到多，构成了层递。合起来看，四个主谓短语的首尾两部分都分别构成了层递，都是递升的层递。比较例（7）、例（8）可见，二者有共同之处，又各有特点。顺便说一句，像例（7）这样前后的分句都构成递升的层递、例（8）这种首尾两端都构成层递的现象较为少见。

（二）递降的层递

递降的层递，是在表意上具有由大到小、由高到低、由深到浅、由重到轻等特点的层递。

例（9）一个省只要有一两个县、一两个区、一两个乡做出了相当像样的计划，就可以迅速传播开去，叫其他县、其他区、其他乡依照办理。

（毛泽东1955年冬在沭阳县《沂涛乡的全面规划》上写的指示中的一段话）

例（10）他一直是魂思梦想着打飞机，眼前飞过一只雁，一只麻雀，一只蝴蝶，一只蜻蜓，他都要拿枪瞄瞄。

郑直《激战无名川》

例（9）"一两个县""一两个区""一两个乡"这三项的后一项都比前一项的范围小，依次递降，这是递降的层递；"其他县、其他区、其他乡"也是范围上的依次递降，也是递降的层递。例（10）中的"雁""麻雀""蝴蝶""蜻蜓"，是形体上由大到小，依次递降，同样是递降的层递。

四、层递与排比的区别

层递与排比在形式上有相同之处：它们都至少要有三项。正因为如此，二者就很容易混淆，以至于形成层递与排比的误判。

但层递毕竟与排比有更多不同的特征：层递的三项必须是语意上的递升或递降，而排比的三项却是语意上的相关，不能是语意上的递升或递降；层递不涉及三项的结构，而排比却要求三项在结构上相同或相似。把握了层递与排比的这些不同特征，正确区别层递与排比，就不那么难了。

例（11）西去列车的这几个不能成眠的夜晚啊，我已经听了很久，看了很久，想了很久……

贺敬之《西去列车的窗口》

例（12）年青的尚未成家的男教师们，私下讨论着找老婆时，充满了这类感叹："要能找着夏晚宜那么个老婆，这辈子算掉到蜜罐里了！""有她二分之一的水平就知足啦！""到她四分之一那个程度的也难找啊！"嗨！我要能找着顶她十分之一的也甘心啊！"

刘心武《茶话会》

例（11）中"听了很久，看了很久，想了很久"三项都是中补短语，即这三项结构相同，同时这三项意思密切相关，不难看出，例（11）是排比。例（12）中四个用引号的句子在语义程度上依次递降，结构上各不相同，是递降的层递。

层递与排比的特征本就藕断丝连，互有关联，因而有时也就无法将层递与排比作泾渭分明的切分，势必要形成你中有我、我中有你的修辞现象，即形成层递与排比的兼用现象。关于这种现象，我们将在后面的章节中专门阐述，此处不赘。

五、层递的修辞功能

例（13）一个人写党八股，如果只给自己看，那倒还不要紧。如果送给第二个人看，人数多了一倍，已属害人不浅。如果还要贴在墙上，或付油印，或登上报纸，或印成一本书，那问题可就大了，它就可以影响许多人。

毛泽东《反对党八股》

例（13）是数量上的由少到多，是逐项递升的层递。运用层递，逐项强化，表意周密严谨，深刻阐明了党八股害人不浅的道理，具有很强的说服力和感染力。

综合上述各例，可见层递的修辞功能主要表现为两个方面：一是逐层深化，语意突出；二是周密严谨，具有说服力和感染力。

第三章 顶真和回环

顶真和回环在首尾蝉联这一点上有共同之处。但是，二者更有不同的特点。

第一节 顶 真

一、什么是顶真

顶真，是把上一句末尾的词语又用作下一句开头的词语，以构成上递下接、首尾蝉联的一种辞格。

例（1）他小心地揭开了一个木头蜂箱，箱里隔着一排板，板上满是蜜蜂，蠕蠕地爬动。

杨朔《荔枝蜜》

例（2）愈想愈邪门愈害怕，一股寒气打脊梁骨顺肋叉子透了全身，凉气后头是冷气，冷气后头是寒气，寒气后头是鬼气，鬼气瘆人，不觉眼神发直，手脚比院里的砖头还凉。

冯骥才《阴阳八卦》

例（3）没有节调，没有韵，它唱不来；唱不来就记不住，记不住就不能在人们的脑子里将旧诗挤出，占了它的地位。

《鲁迅书简》

例（1）第一分句末尾的"箱"，又是第二句开头的词，上递下接，首尾蝉联，构成了顶真；第二分句的末尾和第三分句的开头都是"板"，同样是上递下接，首尾蝉联，同样构成了顶真。此例运用顶真，状物叙事，层层揭开，严谨有序，给人以生动的画面感，令人印象深刻。例（2）中"凉气后头是冷气，冷气后头是寒气，寒气后头是鬼气，鬼气瘆人"中"冷气"与"冷气"、"寒气"与"寒气"、"鬼气"与"鬼气"分别三次上递下接，首尾蝉联，它们都分别构成了顶真。从修辞上看，此例层层推进，把"害怕"写得淋漓尽致，无以复加！此外，此例音节整齐匀称，节奏感强，增强了音乐美。例（3）"唱不来"与"唱不来"，"记不住"与"记不住"都构成了顶真，两次上递下接，首尾蝉联，环环相扣，逻辑严密，具有不可辩驳的说服力。

二、顶真的特点

顶真的特点主要表现为五个方面。

（一）首尾蝉联是顶真的本质特征

所谓首尾蝉联，通俗地讲，就是上一句结尾的词语成了下一句开头的词语，或者说相邻的上下句的结尾和开头所用的词语相同。

例（4）画儿韩没地方混饭吃，急得在湖边转磨，跟我说："四哥，这些年我一步一步地退，古玩行不让干了，我拉三轮；三轮不许拉了，我摆摊卖大碗茶；大碗茶不让卖了，我给茶馆烧锅炉；现在连茶馆都砸了，我还往哪儿退呢？"

邓友梅《寻访画儿韩》

"三轮"与"三轮""大碗茶"与"大碗茶"分别都是上一句结尾的词语成了下一句开头的词语，即上递下接，首尾蝉联，都构成了顶真。

再如，例（1）（2）（3）都是首尾蝉联。可以说，凡是运用顶真的语言事实，都具有首尾蝉联的特征。

首尾蝉联是顶真最重要的特征，也是顶真区别于其他辞格的本质特征。

（二）顶真所用的词语可以是词，也可以是短语

例（5）严志和一见了土地，土地上的河流，河流两岸阴湿的涯田，涯田上青枝绿叶的芦苇，心上就漾着喜气。

梁斌《红旗谱》

例（6）巧巧！巧巧！孙旺泉低下了头，没话了。他忆起那湛蓝的阴凉里那甘冽的清泉，那甘冽的清泉水里那漾动的草棍和幽幽的大眼睛，那幽幽的大眼睛里那怨恨的歌声。

郑义《老井》

例（5）中的"土地"与"土地"、"河流"与"河流"、"涯田"与"涯田"分别上递下接，首尾蝉联，分别构成了顶真。从构成顶真的语言单位看，它们都是词。例（6）中"那甘冽的清泉"与"那甘冽的清

泉"、"幽幽的大眼睛"与"那幽幽的大眼睛",分别首尾蝉联,都分别构成了顶真,而构成顶真的语言单位却都是名词性偏正短语。

再如例(1)(2),其中的顶真都是由词构成的,而例(3)中的顶真是由短语构成的。

(三)构成顶真的首尾蝉联的词语可以相同,也可以插入别的成分

例(7)人的兴奋有着惯性,当这惯性终于消失,随之即来的都是寂寞,这寂寞使人疲倦,疲倦得让人烦躁。

王安忆《流逝》

例(7)中"寂寞"与"这寂寞""疲倦"与"疲倦",首尾蝉联,都分别构成了顶真。从构成顶真的词语看,"疲倦"与"疲倦"词语完全相同,而"寂寞"与"这寂寞"却不是完全相同,其中的"这寂寞"多了一个代词"这"。

结合前面所分析过的例证看,例(1)、例(2)、例(3)、例(4)、例(5)构成顶真的词语都是完全相同的,而例(6)却略有不同,例(6)中"那甘洌的清泉"与"那甘洌的清泉"一字不差,"幽幽的大眼睛"与"那幽幽的大眼睛"就不一样,后者在前者的基础上插入了"那"这个代词。

由此可见,构成顶真的前后蝉联的词语可以完全相同,也可以插入别的成分。

(四)构成顶真的词语一般出现在分句中,有时也出现在句子中

例(8)再说深圳的姑娘,过去是山区嫁平原,平原嫁边境,边境嫁香港;现在,这个令儿不时兴了。

柳嘉《大鹏起飞》

例(9)天安门是皇城的正门。皇城之内是护城河。护城河之内是紫禁城。紫禁城之内是皇宫。

聂华苓《三十年后》

例(8)中"平原"与"平原"、"边境"与"边境"分别构成了顶真,从它们的语言环境看,这四个词都是出现在分句中。再如,例(1)、例(2)、例(3)、例(4)、例(5)、例(6)中构成顶真的词语都是出现在分句中。

例（9）中"护城河"与"护城河"、"紫禁城"与"紫禁城"分别构成了顶真，这四个构成顶真的词语都出现在句子中。

结合更多的语言事实看，构成顶真的词语一般都出现在分句中，构成顶真的词语出现在句子中的现象较为少见。

（五）一次蝉联的顶真较少，多次蝉联的顶真较为丰富

例（10）故审知今则可知古，知古则可知后。

《吕氏春秋·纪·仲冬纪》

此例中"知古"与"知古"就构成了一次蝉联的顶真。据我们观察，一次蝉联的顶真非常少，而多次蝉联的顶真较为丰富。比如，例（1）、例（2）、例（3）等两次蝉联的顶真，例（1）、例（5）是三次蝉联的顶真。

多次蝉联的顶真，实际上是顶真的连用。相对来说，一次蝉联的顶真的修辞效果比较平淡，多次连用的顶真才能产生更好的修辞效果。

三、顶真的类型

根据首尾蝉联的次数分类，可以将顶真分为两种类型：一次蝉联的顶真和多次蝉联的顶真。

（一）一次蝉联的顶真

例（11）天空的霞光渐渐地淡下去了，深红的颜色变成了绯红，绯红又变为浅红。

峻青《海滨仲夏夜》

例（11）上一句的"绯红"与下一句的"绯红"上递下接，首尾蝉联，构成了顶真。在例（11）中只有一次首尾蝉联，是一次蝉联的顶真。

（二）多次蝉联的顶真

例（12）谈到这儿，老人又慨叹说："这真是座活山啊。有山就有水，有水就有脉，有脉就有苗。难怪人家说下面埋着宝盆。"

杨朔《香山红叶》

例（13）遥远的夜空，有一个弯弯的月亮，弯弯的月亮下面，是那弯弯的小桥，小桥的旁边，有一条弯弯的小船，弯弯的小船悠悠是那童年的阿娇。

李海鹰《弯弯的月亮》（歌词）

例（14）她的逻辑是：谁精简谁呀？……既然这样，也就无所谓精简。我见多了，精简一次，恢复一次，恢复一次扩大一次，扩大一次精简一次，精简一次，再恢复一次，恢复一次再扩大一次……

刘心武《白牙》

例（12）是两次蝉联的顶真，例（13）是三次蝉联的顶真，例（14）是四次蝉联的顶真。换句话说，它们都是多次蝉联的顶真，即顶真的连用。

到底应该几次蝉联才能构成顶真？综合上面分析过的例证来看，笔者认为只要一次蝉联就构成了顶真。那么，顶真最多可以有多少次蝉联？这个问题没有标准答案。它是由作者根据所需表达的内容来决定的。

四、顶真的修辞功能

例（15）指挥员的正确的部署来源于正确的决心，正确的决心来源于正确的判断，正确的判断来源于周到的和必要的侦察，和对于各种侦察材料的连贯起来的思索。

毛泽东《中国革命战争的战略问题》

例（16）大门朝东，对着大车路。大车路前面是一片沙滩，沙滩的尽头，横着一条小河。小河的那边又是沙滩……

欧阳山《高干大》

例（15）中"正确的决心"与"正确的决心"、"正确的判断"与"正确的判断"分别形成了上递下连、首尾蝉联的特点，是两次蝉联的顶真，即连用的顶真。通过连用的顶真，该例说理环环相扣，周密严谨，具有很强的说服力，同时该例语势连贯，具有强化内容的作用。例（16）中"大车路"与"大车路"、"沙滩"与"沙滩"、"小河"与"小河"分别形成了上递下接、首尾蝉联的特点，是三次蝉联的顶真，即连用的顶真。从修辞上看，该例写景很独特，清楚而层次分明地描写了"大门"的朝向以及"大门"前由近及远的大车路、沙滩和河流等，表意恰当，很有画面感；同时，三次蝉联也增强了语势，突出了景物描写。

综合上面分析过的语言事实可知，例（15）、例（16）分别代表了顶真用于说理和写景时的修辞功能。同时，我们还发现，多次蝉联的顶真比一次蝉联的顶真在增强语势、强化内容方面更有表现力。

第二节　回　环

一、什么是回环

回环，是前一句句首的词语与后一句句末的词语相同，前一句句末的词语与后一句句首的词语相同的辞格。

例（1）桃树、杏树、梨树，你不让我，我不让你，都开满了花赶趟儿。

朱自清《春》

例（2）有一天，我终于走出了监狱。我不禁回过去再看一下这一间阴暗、狭小却又感到无限空旷的房间。我在这里从黎明到黑暗，又从黑暗到黎明，反反复复痛苦地度过了两千多个日日夜夜。

陈荒煤《梦之歌》

例（1）"你不让我，我不让你"，第一句句首的词是"你"，第二句句末的词也是"你"，可谓首尾的词语相同；第一句末尾的词是"我"，第二句句首的词也是"我"，也是首尾的词语相同，也是上递下接，首尾蝉联。换言之，例（1）中两句所用的词都是首尾相同，因而构成了封闭的环，也可以称之为闭环。可见，例（1）用了回环。从修辞上讲，例（1）生动地表达了桃花、杏花、梨花竞相开放、生气勃勃以及赏心悦目的景象，且句式整齐，音节均称，增加了语言的音乐美。例（2）"从黎明到黑暗，又从黑暗到黎明"中前一句句首的词是"黎明"，后一句句末的词是"黎明"，首尾的词语相同；后一句句末的词是"黑暗"，后一句句首的词也是"黑暗"，首尾的词语相同，是首尾蝉联。不难看出，两句所用的词语都具有首尾相同的特点。换个角度看，正是这一特点让例（2）中的这两句呈现了一个封闭的环。可见，例（2）构成了回环。通过回环，例（2）令人震撼地表达了周而复始的痛苦时日，且音节匀称，增强语言的音乐美。

二、回环的特点

回环的特点主要表现为四个方面。

（一）回环的本质特征是颠倒句首句末词语的排列次序

例（3）我们两家搞了一辈子戏，戏就是我们的命，命就是我们的戏。

陆文夫《临街的窗》

例（4）雾从谷中升起了，绕着山头升起了，像许多白色的飘带，把各个山头缠绕又解开，解开又缠绕。

李广田《雾》

例（3）中"戏就是我们的命，命就是我们的戏"，构成了回环，将"戏……命"与"命……戏"相比，可以发现，第二句句首句末所有的词都是颠倒了第一句句首句末所用词语的排列次序，可以说，颠倒词语的排列次序，是例（3）的重要特征。例（4）中的"缠绕又解开，解开又缠绕"是回环。观察可见，这两个并列短语构成的分句的谓语也是句首句末所用的词语颠倒了排列次序。再如，例（1）中的"你……我，我……你"，例（2）中"黎明……黑暗，黑暗……黎明"都是颠倒了句首句末所用词语的排列次序。

观察更多回环的语言事实可知，凡是回环都具有颠倒句首句末词语排列次序的特征。更重要的是，从与其他辞格的比较中可见，颠倒句首句末所用词语的排列次序，是回环区别于其他任何辞格的本质特征。

（二）回环的形式特点是：A-B，B-A

例（5）"我说的经济效益跟你说的向钱看是两回事！"

"经济效益就是钱，钱就是经济效益！"

蒋子龙《燕赵悲歌》

例（6）摔碎了泥人再重和，

再捏一个你来再捏一个我；

哥哥身上有妹妹，

妹妹身上有哥哥。

李季《王贵与李香香》

例（5）中，如果用"A"表示"经济效益"，用"B"表示"钱"，那么"经济效益就是钱，钱就是经济效益"的形式特点是：A-B，B-A。例（6）中，用"A"表示"哥哥"，用"B"表示妹妹，那么，"哥哥身上有妹妹，妹妹身上有哥哥"的形式特点就是：A-B，B-A。

仔细观察前面分析过的例证可知，它们在形式上的特点都是A–B，B–A。

例（7）猪多肥多，肥多粮多，粮多猪多。

这个例证非常特殊。如果用"A"表示"猪多"，用"B"表示"肥多"，用"C"表示"粮多"，那么例（7）的形式特点便是：A–B，B–C，C–A。与例（6）等其他回环的形式特点相比，可见它们有同有异。所不同的是，例（6）等只有一次首尾蝉联，而例（7）有两次首尾蝉联；所相同的是，例（6）第三分句句首所用的词语与第四分句句末所用的词语相同，例（7）第一分句句首所用的词语与第三分句句末所用的词语也相同，换句话说，例（7）也像例（6）一样形成了一个封闭的环。所以，尽管（7）很特殊，但仍是回环。

需要特别说明的是，回环这种形式上的特点与回环的本质特征密切相关，正是因为颠倒句首句末词语的排列次序，才形成了回环在形式上的特点，或者说，回环的形式特点正是其本质特征在形式上的具体体现。

（三）回环句中的词语，可以完全相同，也可以部分不同

例（8）是的，再也没有比来自文坛的关切对我更重要了。我那时最深爱的、要为之献身的文学都在文坛。

那的确是一个奇特的时代，文学就是文坛，文坛就是文学。

冯骥才《激流中》

例（9）可是"闻名不如见面，见面胜似闻名"。

陈望道《〈龙山梦痕〉序》

例（10）爱使光明更加光明，光明使爱成为更深、更强的爱。

王蒙《布礼》

例（8）中"文学就是文坛，文坛就是文学"构成了回环，这两个分句所用的词语完全相同。

再如前面所讨论的例（1）中的"你不让我，我不让你"，回环句中所有的词语完全相同，例（3）中"戏就是我们的命，命就是我们的戏"，构成回环的两个语句所有的词语也完全相同，毫无二致。

例（9）、例（10）却不一样。例（9）中"闻名不如见面，见面胜似闻名"是回环，第一句中的"不如"与第二句中的"胜似"却不相同。从

整体上看，例（9）中的两句有部分词语不同。例（10）是回环，从整体上，其中的两句除了相同的"爱、光明"之外，更有多个词语不同，也可以说，例（10）也是两句中有部分词语不同。再如例（2）中构成回环的"从黎明到黑暗，又从黑暗到黎明"，后一分句比前一分句多了个"又"字，同样是两句中有部分词语不同。

构成回环的两句所用的词语，可以完全相同，也可以部分不同，是回环的又一特点。正是因为这一特点，为回环的运用提供了更大的灵活性。

（四）构成回环的主要是分句

例（11）仕而优则学，学而优则仕。

《论语.子张》

例（12）"人家说了再做，我是做了再说。"

　　　　"人家说了也不一定做，我是做了也不一定说。"

臧克家《闻一多先生的说和做》

例（11）构成回环的语句，是两个分句。再如例（1）、例（3）等，构成回环的都是分句。

而例（12）却不一样。例（12）中"说了再做"是分句的谓语，而与它共同构成回环的"做了再说"却是分句的谓语中心；其中的"说了也不一定做"是分句的谓语，而与它共同构成回环的"做了也不一定说"也是分句的谓语中心。再如，例（4）中"缠绕又解开，解开又缠绕"这两个构成回环的语句只是分句的谓语的一部分。

下面这两个例句更为特殊。

例（13）小感情啃噬着大感情。

　　　　大感情战胜了小感情。

刘恒志《共和国正在裁军》

例（14）近来呀，我越帮忙，她越跟我好，她越跟我好，我越帮忙，这不就越对劲儿了吗？

老舍《女店员》

例（13）中构成回环的语言单位是句子，即例（13）是由两个句子构成的回环。例（14）又与例（13）不同，它构成回环的是四个分句，它的特别之处还不仅如此，它与上述所有回环的最大不同是，例（1）至例

（13）中所有回环都是词语排列次序的颠倒，而例（14）却是分句排列次序的颠倒。

据我们观察，构成回环的语言单位主要是分句，像例（13）、例（14）这样特殊的回环比较罕见。当然，构成回环的上述情况也反映了回环的复杂性。

从上面的分析可知，构成回环的语言单位大多不是严格的语法意义上的句子，而是分句，甚至是句子成分。因此，为了方便讨论，我们在前面用过的"前一句""后一句""句首句末"等表述中关于"句"的说法，也不宜当作语法意义上的"句子"来理解。

三、回环的类型

根据回环所用词语的特点分类，可以将回环分成两种类型：严式回环和宽式回环。

（一）严式回环

严式回环，是前后两句所有的词语完全相同，只是词语排列次序颠倒的回环。

例（15）科学需要社会主义，社会主义需要科学。

郭沫若《科学的春天》

例（15）构成了回环，前后两个分句所用的词语完全相同，只是其句首句末所用的词语颠倒了排列次序，也是严式回环。

再如例（1）、例（3）、例（4）、例（5）、例（6）等，都是严式回环。

（二）宽式回环

宽式回环，是两句中句首句末的词语完全相同，并且颠倒了排列次序，但其他词语不尽相同的回环。

例（16）理性认识依赖于感性认识，感性认识有待于发展到理性认识，这就是辩证唯物论的认识论。

毛泽东《实践论》

例（17）一边一根柱子，柱子上写着：舞台小世界，世界大舞台。

王安忆《舞台小世界》

例（16）"理性认识依赖于感性认识，感性认识有待于发展到理性

认识"构成了回环，其中句首句末的词语完全相同，只是颠倒了词语的排列次序，但是两个分句的其他词语却不相同，是宽式回环。例（17）"舞台小世界，世界大舞台"构成了回环，其中句首句末的词语完全相同，只是颠倒了词语的排列次序，但是两个分句中间的词语一为"小"，一为"大"，是两个分句的其他词语不同，也是宽式回环。

可以说，在回环的语句中，只要有一个词语不同，就应看作是宽式回环。

再如例（2）、例（7）等例证中的回环，都是宽式回环。

四、回环与顶真的区别

回环中前一句句末与后一句句首的词语相同，即上递下接，首尾蝉联，与顶真的上递下接、首尾蝉联完全相同，这是二者的共同点。正是因为这一共同特点，才有一个回环与顶真的区别问题。

但是，回环不只是上递下接，首尾蝉联，回环的前一句句首还与后一句句末所用的词语完全相同，形成了两次词语排列次序的颠倒。而顶真却只有上递下接，首尾蝉联，即只有词语排列次序的一次颠倒。因此，回环的形式特点是：A–B，B–A；而顶真的形式特点却是：A–B，B–C。换句话说，回环构成了一个封闭的环，顶真却不是一个封闭的环，而是具有开放性的特点。

例（18）"是我编的吗？"阮秋吭吭叽叽的。

"作家嘛，什么不能编，活的能编死，死的能编活。"

谌容《得乎？失乎？》

例（19）天时不如地利，地利不如人和。

例（18）中"活……死，死……活"的形式特征是A–B，B–A，两句中句首句末的词语都颠倒了排列次序，形成了封闭的环，是回环。例（19）中，如用"A"表示"天时"，用"B"表示"地利"，用"C"表示"人和"，那么例（19）的形式特点是A–B，B–C，可见例（19）只有一次颠倒了词语的排列次序，没有构成封闭的环，而是具有开放性的特点。就是说，例（19）是顶真。

五、回环的修辞功能

例（20）人民是文艺工作者的母亲。一切进步的文艺工作者的艺术生命，就在于他们同人民之间的血肉联系。忘记、忽略或是割断这种联系，艺术生命就会枯竭。人民需要艺术，艺术更需要人民。

邓小平《在中国文学艺术工作者第四次代表大会上的祝词》

其中"人民需要艺术，艺术更需要人民"构成了回环。通过回环，该例深刻揭示了艺术与人民的不可分割的联系，表意鲜明精简，逻辑性强，富有哲理，可谓警策之语。此外，该例音节比较匀称，增强了语言的音乐美，增强了艺术感染力。

综合上述例证来看，回环的修辞功能主要表现为两个方面，一是深刻揭示事物之间的各种关系，言简意赅，阐明事理，逻辑严密，具有说服力；二是增强了音乐美，增强艺术感染力，尤其是严式回环，其音节匀称的语音修辞特征更加突出。

第五编　非语言要素构成的辞格

非语言要素构成的辞格，简称为非语言要素辞格。非语言要素辞格虽然没有语言要素辞格那么丰富，但却特色鲜明，魅力独特。

非语言要素构成的辞格主要包括三种类型：汉字辞格、标点辞格和图符辞格。

在这三类辞格中，汉字辞格是最重要的非语言要素辞格。笔者将用较大的篇幅重点阐述汉字辞格，同时简要地讨论标点辞格和图符辞格。

第一章　汉字辞格

汉字辞格，是以汉字的形体为利用材料而构成的辞格。汉字辞格是一种非语言要素的修辞现象。

汉字辞格主要有九种，即拆字、并字、减笔、增笔、借形、变形、合形、联边和倒字。在这九种辞格中，拆字、并字、减笔、增笔和合形是利用汉字的结构形体进行修辞的，借形、变形、联边和倒字则是利用汉字的外观形体来修辞的。在这九种辞格中，拆字、并字、减笔和增笔等修辞现象，还具有构成和猜解字谜、字谜歌谣的功能。

汉字辞格，体现了汉字文化的独特魅力，具有显著的中华文化特色；其中很多修辞现象更是无法准确而恰当地翻译成任何其他语言，如拆字、并字、减笔、增笔、借形、合形、联边等，就是这样的修辞现象。

本章将重点阐述拆字、并字、减笔、增笔和借形等五种汉字辞格。

第一节　拆　字

拆字是最古老、最活跃、最有魅力的汉字修辞方式，既可以用于一般言语作品中，也可以用于字谜、字谜歌谣中。

一、什么是拆字

拆字，是作者运用时将某个或某几个汉字拆开成几个部件，读者接受时将作者拆开的部件组合成一个或几个汉字以追求特定表达效果的辞格。

例（1）紫芝又附耳道："这是妹子用'昔酉儿'泡的。"小春道："昔酉儿是何药科？卖几两银一个？我也买两个。"婉如笑道："他这'昔酉儿'也同'马扁儿'一样，都是拆字格。"小春听了，这才明白。

李汝珍《镜花缘》（第七十回）

例（2）我跟你享了一天福了么？你算个什么玩意？游手好闲……吊儿郎当不务正业。咱们俩多一句也别说，打八刀！

王立纯《拍手歌》

例（3）你也十八，

　　　　我也十八，

　　　　并肩协作，

　　　　搞好绿化。（林）

刘二安、张松林《当代百家字谜精选》

例（1）中的"昔酉儿"用了拆字，也是儿化现象。其中的"儿"不是拆字的部件。作者运用时把"醋"拆成"昔酉"，读者理解时要把"昔酉"组合成"醋"，才算是懂得了作者的本意。作者不说"醋"，而说"昔酉"，具有含而不露的修辞效果。例（2）中"八刀"是拆字。作者运用时，把"分"拆开成"八刀"，读者理解时则要把"八刀"组合成"分"。"分"就是"分开"，在特定的语境中"分开"意即"离婚"，"打八刀"也是离婚之意。不说"离婚"，而说"打八刀"，表意含蓄。例（3）中，作者运用时把"林"字拆开成"十八""十八"，猜谜者猜谜时要把"十八""十八"组合成"林"字，"林"便是谜底。观察可见，例（3）同样具有很好的修辞效果。

二、拆字的特点

作为一种独特的汉字修辞方式，拆字的特点是多方面的。

（一）拆字的本质特征是"作者离，读者合"

所谓"离"就是拆开；所谓"合"就是组合。"作者离"就是作者把汉字拆开；"读者合"则是读者把作者拆开的汉字组合起来。需要说明的是，这里所说的读者，包括猜解字谜的猜谜者。

例（4）兵车煞是有趣味的，拥塞着的一些丘八，我觉得怎么也好像些猪。

茅盾《故乡杂记》

例（5）杜甫坐草堂，

　　　　芳草绿又香，

　　　　池水清粼粼，

　　　　方寸亦舒畅。（薄）

王德海《趣味字谜歌谣》

例（4）中的"丘八"，是"兵"字的拆分，用了拆字。从运用的角度看，是作者把"兵"字拆成了"丘八"，这叫"作者离"；从接受的角度看，读者要理解"丘八"，必须把"丘八"组合成"兵"，才能懂得作者的本意，这叫"读者合"。综合起来，拆字的特征就是"作者离，读者合"。例（5）是字谜歌谣。其谜底"薄"被拆成"甫、艹、氵、寸"四个部件，成了例（5）中的"甫、草、水、寸"四个汉字。从运用的角度看，是作者把"薄"拆成了"甫、艹、氵、寸"四个部件，并将它们用在例（5）中，构成拆字谜的谜面，这是"作者离"。猜谜者要猜解此谜，必须把谜面中的"甫、草、水、寸"组合成一个汉字，其中的"草、水"变形为偏旁"艹、氵"，从而组合成"薄"，"薄"就是谜底，不难看出，这是猜谜者合。合起来看，例（5）的特征是"作者离，猜谜者合"。

综合上述两例可见，它们都用了拆字，其特征是"作者离，读者或猜谜者合"。其实，猜谜者也是读者。故此，拆字的特征便可简言为"作者离，读者合"。同时，拆字有多方面的特征，但区别于拆字与其他辞格的本质特征正是"作者离，读者合"。

（二）拆字所拆分出来的部件，可以是成字的部件，也可以是不成字的部件

所谓成字的部件，指的是拆分出来的部件本身是能够独立运用的汉字。

例（6）张俊民道："胡子老倌，这事在你作法便了。做成了，少不得'言身寸'。"

王胡子说："我那个要你谢……"

吴敬梓《儒林外史》

例（7）上山下厂，

　　　干劲冲天，

　　　江河湖海，

　　　以它为边。（岸）

王德海《趣味字谜歌谣》

这两例用了拆字。例（6）不说"谢"，而说"言身寸"，表意含蓄。其中的"言身寸"是作者从"谢"字中拆分出来的三个部件。观察可见，这三个部件都可以独立运用，都是能成字的部件。例（7）是字谜歌谣。把谜面中的"山、厂、干"三个部件组合起来，便是谜底汉字

"岸"。不难发现，"山、厂、干"都可以独立运用，可以说，构成"岸"字的三个部件，都是能成字的部件。

再如，例（1）中所拆分出来的"昔、西"，例（2）中所拆分出来的"八、刀"，例（3）中所拆分出来的"十、八"，都是能独立成字的部件。

所谓不成字的部件，指的是拆字所拆分出来的部件是不能独立运用的部件。这类部件就是从汉字中拆分出来的偏旁和笔画。

例（8）我们正为与头儿的遭遇而沮丧，章立国却为与头儿的相会而欢愉。同是一撇一捺，人与人却大不相同。

肖克凡《黑砂》

例（9）一点在外，

　　　　一点在里，

　　　　凭啥分开，

　　　　全靠用力。（为）

王德海《趣味字谜歌谣》

例（8）、例（9）都用了拆字。例（8）中，作者把"人"拆成了笔画"丿""乀"这两个部件，因为汉字的笔画不能独立运用，故用笔画的名称"撇"指称"丿"，用笔画的名称"捺"指称"乀"。很明显，例（7）中的"撇、捺"所指称的部件"丿、乀"都是不能独立运用、不成字的部件。例（9）是字谜歌谣，谜底是"为"。作者将谜底汉字"为"拆分成了"点、点、力"三个部件。其中的"力"是独立成字的部件，"点"是用笔画的名称指称的笔画"、"和"、"，可见"、""、"都是不能独立运用的汉字笔画，是不成字的部件。

仔细观察可见，例（8）跟例（9）又不完全相同，例（8）拆分出来的两个部件都是不能独立成字的部件，而例（9）所拆分出来的部件，既有不成字的部件，也有能成字的部件。

拆字所拆分出来的部件可以是成字的部件，也可以是不成字的部件这一特征，为拆字的广泛运用提供了更好的条件。

对于那些不能独立成字的部件，作者运用时也很有讲究。

其一，用偏旁、笔画的名称来指称。

例（10）爪子抓住秃宝盖，

时刻迎接朋友来，

好客恋友一团火，

人人遇它受关怀。（爱）

王德海《趣味字谜歌谣》

例（11）一二三，

竖中间，

粮棉油，

堆成山。（丰）

王德海《趣味字谜歌谣》

这两例都是字谜歌谣。作者把例（10）中的谜底汉字"爱"拆成了"爪、冖、友"三个部件，其中的"冖"不能独立成字，因而用偏旁的名称"秃宝盖"来指称。例（11）的谜底是"丰"。作者把"丰"拆成了笔画"丨"和"一、二"，也可以说拆出了笔画"丨"和"三"，其中的笔画"丨"不能独立成字，因而用笔画的名称"竖"来指称。

其二，用喻体来打比方。

例（12）一只小帆船，

船上载着米，

向东又向西，

不知去哪里。（迷）

王德海《趣味字谜歌谣》

例（13）横着两根棍，

竖着两根柴，

老二在中间，

老八在下面。（其）

王德海《趣味字谜歌谣》

例（12）的谜底是"迷"。"迷"所拆分的部件是"辶""米"，其中的"米"能独立成字，直接出现在谜面中；而其中的偏旁"辶"因为不能独立成字，故把它比喻成了"小帆船"。例（13）的谜底是"其"。作者把"其"拆成了六个部件，其中能独立成字的"二""八"直接出现在谜面中，而其中的两"横"、两"竖"，则分别用"两根棍""两根柴"

来比喻。

　　用喻体来比喻不能成字的部件，既解决了不成字的部件无法直接用于言语作品中的问题，又使这些部件在表达上形象生动，具象直观。可谓化腐朽为神奇。

三、拆字的类型

　　根据拆字所拆分出来的部件的隐现情况，可以将拆字分为两种类型：直接拆字和间接拆字。

　　（一）直接拆字

　　直接拆字，是拆字所拆分出来的部件直接呈现在言语作品中的拆字。

　　例（14）婉如道："'马扁'并非地名，姐姐会意错了。你把两字凑在一处，就明白了。"

李汝珍《镜花缘》（第七十四回）

　　例（15）世上真不少，

　　　　　　无人嫌我老，

　　　　　　年纪八十八，

　　　　　　人人都需要。（米）

王德海《趣味字谜歌谣》

　　例（14）中的"马扁"，是"骗"字拆分出来的两个部件，它们都是能成字的部件，因而直接出现在言语作品中，是直接拆字。例（15）中的"八十八"是"米"拆分出来的三个部件，也是独立成字的部件，它们直接呈现在谜面中，也是直接拆字。

　　再如，例（1）中的"昔、酉"，例（2）中的"八、刀"，例（3）中的"十、八"等，都是能成字的部件，它们都直接出现在特定的言语作品中，可见，例（1）、例（2）、例（3）都是直接拆字。

　　（二）间接拆字

　　间接拆字，是拆字所拆分出来的部件不直接出现在言语作品中的拆字。

　　例（16）左边绿，右边红，

　　　　　　左右相遇起凉风，

　　　　　　绿的喜欢及时雨，

　　　　　　红的最怕水来攻。（秋）

例（17）一只狗娃，

　　　　两张嘴巴，

　　　　只要一叫，

　　　　满脸泪花。（哭）

王德海《趣味字谜歌谣》

例（18）一字真奇怪，

　　　　头上用草盖，

　　　　九粒小豆子，

　　　　三根豆芽菜。（蕊）

王德海《趣味字谜歌谣》

例（16）出自部编版小学语文一年级下册。这则字谜用了借助描写的拆字，其中的"左边绿，绿的喜欢及时雨"，描写了"禾"的特征；"右边红，红的最怕水来攻"，描写了"火"的特征。按照"猜谜者合"的规律把"禾"与"火"组合起来，便是谜底"秋"。不难发现，此例是通过描写拆分出来的部件所指称的事物的特征来体现部件"禾"和"火"，但这两个部件并未出现在谜面中。这就是间接拆字。例（17）的谜底为"哭"，是借助会意的拆字。其中的"狗"会意为"犬"，"嘴巴"会意为"口"，"两张嘴巴"就是"口、口"，按照"猜谜者合"的规律把"犬、口、口"三个部件组合起来，便是谜底汉字"哭"。观察可见，例（17）用会意的方法表达了拆字的部件，但"犬、口、口"三个部件都未出现，无疑是间接拆字。例（18）是借助比喻的拆字。谜底"蕊"。其中的"草"是指称偏旁"艹"，"蕊"字中的九点被比喻为"九粒小豆子"，其中的三个部件斜钩被比喻成"三根豆芽菜"，谜底汉字的所有部件一个也未在谜面中出现，是间接拆字。

从上述三例可见，它们分别运用描写、会意和比喻等方法，将拆分出来的部件全都隐藏起来了。这样的拆字，表意更为含蓄，也更富艺术性。

观察更多运用拆字的字谜歌谣可见，凡是一首字谜歌谣中所拆分的部件都未出现，那就是间接拆字。

有时，一首字谜歌谣也可能包含直接拆字和间接拆字两种现象。

例（19）十尺一根木，

年老有用处，

如果没有它，

实在难走路。（杖）

王德海《趣味字谜歌谣》

例（19）是借助会意的拆字，谜底是"杖"。其中的"十尺"可会意为"一丈"，取"丈"字，把"木"与"丈"组合起来，便是谜底汉字。此例中，部件"木"直接呈现在谜面中，是直接拆字；而"丈"却未在谜面中出现，它被"十尺"隐藏起来了，是间接拆字。合起来看，此例既有直接拆字，也有间接拆字。

四、拆字的功能

拆字包含两方面的功能，修辞功能和构成字谜、猜解字谜的功能。这里讲的字谜，包括字谜歌谣。

（一）修辞功能

拆字的修辞功能主要是含蓄。

1.含蓄

孙犁说："所谓含蓄，就是不要一泻无遗，不要节外生枝，不要累赘琐碎，要有剪裁，要给读者留有思考的余地。"[①]拆字就具有这样的修辞特征。

例（20）这韩爱姐儿见敬济一去数日不来，心中思想，挨一日似三秋，盼一夜如半夏，未免木边之目，田下之心。

兰陵笑笑生《金瓶梅》

例（21）刘桂兰脑袋一晃……这才说道："咱们识字班有个人叫我来打听打听，她要打八刀能行不能行。"

周立波《暴风骤雨》

例（22）一人真风流，

坐着小船游，

若伸一只手，

便用鞭子抽。（挞）

---

① 孙犁《进修二题——关于含蓄》，《孙犁全集》第5卷，人民文学出版社，2004年7月第1版，259页。

例（20）将"相思"分别拆开成"木、目""田、心"，并组成"木边之目，田下之心"，以此来表达相思之意，给人留下思考的极大空间，体现了含蓄的修辞效果。例（21）把"分"拆开成"八刀"。在特定语境中"分"所表达的是离婚的语意。不直接说"分"，也不直接说"离婚"，而说"打八刀"，既令人思考，含而不露，耐人寻味，也有些诙谐幽默。例（22）是一首字谜歌谣，谜底是"挞"。作者把"挞"拆成四个部件，其中"一、人"直接出现在谜面中，偏旁"扌"变形为"手"出现在谜面中，偏旁"辶"则被比喻成"小船"出现在谜面中。应该说，例（22）的谜面都是为了描写谜底汉字，既引人联想，也令人思考，同样具有含蓄的修辞效果。

2.在口语交际中，具有区分同音词、避免歧义的功能

例（23）我姓谢，言身寸。

我姓解，角牛刀。

其中的"谢"与"解"声韵调完全相同，在口语交际中如果不用拆字，就无法把它们区分开来；而运用拆字，却能轻而易举地区分这两个同音字。

（二）构成字谜、猜解字谜的功能

这里所说的字谜，包括字谜歌谣。

例（24）月亮有几个，

你往身上摸，

体弱者必少，

体壮者必多。（肌）

例（25）有个小姑娘，

住在王家庄，

头扎羊角辫，

一副辣模样。（姜）

例（24）的谜底是"肌"。作者创作时，根据"作者离"的规律先

把谜底汉字"肌"拆成"月"和"几"两个部件，然后将这两个部件组合在"月亮有几个"这一语句中，构成了拆字谜，最后从语意上对谜底汉字"肌"进行描写，从而构成由四个分句组成的字谜歌谣。可以看出，作者运用"作者离"的方法拆开汉字，并把拆开的部件组合成句，再与其他语句相互配合，就构成了运用拆字的字谜歌谣。这就是拆字构成字谜歌谣的功能。例（25）的谜底是"姜"。从构成字谜的角度看，是作者把"姜"拆成了"丷、王、女"三个部件，偏旁"丷"不能成字，故把它比喻成"羊角辫"，把"女"字会意为"姑娘"，此后便将它们组合在"有个小姑娘，住在王家庄，头扎羊角辫"三个分句中，构成了拆字谜的谜面，并与描写"姜"这种植物特征的语句相配合，构成了由四个分句组成的字谜歌谣。这就是拆字构成字谜歌谣的功能。

从解谜的角度看，猜谜者运用"猜谜者合"的方法，就能轻易解谜。据此，将例（24）谜面中的"月"与"几"组合起来，便得到了谜底"肌"。可以说，根据拆字的特点来猜解拆字谜，可谓轻而易举。这就是拆字的解谜功能。当然，由于例（25）还用了拆字之外的方法，因此必须先找出部件，然后才能把它们组合起来。据此，猜谜者先用会意法，将谜面中的"姑娘"会意成"女"，再把喻体"羊角辫"还原成部件"丷"，然后将"丷、王、女"三个部件组合起来，便得到了谜底"姜"。这就是拆字的解谜功能。当然由于例（25）既有直接拆字，也有间接拆字，其解谜的过程则比例（24）这种单纯的直接拆字更为复杂。

综上所述，拆字不仅具有构成字谜的功能，也有猜解字谜的功能。所不同的是，构成字谜与猜解字谜所利用汉字形体的方法则是完全相反的。

顺便说一句，为了使谜面与谜底紧密扣合，保证谜面描写谜底的唯一性，有时必须在谜面中加以限制。

例（26）二人在一起，

　　　　不猜天和夫，

　　　　猜俩也不对，

　　　　猜从还算输。（仁）

　　　　　　　　　　　　　　　　　王德海《趣味字谜歌谣》

此例中的"二、人"是拆字所拆分出来的两个部件。从这两个部件的组合情况看，这两个部件并不只是得出唯一的谜底"仁"，而是可以组成"天、夫、俩、从"等多个汉字。为了确保谜底汉字的唯一性，例（26）的后面三个分句对谜底汉字进行了限制，清楚说明如果猜"天、夫、俩、从"四个汉字都不正确，确保了谜底汉字"仁"的唯一性。

此外，拆字的构成字谜、猜解字谜的功能只存在于字谜、字谜歌谣中，不是字谜、字谜歌谣中的拆字则没有这样的功能。

例（27）到门不敢题凡鸟，

看竹何须问主人。

王维《春日与裴迪过新昌里访吕逸人不遇》

此例中"凡鸟"用了拆字，是繁体字"鳳"的拆分；同时还是用典，即吕安在嵇康门上题"凤"字的典故，含而不露，引人联想，令人思考。但例（27）不是字谜，因此此例中的拆字既无构成字谜的功能，也没有猜解字谜的功能。

第二节　并　字

并字是一种特殊的汉字修辞方式，尽管它并不怎么丰富。但它也像拆字一样，可以出现在一般言语作品中，也可以出现在字谜、字谜歌谣中。

一、什么是并字

并者，合也，组合之意。并字，就是作者运用时将几个汉字组合起来，读者接受时把作者组合起来的汉字拆开来，以追求特定表达效果的辞格。

例（1）又一日，塞北送酥一盒至。操自写"一合酥"三字于盒上，置之案头。

罗贯中《三国演义》（第七十二回）

例（2）扮　（分手）

例（1）中的"合"用了并字，读者要理解它，必须把"合"拆分成"人一口"三个汉字。这样"一合酥"就是"一人一口酥"。杨修深得并字之道，他看到盒上的"一合酥"后，"竟取匙与众分食讫。操问其故，

修答曰："盒上明书'一人一口'酥，岂敢违丞相之命乎？"①从修辞效果看，例（1）不直说"一人一口酥"，而说"一合酥"，含而不露，具有很好的修辞效果。例（2）是字谜，用了并字。作者把"分、手"二字并成"扮"，猜谜者要将"扮"拆分成"分手"，才算是符合作者的本意。"分手"就是谜底。从修辞上看，例（2）同样具有含蓄的修辞效果。

二、并字的特点

并字的特点表现为两个方面。

（一）并字的本质特征是"作者合，读者离"

例（3）徐敬业和骆宾王准备在扬州发兵，让裴炎做内应。裴炎给徐敬业写了一封密信，报告起事的时间，信中只有两个字"青鹅"。

金舒年、陈小、孙丽梅《谜语夜话》

例（3）用了并字。作者运用时，将"十、二、月"三个部件组合一个"青"字，将"我、自、与"三个部件组合在繁体字"鵝"，这就是"作者合"。读者要理解"青鹅"这两个字，就要将"青"字拆开成"十二月"，将"鹅"字拆分成"我自与"，这就是"读者离"。以"青鹅"作为密信，读者理解时也像猜谜一样，故也可称之为"猜谜者离"。合起来看，并字的特征就是"作者合，读者或猜谜者离"，其实，猜谜者也是读者，因此并字的特征是"作者合，读者离"。

再如，例（1）、例（2）都具有"作者合、读者离"的特征。

"作者合，读者离"是并字的本质特征，也是并字与其他修辞手段不同的区别特征。

与拆字的本质特征"作者离，读者合"相比较，可见，并字与拆字的本质特征正好相反。

（二）并字由一个字构成

例（4）当顾况得知白居易乃是位进京求学的清贫少年时，老学士不胜惊讶，并决定约见白居易。

家童问："大人何日赐见？"

---

① 罗贯中《三国演义》，人民文学出版社，1973年12月北京第3版，627页。

顾况略一沉吟，写了个"期"字，然后说："你交给白居易，他自会明白。"

白居易接字后，看了一会儿，便对家童说："请禀告大人，小人到时一定登门拜访。"

金舒年、陈小、孙丽梅《谜语夜话》

此例中的"期"用了并字。顾况把"八月二十三"组合成一个"期"字，含而不露。白居易接受时，要把"期"拆开成"八月二十三"，才是正确理解了作者的本意。观察可见，例（4）有几个自然段，但用了并字修辞手法的，却只有一个"期"字。再如例（1）、例（2），都只有一个汉字用了并字。

而例（3）却与例（4）略有不同。表面上看，例（3）用了并字的是"青鹅"，是两个汉字。其实，将两个汉字用为并字，目的是表述比较复杂的语意。而从根本上看，其中的"青"与"鹅"是各自独立表达不同的意思，"青"表达的是时间，"鹅"表达的是对起事的态度或行动。可见，它们本质上仍是每个汉字单独表意，同样可以说，例（3）中的并字是一个汉字构成的。

三、并字的类型

从组合部件的隐现情况看，并字可分为组合部件不直接出现的并字和出现组合部件的并字。

（一）不直接出现组合部件的并字

比如例（1）中的"人、一、口"是"合"的组合部件，但它们都未直接在言语作品中出现，而是包含在"合"字之中，或者叫作隐含在"合"字中。这就是不出现组合部件的并字。再如例（2）、例（3）、例（4）等，都属于这类并字。

（二）出现组合部件的并字

例（5）寸土为寺，寺旁言诗，诗曰：明月送僧归古寺。

　　　　双木成林，林下示禁，禁曰：斧斤以时入山林。

此例为联语。上联中的"寸、土"是"寺"的组合部件，且直接出现在联语中，"寺、言"是"诗"的组合部件，也直接出现在联语中。下联中的"双木"，即"木、木"的变化形式，"木、木"是"林"的组合部

件，"林、示"是"禁"的组合部件，都直接出现了。这就是出现组合部件的并字。

相对来说，这类出现组合部件的并字较为丰富。

这类并字在联语中有独特的作用，直接影响对仗的工稳与否。比如例（5）上下联分别两次运用了出现组合部件的并字，从而使这副联语对仗工稳，无可挑剔。假如例（5）上联用了这类并字，而下联不用这类并字，其对仗就不够妥帖。但这类并字没有含蓄的修辞功能，也没有构成字谜、猜解字谜的功能。

四、并字的功能

并字的功能主要包括修辞功能、构成字谜和猜解字谜的功能。

（一）并字的修辞功能

并字的修辞功能主要是含蓄。

例（6）嵇康与吕安善，每一相思，千里命驾。安后来，值康不在，喜出户延之，不入。题门上作"鳳"字而去。喜不觉，犹以为忻。

刘义庆《世说新语·简傲》

例（6）中的"鳳"是并字，要理解作者的本意，就要把"鳳"拆成"凡鸟"。"凡鸟"在特定的语境中就是平庸之辈的意思。吕安来见嵇康，未见到嵇康，吕安连门都不进，而且还以"凡鸟"嘲讽嵇喜。吕安不直白地用"凡鸟"，而用古之所谓杰出男士之美称的"鳳"来表达：表面上的语意是古时杰出男士的美称，内里面却是"凡鸟"，含而不露，以致嵇喜被嘲讽了而不自知，还很高兴。可谓含蓄曲折，耐人寻味。

再如例（1）、例（3）、例（4）等，其中的并字都具有表意含蓄的修辞效果。

（二）构成字谜、猜解字谜的功能

例（7）一次，张纶准备修建海堰以防涨潮，但不知基足何时动工为宜。听说对岸有个经验丰富的老渔翁，于是张纶派人去请教。

那差官只带回渔翁一张纸条，上面写着一个"醋"字，众人无一能解。

金舒年、陈小、孙丽梅《谜语夜话》

此例中的"醋"是字谜，用了并字。从构成字谜的角度看，是作者

按照"作者合"的特点将"二十一日酉"五个汉字组合在一起，构成并字的谜面"醋"。这就是并字构成字谜的功能。从解谜的角度看，猜谜者要根据"猜谜者离"的特点将"醋"字拆分成"二十一日酉"，"二十一日酉"就是谜底，结合例（7）"基足何时动工为宜"的特定语境看，便是"二十一日酉"时动工为宜。这就是并字的解谜功能。

第三节　减　笔

减笔是一种富有魅力的汉字修辞方式，它在一般言语作品中较为少见，而在字谜和字谜歌谣中却充满活力，魅力独特。

一、什么是减笔

减笔，是作者运用时直接或间接在某个汉字上减损部件，以追求特定表达效果的辞格。

例（1）他也走了。（人）

例（2）去掉那一竖，

　　　　天上飘着走，

　　　　形体多变化，

　　　　造雨是老手。（云）

王德海《趣味字谜歌谣》

例（3）馬

例（1）、例（2）都用了减笔。例（1）"他也走了"，即"他"这个字的偏旁"也""走了"，就是在"他"字中去掉偏旁"也"，得到偏旁"亻"，"亻"即"人"，"人"就是谜底。例（2）是字谜歌谣，其中的"一竖"指汉字笔画"丨"，"去掉那一竖"就是在"去"字中去掉笔画"丨"，得到"云"。后面三个分句是从特征上描写"云"，从而构成由四个分句组成的字谜歌谣，可见此例的谜底为"云"。对于运用减笔的字谜来说，有了第一分句就足够了，其余三个分句完全可以没有；而对于运用减笔的字谜歌谣来说，后三个分句却是不可缺少的。例（3）是直接减笔。直接在繁体字"馬"上减损笔画"灬"，意为"趴下"，表意含蓄，甚至还有些令人费解。关于这个字，有多篇文章涉及。如黄顺写道：

"在陈登科的那篇来稿（即《活人塘》）中写了好几个'马'字，下边都少了四个点……汪曾祺面对这个字抽了半盒烟，最后也没认出来。当时，编辑部里有一个人猜说，应该念'趴'，理由是'马看不见四条腿，那不是趴下了吗？'为慎重起见，汪曾祺还特别去信问陈登科，陈登科回信证明那字的确是念'趴'……"[1]据了解内情的作家邓友梅回忆："幸遇高人康濯，猜着念'趴'。"[2]从多篇文章谈到的情况看，陈登科也许真的不会写"趴"，但不管是不是会写"趴"，他有意在"馬"字上直接减损四点，却成了直接减笔。

二、减笔的特点

减笔的特点主要包括两个方面。

（一）减笔的本质特征是有意减少部件

例（4）无尺土之封。（一）

黄穆灿《中华字谜鉴赏大典》

例（5）甲：要不然哪，就先把他妈撤喽？

乙：有撤妈的吗？

甲：怎么不能撤？我们科长能撤，妈怎么不能撤？

乙：你怎么撤呀？

甲：先把那个女字旁撤喽。

乙：那不就成了"马"了吗？

甲：还不如"马"哪。

赵振铎、赵世忠《指妈为马》

例（4）是字谜。"无尺土之封"，就是在"封"字中减去"尺"，再减去"土"，但"封"字中没有"尺"，须先把"尺"会意为"十寸"。这样，在"封"字中减去"十、土、寸"三个部件，就只剩下"一"，"一"就是谜底。在例（4）中，"无"是表示减损义的汉字，整个谜面明确表示了有意减少部件的语意。有意减少部件，就是例（4）的本质特征。例（5）不是字谜。"先把那个女字旁撤喽"中的"撤"，是表示减损义的汉字，这句话，直白地表达了有意减少部件的语意。有意

① 黄顺.汪曾祺当编辑［J］.钟山风雨，2014（3）：56.

② 邓友梅.漫忆汪曾祺［J］.出版参考，2005（35）：39-40.

减少部件，是减笔的本质特征，也是减笔与其他修辞手段的区别特征。

（二）减笔包含三个要素：被减损的汉字、表示减损义的汉字和要减损的部件

1.必有被减损的汉字

例（6）夫人已去。（二）

例（7）太字少一点，

　　　　任你书中选，

　　　　若把大字猜，

　　　　笑你谜艺浅。（人）

王德海《趣味字谜歌谣》

这两例都用了减笔。例（6）"夫人已去"，就是在"夫"字中减损"人"，得到谜底"二"。"夫"是被减损的汉字。例（7）中，"太字少一点"，即在"太"字中减损"一"，再减损笔画"点"，得到谜底"人"。此例中"太"是被减损的汉字。

综合上述两例可见，例（6）中有一个被减损的汉字，例（7）中也有一个被减损的汉字。

直接减笔的情况非常特殊，需特别说明。比如例（3）中的"禺"，即直接在"馬"字减去了"灬"。观察可见，直接减笔并没有让被减损的"馬"字出现在言语作品中，但被减损的汉字没有出现，却不等于没有被减损的汉字。

结合更多的例证可知，凡是运用减笔的言语作品，都必须有被减损的汉字。至于被减损的汉字到底有几个，却无定数，只能根据作者的运用而定；但必有一个被减损的汉字，却是确定无疑的。

2.一般都有表示减损义的汉字

例（8）天上无二，

　　　　合去一口，

　　　　你能猜着，

　　　　送一壶酒。（人）

朱雨尊《民间谜语全集》

例（9）丸字少了一点，

有人对它不满，

都说它比十小，

排列却在十前。（九）

王德海《趣味字谜歌谣》

例（8）中，"天上无二"，即在"天"字中减损"二"，得谜底"人"，其中的"无"是表示减损义的汉字；"合去一口"，即在"合"字中减损"一、口"，得谜底"人"，其中的"去"是表示减损义的汉字。例（9）中，"丸字少了一点"，即在"丸"字中减损笔画"一点"，得到谜底"九"。其中的"少"是表示减损义的汉字。

观察更多运用减笔的言语作品，可见减笔中表示减损义的汉字远不只是例（8）、例（9）中的"无、去、少"这几个汉字，如例（1）中的"走了"，例（2）中的"掉"，例（5）中的"撤"等，都是表示减损义的汉字。可以说，在特定的语境中，凡是可以表达除去某个部件之意的汉字，都可成为表减损义的汉字，如"隐、没"等。

需要说明的是，直接减笔没有表示减损义的汉字。比如例（3）中的"禺"，它本身已经减损了"馬"字的部件"灬"，因此直接减笔无须表示减损义的汉字。

可以说，除了例（3）这种直接在某汉字上减损部件的极少数情况外，减笔一般都有表示减损义的汉字。

3.必有减损的部件

例（10）黄鹤楼，

鲁班修，

灵芝草，

被人偷，

骑龙跨虎由自去，

八仙飘海各自休。（一）

金舒年、陈小、孙丽梅《谜语夜话》

例（11）我有一头牛，

怕丑不露头，

要想见到它，

等到日当头。（午）

王德海《趣味字谜歌谣》

例（10）中被减损的汉字是"黄"字，"偷、去、休"是表示减损义的汉字，"灵芝草，被人偷"，即在"黄"字中减损偏旁"艹"，"骑龙跨虎由自去"，即在"黄"字中减损"由"，"八仙飘海各自休"，即在"黄"字中减损"八"。这样，在"黄"字减损"艹、由、八"，就只剩下"一"了，"一"就是谜底。而"艹、由、八"就是要减损的三个部件。例（11）"牛"是被减损的汉字，"不露"是表示减损义的汉字。其中的"头"指"牛"字那"一竖"中超出"一横"之上的那一部分。"我有一头牛，怕丑不露头"，即在"牛"字中减损那一竖中出头的部分，得谜底"午"。那笔画一竖中出头的部分，就是要减损的部件。

结合前面讨论过的减笔，不难发现，减笔中要减损的部件情况较为复杂。要减损的汉字可以是成字的部件，如例（8）中的"口"；可以是汉字的偏旁，如例（10）中的"艹"；可以是笔画，如例（7）中的"点"、例（9）中的"一点"；还可以是笔画的一部分，如例（11）中"头"所指称的笔画"丨"的一部分。客观地说，减笔要减损的部件所呈现的复杂情况，为减笔的广泛运用提供了可供利用的更好条件。

直接减笔也有不同的特征。运用直接减笔时，要减损的部件已被直接减损了，所以无须出现。如例（3），被减损的汉字是"馬"，所减损的部件是笔画"灬"，它已被减损了，当然也就无须再出现了。但是，要减损的部件不出现，却并非不存在。

可见，凡是减笔，必有要减损的部件。但是，要减损的部件是几个，却不一定：可以是一个部件，如例（1）、例（2）、例（5）、例（6）都是一个部件；也可以是几个部件，如例（7）、例（8）（"合去一口"）是两个部件，例（4）、例（10）是三个部件。可见，要减损的部件到底有几个，应该是作者创作时依据具体情况而确定的。

了解减笔的三要素，对于正确认识和运用减笔都非常重要。

三、减笔的类型

减笔的分类可以从不同的方面进行。按照减损的方式分类，可以将减笔分为直接减笔和间接减笔。

（一）直接减笔

直接减笔，是直接呈现减损部件之后的结果的修辞现象。所谓减损部件之后的结果，是指在某个汉字上减损部件之后所形成的新的表意符号。

例（12）甶二

例（13）昨天编完了去年的文字，取发表于日报的短论以外者，谓之《且介亭杂文》……

鲁迅《且介亭杂文二集·序言》

例（12）用了减笔。"甶"是繁体字"風"去掉框"几"而得到的新的表意符号，"二"是"月"字减去外框"刀"而形成的新的表意符号。由"風月"变成"甶二"，表面上看是"風月"没有了外框，内里的意思却是"風月无边"，表意含蓄，非常特别。这种减笔，既没有出现表示减损义的汉字，也没有出现被减损的汉字"風月"，只出现了减损部件之后所形成的新的表意符号，是直接减笔。例（13）的"且介"，并非通常的汉字"且"和"介"，而是在"租界"二字中分别减去"禾"、减去"田"字后所得到的新的表意符号，"租界"去掉了一半，意为"半租界"。不用"半租界"，而用"且介"，同样具有表意含蓄、新颖独特的修辞特征。但例（13）既未出现被减损的汉字"租界"，也未出现表减损义的汉字，只出现了减损部件之后所形成的新的表意符号，是直接减笔。

就我们目前掌握的语言事实看，直接减笔的例证较为少见。

（二）间接减笔

间接减笔，是指不出现减损部件之后所形成的新的表意符号，却通过联想、想象悟出新的表意符号的修辞现象。

例（14）水流绝涧终日。（门）

黄穆灿《中华字谜鉴赏大典》

例（15）似血非血，

似四非四

仔细一看，

孟子已去。（皿）

王德海《趣味字谜歌谣》

例（16）春雨绵绵妻独宿。（一）

黄穆灿《中华字谜鉴赏大典》

例（14）中被减损的汉字是"涧"；"水流绝"，即在"涧"字中减去偏旁"氵"（作为偏旁，"水"要变形为"氵"），"终日"就是"日"没有了，即在"涧"中再减去"日"，这样得到新的表意符号为"门"，"门"就是谜底。此例中新的表意符号"门"没有在谜面中出现，猜谜者需通过联想、想象才能悟出来。可见，例（14）是间接减笔。例（15）中的"似血非血，似四非四"是从形体上描写谜底汉字，与减笔无关。此例中被减损的汉字是"孟"，"孟子已去"，即在"孟"字中减损"子"，从而得到新的表意符号"皿"，"皿"就是例（15）的谜底。此例中新的表意符号"皿"未在谜面中出现，是间接减笔。例（16）用了借助会意的拆字。其中的"春"是被减损的汉字，"雨绵绵"可会意为"无日"，"妻独宿"可会意为"夫不在"。"春雨绵绵妻独宿"，即在"春"字中减损"日"，再减损"夫"，从而得到新的表意符号"一"，"一"就是此例的谜底。此例中新的表意符号"一"并未出现在谜面中，是间接减笔。

据我们掌握的语言事实看，间接减笔非常丰富。

四、减笔的功能

减笔的功能主要包括修辞功能、构成字谜和猜解字谜的功能。

（一）修辞功能

例（17）害

例（18）龛龙东去海，（合）

　　　　时日隐西斜，（寺）

　　　　敬文今不在，（狗）

　　　　碎石入流沙。（卒）

国荣洲《诗谜故事》

例（19）骑马可去。（大）

例（17）用了直接减笔。它是某香烟的广告，在广告画上作者还辅以红颜色、大大的黑体字来表示，非常醒目，引人注意。表面上，它少了一点，是错字；内里面却是通过直观地减少笔画"点"，表达了危害少一点的语意，可谓含而不露，令人思考。例（18）是间接减笔，"龛龙东去海"，即在"龛"字中减损"龙"，得到谜底"合"；"时日隐西斜"，

即在繁体字"時"字中减损"日"，得到谜底"寺"；"敬文今不在"，即在"敬"字中减损偏旁"攵"，得到"苟"，"苟"谐音为"狗"，"狗"是谜底；"碎石入流沙"，即在"碎"字中减损"石"，得到谜底"卒"。把这四个谜底汉字连起来，便是"合寺狗卒"，或者说，例（18）的意思则为：全寺的人都是狗东西。此例谜面似与骂人无关，却表达了骂人的语意，含而不露，令人思考。正因为表意含蓄，以至于寺里的和尚看到这首字谜歌谣，都不知其为何意。只有寺里的主持看到这首字谜歌谣，才说："这是在骂我们呢。"[①]这也从侧面证明了此例含蓄的修辞功能。例（19）"骑马可去"，是说要在"骑"字中减去"马"，再减去"可"，从而得到谜底"大"。例（19）看似通俗平常，却言此意彼，暗藏玄机，同样具有含蓄的修辞特征。

可以说，表意含蓄是减笔的重要修辞功能。

（二）构成字谜、猜谜字谜的功能

这里说的字谜，包括字谜歌谣。

例（20）早起见日出。（十）

刘二安、张松林《当代百家字谜精选》

例（21）倚阑干东君去也，

　　　　眺花间红日西沉，

　　　　闪多娇情人不见，

　　　　闷淹淹笑语无心。（门）

柳忠良《中华灯谜学》

例（20）"早起见日出"用了减笔，谜底是"十"。作者创作时，先选择一个被减损的汉字"早"，然后选择要减损的部件"日"，再选择表示减损义的汉字"出"，并将它们组合成谜面"早起见日出"，构成了一则运用减笔的字谜。这就是减笔构成字谜的功能。例（21）是字谜歌谣。据说，此谜是明代皇帝特召入京的谜语顾问杨景言创作的[②]，谜底为"门"。作者创作此谜时，先选择被减损的汉字"阑"，然后选择要减损的部件"東"和表减损义的汉字"去"，并以这三个汉字为基础形成"倚

---

① 国荣洲《诗谜故事》，晨光出版社，1999年第1版，130页。

① 柳忠良《中华灯谜学》，学苑出版社，2014年6月第1版，48页。

阑干東君去也"。此谜面中的"阑","门"字中间是个"柬"字，并不是"東"。但二者字形近似，为了表意的需要，作者选择了字形与之近似的"柬"作为要减损的部件。创作第二分句时，作者选择被减损的汉字"间"，然后选择要减损的部件"日"和表示减损义的"沉"，从而构成谜面"眺花间红日西沉"。其他两个分句，也是按照选择被减损的汉字、要减损的部件和表示减损意义的汉字的方法，然后构成谜面。这就是减笔的构成字谜歌谣的功能。

　　要猜解例（20），就要按照减笔的特点找出被减损的汉字"早"和要减损的汉字"日"，然后在"早"字中减损"日"，从而得到谜底"十"。这就是减笔猜解字谜的功能。猜解例（21）时，先要按照减笔的特点找出被减损的汉字"阑、间、闪、闷"和要减损的部件"柬、日、人、心"，分别在四个被减损的汉字中减损这四个相应的部件，从而得到每一个分句的谜底"门"。实际上，"门"也是例（21）的谜底。这同样体现了减笔的猜解字谜歌谣的功能。

　　据笔者观察，只有间接减笔具有构成字谜和猜解字谜的功能，而直接减笔既无构成字谜的功能，当然也没有猜解字谜的功能。

第四节　增　笔

　　增笔是一种独特的汉字修辞方式，它在一般言语作品中并不常见，却在字谜，尤其是字谜歌谣中大显身手，魅力不凡。

一、什么是增笔

　　增笔，是有意增加部件，以形成新的表意符号来达意传情的辞格。

　　例（1）镀金不锋利，

　　　　　有火煮鱼鸡，

　　　　　有水就模糊，

　　　　　有丝无杂质。（屯）

王德海《趣味字谜歌谣》

　　例（2）有女爱忌恨，

　　　　　有火好取暖，

有水到上海，

有手保平安。（户）

王德海《趣味字谜歌谣》

例（3）卢元明因戏之才云："卿姓是未入人，名是字之误，'之'当为'乏'也。"

李百药《北齐书·徐之才传》

例（1）是字谜歌谣，用了增笔。"镀金不锋利"，就是在"屯"字上增加"金"作为偏旁，变形为"钅"，构成"钝"，"钝"与"不锋利"语意相符；"有火煮鱼鸡"，即在"屯"字上增加"火"，构成"炖"，"炖"与"煮鱼鸡"语意相符；"有水就模糊"，即在"屯"字上增加"水"（变形为"氵"），构成"沌"，"沌"与"模糊"语意相符；"有丝无杂质"，即在"屯"字上增加"丝"作为偏旁，变形为"纟"，构成"纯"，"纯"与"无杂质"语意相符。从上面的分析中可见，例（1）的四个分句中的每个分句都要增加相应的部件，每一个分句都有一个共同的汉字"屯"，"屯"就是例（1）的谜底。例（2）也是字谜歌谣，同样用了增笔。"有女爱忌恨"，即在"户"字上增加"女"，构成"妒"，"妒"与"爱忌恨"语意相符；其余三个分句分别在"户"字上增加"火""水（氵）"和"手（扌）"，分别构成"炉""沪"和"护"，分别与"好取暖""到上海"和"保平安"语意相符。观察可见，四个分句有一个共同的汉字"户"，"户"就是谜底。同例（1）一样，例（2）中的每个分句都要增加某个部件，每个分句都是以一个共同的汉字为基础。例（3）不是字谜歌谣，也不是字谜。据说，徐之才"聪辩强识，有兼人之敏"，喜欢嘲弄别人。一次，他嘲讽王昕。卢元明因而嘲笑徐之才："名是字之误，'之'当为'乏'也"。"'之'当为'乏'也"用了增笔，意在嘲讽徐之才缺才。

二、增笔的特点

（一）增笔的本质特征是有意增加部件

有意增加部件，就是通过精心安排，以某个汉字为基础来增加部件。

例（4）有手气冲天，

有目集中看，

有页能代替，

有金木里钻。（丁）

王德海《趣味字谜歌谣》

例（4）用了增笔。"有手气冲天"，即在"丁"字上增加"手"（作为偏旁，变形为'扌'），构成"打"，"打"与"气冲天"语意相符；"有目集中看"，即在"丁"字上增加"目"，构成"盯"，"盯"与"集中看"语意相符；"有页能代替"，即在"丁"字上增加"页"，构成"顶"，"顶"与"代替"语意相符；"有金木里钻"，即在"丁"字上增加"金"（作为偏旁，变形为"钅"），构成"钉"，"钉"与"木里钻"语意相符。从上面的分析可见，例（4）中的每个分句都以"丁"为基础来增加部件，"丁"成了例（4）的谜底，且都用"有"来表示增加，都精心选择了要增加的部件，体现了有意增加部件的鲜明特征。

再如，例（1）、例（2）都体现了有意增加部件的特点，例（3）中的"'之'当为'乏'也"，同样是有意增加了部件。

有意增加部件，是增笔的重要特征，也是增笔不同于其他任何修辞手段的本质特征。

（二）增笔有三要素：表示增加义的汉字、作为增加基础的汉字和要增加的部件

1.必有表示增加义的汉字

例（5）多嘴不安静，

添金买万物，

吃力不讨好，

见火饭菜熟。（少）

王德海《趣味字谜歌谣》

例（5）用了增笔，谜底是"少"。"多嘴不安静"，即在"少"字上增加"嘴"（"嘴"会意为"口"），构成"吵"，"吵"与"不安静"语意相符；"添金买万物"，即在"少"字上增加"金"（作偏旁，变形为"钅"），构成"钞"，"钞"与"买万物"语意相符；"吃力不

讨好"，即在"少"字上增加"力"，构成"劣"，"劣"与"不讨好"语意相符；"见火饭菜熟"，即在"少"字上增加"火"，构成"炒"，"炒"与"饭菜熟"语意相符，例（5）中的"多、添、吃、见"四个汉字各有不同，其中的"添"是表示增加义的汉字，"多"本表数量大，在特定语境中表示增加义，"见""吃"更与增加的语义无关，但在特定的语境中同样表示了增加义。可见，例（5）中每个分句都有表示增加义的汉字。

观察更多的例证，可以发现，增笔中表示增加义的动词，用得最多的是"有"，如例（1）、例（2）等。同时还发现，有些原来不表示增加义的汉字，如"镀"等，在特定语境中也能表示增加义。

2.必有要增加的部件

例（6）有石海里见，

　　　　有草果儿弯，

　　　　有木打柴去，

　　　　有目能看见。（焦）

王德海《趣味字谜歌谣》

例（6）用了增笔，谜底是"焦"。"有石海里见"，即在"焦"字上增加"石"，构成"礁"，"礁"与"海里见"语意相符；"有草果儿弯"，即在"焦"字上增加"草"（以偏旁名"草字头"的"草"表示偏旁"艹"），构成"蕉"，"蕉"与"果儿弯"语意相符；"有木打柴去"，即在"焦"字上增加"木"，构成"樵"，"樵"与"打柴"语意相符；"有目能看见"，即在"焦"字上增加"目"，构成"瞧"，"瞧"与"看见"语意相符。综上可见，例（6）中的四个分句都以"焦"为基础，分别增加"石、艹、木、目"四个部件，这四个未出现的部件就是要增加的部件。再如，例（5）中的"口、钅、力、火"都是要增加的部件。

观察更多的语言事实，不难发现，凡是增笔都有要增加的部件。直接增笔也不例外，例（3）"'之'当为'乏'也"，"乏"字上的一撇就是要增加的部件。

3.必有作为增加基础的汉字

例（7）见水不浑，

　　　　日出则晴，

　　　　心挂情牵，

　　　　有言邀请。（青）

王德海《趣味字谜歌谣》

例（7）用了增笔，谜底为"青"。"见水不浑"，即在"青"字上增加"水"（变形为"氵"），构成"清"，"清"与"水不浑"语意相符；其余三个分句分别在"青"字上增加"日、心（作为偏旁，变形为"忄"）、言"，（作为偏旁，变形为"讠"）形成"晴、情、请"，且这三个汉字直接出现在谜面中。观察例（7）可知，例（7）中每一个分句都有一个共同的汉字"青"，都是以"青"为基础，在"青"字上增加别的部件。

观察更多的语言事实可见，凡是运用增笔的，一定有某个作为增加基础的汉字。如例（1）中的"屯"、例（2）中的"户"、例（4）中的"丁"、例（5）中的"少"都是作为增加基础的汉字；直接增笔也不例外，如例（3）"'之'当为'乏'也"中的"之"就是作为增加基础的汉字，"乏"正是在"之"字中增加一撇而成的。

增笔三要素与增笔的本质特征紧密相连，也是增笔的重要特征。

（三）增笔的语意关系是"有×就××"

为了进一步阐释增笔的特征，须谈谈增笔的语意关系。

例（8）有日常没云，

　　　　有水总不浑，

　　　　有人就美丽，

　　　　有目看得清。（青）

王德海《趣味字谜歌谣》

例（8）的谜底是"青"。"有日常没云"，即在"青"字上增加"日"，构成"晴"，"晴"与"常没云"语意相符；"有水总不浑"，即在"青"字上增加"水"（作为偏旁，变形为"氵"），构成"清"，"清"与"总不浑"语意相符；"有人就美丽"，即在"青"字上增加"人"（作为偏旁，变形为"亻"），构成"倩"，"倩"与"美丽"语

意相符，"有目看得清"，即在"青"字上增加"目"，构成"睛"，"睛"与"看得清"语意相符。从以上四个分句看，在"青"字上分别增加"日、氵、亻、目"，它们所形成的新的表意符号，分别与每一分句所表达的语意相符。这种语意关系，我们把它称作"有×就××"的语意关系。

"有×就××"的语义关系，对于区别貌似增笔却实非增笔的语言现象有重要作用。

例（9）原来杨修为人恃才放旷，数犯曹操之忌：操尝造花园一所；造成，操往观之，不置褒贬，只取笔于门上书一"活"字而去。人皆不晓其意。修曰"门内添活字，乃阔字也。丞相嫌园门阔耳。"……操虽称美，心甚忌之。

罗贯中《三国演义》（第七十二回）

笔者曾认为此例用了增笔[1]，现在看来，这种看法是不正确的。表面上看，例（9）中有"添"字，似乎表增加义；内里面讲，例（9）并没有"有×就××"的语意关系，"门""活"只是拆字所拆分出来的两个部件，按照拆字的接受规律，把"门、活"组合起来，便是"阔"字。"阔"就是曹操所表达的语意。就是说，此例应为拆字，而非增笔。

三、增笔的类型

增笔可以分为直接增笔和间接增笔。

（一）直接增笔

直接增笔，就是在某个汉字上直接增加部件，构成新的表意符号的修辞现象。

例 （10）好又多

例（11）風流宛在

例（10）是在杂志上看到的一个例证。在"多"字上直接增加"夕"，实则成了一个并不存在的汉字，作者以直接增笔这种特别的方式来表示非常多，直观具像。例（11）中的"在"字用了直接增笔。例（11）是清光绪年间两江总督刘坤一为欧阳修题写的横匾。作者在"在"字上增加笔画"、"，同时在"流"字中减少笔画"、"，用了直接减

---

[1]曹石珠《汉字修辞学》，西安出版社，2004年1月第1版，150页。

笔。此例中直接增笔与直接减笔相互配合，有趣地表达了风流一点也没少的语意，可谓表意直观，也很含蓄。

这类增笔非常特别。用一般的观点看，例（10）、例（11）中的增笔是错字。但以修辞的观点看，又不能对它们以错字视之。同时，就笔者的视野所及，例（10）、例（11）这类例证较为少见，这或许与这类增笔的特点不无关系。

（二）间接增笔

间接增笔，是让读者或猜谜者通过联想、想象悟出新的表意符号的修辞现象。

> 例（12）有雨响隆隆，
>
> 　　　　有力非女性，
>
> 　　　　有草不是草，
>
> 　　　　有框笔画描。（田）

王德海《趣味字谜歌谣》

例（12）"有雨响隆隆"，即在"田"字上增加"雨"变形为（" "），构成"雷"，"雷"与"响隆隆"语意相符；"有力非女性"，即在"田"字上增加"力"，构成"男"，"男"与"非女性"语意相符；"有草不是草"，即在"田"字上增加"草"（指偏旁"艹"），构成"苗"，"苗"与"不是草"语意相符；"有框笔画描"，即在"田"字上增加"框"（"画"字的外框"凵"），构成"画"，"画"与"笔画描"语意相符。在例（12）中，作为增加部件的基础的汉字"田"并没有出现，读者需要通过联想、想象才能悟出以"田"字为基础，增加"雨、力、艹、凵"之后所形成的新的表意符号"雷、男、苗、画"。

需要特别说明的是，"雷、男、苗、画"并不是谜底。猜谜者要找的谜底是作为它们增加基础的那个汉字"田"。

据笔者观察，间接增笔非常丰富。如例（1）、例（2）、例（4）、例（5）、例（6）等，都是间接增笔。

四、增笔的功能

增笔的功能表现为修辞功能、构成字谜和猜解字谜的功能。

（一）修辞功能

增笔的修辞功能主要表现为含蓄。

例（13）有水泡泡多，

　　　　有草可制茶，

　　　　有禾做饲料，

　　　　有手涂和擦。（末）

王德海《趣味字谜歌谣》

此例谜底是"末"。"有水泡泡多"，即在"末"字上增加"（氵）"，构成"沫"，"沫"与"泡泡多"语意相符；"有草可制茶"，即在"末"字上增加"草"（作为偏旁变形为"艹"），构成"茉"，"茉"指"茉莉"，与"可制茶"语意相符；"有禾做饲料"，即在"末"字上增加"禾"，构成"秣"，"秣"与"做饲料"语意相符；"有手涂和擦"，即在"末"字上增加"手"（作为偏旁，变形为"扌"），构成"抹"，"抹"与"涂、擦"语意相同。从语意关系看，每一个分句都具有"有×就××"的语意关系，表达自然；而从谜面表达谜底的角度看，却又含而不露，令人思考。

字谜歌谣中的间接增笔都例（13）这样的修辞功能。

据笔者观察，某些直接增笔也有表意含蓄的修辞功能。

（二）构成字谜、猜解字谜歌谣的功能。

这里所说的字谜，包括字谜歌谣。

例（14）有虫花丛舞，

　　　　有犬爱爬树，

　　　　有火饭烧焦，

　　　　有水像水库。（胡）

王德海《趣味字谜歌谣》

例（14）的谜底为"胡"。"有虫花丛舞"，即在"胡"字上增加"虫"，构成"蝴"，"蝴"指"蝴蝶"，与"丛中舞"语意相符；其他三个分句都是以"胡"为基础，在这个汉字上分别增加"（犭）犬、火、水（氵）"，分别构成"猢、煳、湖"，与它们所在分句中的语意相符，构成了"有×就××"的语意关系。创作字谜时，作者将"蝴"拆分成"虫、胡"，将"胡"作为谜底，将"虫"作为要增加的部件，与表示增加义的汉字和相关词语一同呈现出来，这样就形成了"有虫花丛舞"这句运用增笔的谜面。如要形成字谜歌谣，可按此方法形成四个分句；也可以只有一个分句运用增笔，其他三个分句则可以从语意方面描写谜底，形成四个分句即可。这就是增笔构成字谜歌谣的功能。例（14）表面上像是陈述事实，内里面却谜意浓郁，自然天成。

需要强调的是，运用增笔，只要一句话就能形成字谜。如例（14）中的每一个分句都是一则字谜。

要猜解例（14），同样要运用增笔。根据增笔三要素的特点及"有×就××"的语意关系，找出表增加义的汉字及要增加的部件，通过联想、想象悟出作为增加基础的汉字，也就找出了谜底。据此，在例（14）第一分句中，找出表增加义的汉字"有"和要增加的部件"虫"，结合谜面进行联想、想象，就能准确悟出作为增加基础的汉字"胡"，"胡"就是谜底。例（14）中的其他分句，同样可以按照这种方法解谜。这就是增笔猜解字谜歌谣的功能。

据笔者观察，直接增笔一般都没有构成字谜的功能，当然也就不可能有猜解字谜的功能。

第五节　借　形

借形虽然不能像拆字等汉字辞格那样能构成字谜和字谜歌谣，却在对人或物的描写上具有独特魅力。

一、什么是借形

借形，是借助汉字的形体或拼音字母的形体来写人状物的辞格，也是一种以汉字的外观形体为材料的修辞现象。

例（1）但是没有客人；只有小栓坐在里排的桌前吃饭，大粒的汗，从额上滚下，夹袄也贴住了脊心，两块肩胛骨高高凸起，印成一个阳文的"八"字。

鲁迅《药》

例（2）她走到一张桌子前，从一个大药瓶下取出一个折成"又"字的条子，看了一下上面写的名字，惊讶地问我："你姓'再'？还有姓'再'的吗？"

刘心武《银锭观山》

例（3）竹子长得很盛，满枝儿"个"字，拂动起来，泠泠地响。

贾平凹《空谷箫人》

例（1）中的"八"是借形。通过借形，以"八"这个字的外观形体来描写"小栓"的两块"高高凸起"的肩胛骨，形象具体，表意切当。例（2）用汉字"又"的外观形体描绘外形相近的纸条，形象具体，也很恰当。例（3）用汉字"个"的外观形体描写形体相近的竹叶，描写贴切，形象具体。

综上可见，借形是利用汉字等的外观形体来描写形体相近的人或物，是一种非语言要素构成的辞格。

二、借形的特点

借形的特点表现为多个方面。

（一）以形写人状物，不利用字义

以形写人状物就是以汉字的形体来描写人或物，却不利用汉字本身的字义。

例（4）她勇敢地问："喜欢我吗？"他回答了，但没有声音，也没有言语。……只做了个吕字。

周立波《山乡巨变》

例（5）吾于毛泽东亦云然。人字形的短发分排在两鬓，目光谦抑而潜沉，脸皮嫩黄而细致，说话的声音低而委婉。

郭沫若《创造十年续编》

例（4）中"只做了个吕字"是借形，它利用汉字"吕"的外观形体描写了一男一女两口相吻的情形，形象生动具体，令人联想，同时还有含蓄的修辞效果。从表义上看，"吕"字：一是名词，意为脊骨；二是我国古代音乐十二律中的阴律，总称六吕；三是姓氏用字。而例（4）中的"吕"字，却与"吕"字的字义毫不相干，它只是利用"吕"字具有两个口的形体特点，描写一男一女两口相吻的情形。可见，例（4）中的借形只是以字形描写人，不涉及字义。例（5）中"人字形的短发"构成了借形，此处以汉字"人"的外观形体来描写青年毛泽东的短发从中间分开两边的形体，形象具体，非常贴切。从表义上看，"人"意为"能制造工具并使用工具进行劳动的高等动物"。观察例（5）可知，其中的"人"字并非体现"人"字的字义，而是用"人"字的外观形体来描写毛泽东的发型，并不利用"人"字的字义。

观察前面分析过的例证，不难发现，例（1）是用"八"字的外观形体写人，例（2）、例（3）分别用"又""个"等汉字的外观形体状物，都具有只利用字形写人状物，却不利用字义的特点。

笔者认为，只利用字形写人状物，却不利用字义是借形的重要特征，也是借形区别于其他修辞方式的本质特征。

例（6）夜里和旅客睡在一个大炕上，舒服得脚手大字摆开，如躺在热水盆里。

贾平凹《宜君记》

例（6）中"大字摆开"中的"大"用了借形，而"大炕上"中的"大"却不是借形。比较可知，例（6）中"大字摆开"是用汉字"大"的外观形体描写人物睡觉时脚手摆开的姿势，是只利用字形来描写人物，却不利用字义的借形；而"大炕上"中的"大"，表达了"炕"的面积超过了一般的对象，与"小"相对，同时"大炕上"的"大"也没有利用字形对"炕"进行描写，就是说，"大炕上"的"大"，是"大"这个汉字的一般用法，与借形无关。

可见，把握利用字形写人状物的特点，对于区分貌似借形而实非借形的修辞现象，非常重要。

（二）在借形的汉字之前运用修饰、限制成分，可使借形的表达效果更好

例（7）有两只小山鸡争着饮水，蹬翻了小碗，往青石板上一跑，满石板上印上许多小小的"个"字。

杨朔《泰山极顶》

例（8）总之是这胡子又长起来了，我想照例的剪短他，先免得沾汤带水。于是寻出镜子，剪刀，动手就剪，其目的是在使他和上唇的上缘平

齐，成一个隶书的一字。

鲁迅《说胡须》

例（7）中的"个"字，是借形。其中的"许多"从数量上限制"个"，"小小"是以形容词"小"的重叠形来修饰"个"，通过修饰和限制"个"，把小山鸡印在青石板上的足印描写得生动传神、形象具体，比单独用"个"的修辞效果更佳。例（8）中的"一"是借形，其中的"隶书"是修饰成分，正是通过用了修饰成分的借形，令人联想到隶书的蚕头燕尾，比单纯的借形更形象生动，更加传神。

再如例（1）中的"阳文"，也是修饰成分。阳文，即表面突起的文字。用"阳文的'八'字"比用单纯的"八"字描写"高高凸起"的"两块肩胛骨"更加贴切，也更传神。

（三）所利用的汉字一般都笔画较少、形体简单

例（9）一条坐北朝南的长可四丈、宽约丈半的长方形的房子，正整地是一个"一"字形，中间隔成了五六间房间，有书斋，有客厅，有茶室，有厨房，有儿女们的用功室，是所谓"麻雀虽小而肝胆俱全"的。

郭沫若《鸡之归去来》

例（10）老栓正在专心走路，忽然吃了一惊，远远里看见一条丁字街，明明白白横着。

鲁迅《药》

例（11）十字街口的人的旋涡里，浮的浮，沉的沉，有的发了横财，有的折了老本。

贾平凹《十字街菜市》

例（9）中的"一"是借形，具体地描写了房子的外形，虽然简单，但很恰当。而"一"却只有一画，是最简单的汉字。例（10）中的"丁字街"是借形，恰当地描写了这条街的形貌，而"丁"字也只有两画，是笔画少、形体简单的汉字。例（11）中的"十字街"是借形，"十"字同样是笔画少、形体简单的汉字。

再如例（1）中"八"、例（2）中"又"、例（3）中"个"、例（5）中"人"等，都是笔画较少、形体简单的汉字。

在特殊情况下也有笔画较多的汉字。如"国字脸""金字塔"都是借形，其中的"国""金"笔画较多，但它们的外形很有特点，因此也常用作借形。

（四）同一个汉字可以用来描写不同的人或物

例（12）庄木三一面招呼，一面就坐，将长烟管倚在船边；爱姑便坐在他左边，将两只钩刀样的脚正对着八三，摆成一个"八"字。

鲁迅《离婚》

例（12）中的"八"是借形。此处的"八"描写的是爱姑的两只脚摆放的姿势。而例（1）中的"八"描写的是小栓的肩胛骨。此外，"八"字还可以描写人的其他部位：如"八字胡""八字眉""八字脚"等。总之，只要是与"八"字的形体相似的人或物，那么就可以用"八"字对它进行描写。

再如例（3）中的"个"，描写的是竹叶，例（7）中的"个"，描写的是小山鸡的足印，也是相同的汉字描写不同的事物。

据笔者观察，同一个汉字可以描写不同的人或物，绝不是个别现象。应该说，这是借形的特点的具体体现，只要某个汉字与它所要描写的人或物在形体上相似，就可以用这个汉字来描写。

（五）可以利用拼音字母

客观地说，拼音字母并不是汉字，但从运用的角度看，它似乎已成了汉字的一部分。因此，利用拼音字母来修辞，也就成了顺理成章的事。

例（13）"给我？真的？马先生？"她的两只小眼睛都睁圆了，薄片嘴也成了大写的"O"……

老舍《二马》

例（14）拢共两条巷道，其实连在一起，是个"U"形。屋舍相对，门对着门，窗对着窗……从东往西，从西往东，茅屋撑得最高的，人字形搭得最起的，要算是我的家了。

贾平凹《静虚村记》

例（13）中"O"是拼音字母构成的借形，描写了"她"大大地张开、成了圆形的口形，生动形象，贴切传神。例（14）中"U"是拼音字母构成的借形，描写了两条互相面对的街道，形象具体。同时，"人字形"是汉字构成的借形，以描写茅屋顶的形状，同样具有形象具体的修辞效果。

需要特别说明的是，我们讲的借形与陈望道讲的借形不同，二者是名同实异。陈望道所说的借形，是"一种借形应境法"[1]；我们所说的借形，是"一种借形描绘之法"[2]。

三、借形的修辞功能

借形的修辞功能表现在两个方面。

（一）形象具体

以借形写人或状物时，能给人以形象具体的感受。

例（15）羿并不勒着马，任它跑着，一面却也拈弓搭箭，只一发，只听铮的一声，箭尖正触着箭尖，在空中发出几点火花，两枝箭便向上挤成一个"人"字，又翻身落在地上了。

鲁迅《奔月》

例（16）满天都是星光，火把也亮起来了。从山脚向上望，只见火把排成许多"之"字形，一直连到天上，跟星光接起来，分不出是火把还是星星。这真是我生平没有见过的奇观。

陆定一《老山界》

例（15）中的"人"构成了借形。此例以"人"的形体来描写"两枝箭便向上挤成"的形状或说两箭相触的状态，形象具体，令人"唤起了一定的具体的影像"[3]。例（16）中的"之"构成了借形，此例以"许多'之'字形"来描写许多火把在蜿蜒曲折的山路上形成的像"之"字的形状似的光带，描写形象，具体生动，令人有影像感。同时，此例还通过描写光带的"之"字形，暗含了对九弯十八拐的崎岖山路的描写，表意含蓄。

前面分析过的那些借形，都具有形象具体的修辞效果。

（二）经济简省

例（17）一到夏天，睡觉时她又伸开两脚两手，在床中间摆成一个"大"字，挤得我没有余地翻身，久睡在一角的席子上，又已经烤得那么

---

[1] 陈望道《修辞学发凡》，上海教育出版社，1979年9月新1版，146页。

[2] 曹石珠《汉字修辞学》，西安出版社，2004年1月第1版，157页。

[3] 陈望道《修辞学发凡》，上海教育出版社，1979年9月新1版，70页。

热。推她呢，不动；叫她呢，也不闻。

鲁迅《阿长与〈山海经〉》

例（18）老子那么年纪，扳了电闸，皮带带动一扇石磨，哗哗地飞转，泥堆上去，双手往上拥，往上拥，捏个窝儿，手趁泥，泥趁手，泥管儿眨眼长上来，手便伸进去，泥要长即长，欲圆便圆，立即便是▽形的盘儿碗儿，O形的罐儿盆儿，S形的瓶儿壶儿，似乎已不是在下苦了，而是在表演魔术哩。

贾平凹《陈炉》

例（17）中"摆成一个'大'字"是借形，用汉字"大"的形体描写阿长张开双脚双手、仰面朝天的睡相，经济简省。例（18）用拼音字母"O""S"分别描写外形相似的罐儿盆儿、瓶儿壶儿的泥坯，经济简省。假如不用拼音字母，而用汉字来描写这种形状的泥坯，也不是不可以，但是，那就要费不少的文字。此外，其中的"▽"是以图形构成的借形，同样是经济简省。客观地说，像例（18）这类借形比较少见。

再如前面分析过的借形，大都具有经济简省的修辞功能。

仔细观察可知，借形的形象具体、经济简省的修辞功能并不是截然分开的；在大多数情况下，特定语言事实中的借形常常同时具备形象具体和经济简省这两项功能。

第二章　标点辞格和图符辞格

　　标点辞格是以标点符号为利用材料而构成的辞格；图符辞格是以图形和符号为利用材料而构成的辞格。标点辞格和图符辞格都是非语言要素辞格，都是形貌修辞。

　　标点辞格与图符辞格，利用的材料各不相同，为了控制篇幅，特将它们合为一章。

　　相对来说，标点辞格较为丰富，主要包括独用标点、递加标点、叠用标点[1]等；图符辞格则不那么丰富，主要包括插用图形、插用符号[2]等。本章将讨论独用标点和插用符号这两种非语言要素辞格。

第一节　独用标点

　　独用标点是一种形貌修辞。它难以口耳相传，只能诉诸视觉，却无声胜有声，在表情达意方面具有独特的魅力。

一、什么是独用标点

　　独用标点是标点符号独立充当句子成分或独立成句，以追求特定表达效果的辞格。

　　独用标点也可以叫作标点独用，是标点符号的一种超常用法。

　　例（1）这两年教育经费紧张，农村中小学究竟怎样运转，心中总是一个"？"，往乡下一跑，才真正感到，他们的日子过得忒难。

刘际雄《学校怎么过日子》

　　例（2）"喝什么酒？"欧阳天风看了武端一眼，跟着把全副笑脸递

---

　　[1] 曹石珠《形貌修辞学》，湖南师范大学出版社，1996年6月第1版，125—192页。

　　[2] 曹石珠《形貌修辞学》，湖南师范大学出版社，1996年6月第1版，101—124页。

给了赵子曰。——"？"

"不喝！"赵子曰仰着脸看喷出的烟。

老舍《赵子曰》

例（1）中的"？"直接进入句子，充当分句的宾语，引人注目，新颖有趣，比"心中总是一个问号"这样的表达更有魅力。例（2）中的"？"单独构成了句子。在特定的语境中，独立成句的"？"表达了"询问"之类的语意，既新颖别致，又在形貌上引人注目，令人联想到表达者的神态。

认真观察例（1）、例（2）可知，它们同是标点独用，但又有不同之处：例（1）是"？"进入句子充当句子成分，例（2）中的"？"则是单独构成了句子。

二、独用标点的特点

独用标点的特点，主要表现为四个方面。

（一）本质特征是独立运用

独用标点的特点是多方面的，但本质特征只有一个，那就是像词语一样独立运用。

例（3）下部：阳光黑洞篇——未来，一个巨大的"？"

何建明《生死一瞬间——自然灾害备忘录》

例（3）是《生死一瞬间——自然灾害备忘录》第二部分的标题。其中的"？"具有引人注目、引人联想的修辞作用。在例（3）中，"？"不是句末标点，不是表示停顿，也不是表示疑问语气，它直接进入句子，充当宾语。可以说，这里的"？"已经像词语一样独立运用了。独立运用，就是独用标点的本质特征。

再如，例（1）中的"？"独立充当句子成分，例（2）中的"？"独立成句，都体现了独立运用的本质特征。

（二）表达特定的言语信息

这里所说的表达特定的言语信息，是指标点符号表达了与停顿、语气等完全不同的言语信息。

例（4）我想给许许多多关注社会问题的人提出一个"？"，引起一个"！"，寻找一个"。"。

这就是本文的目的。

刘汉太《中国的乞丐群落》

例（4）是独用标点。其中的三个句末点号不是表示停顿和语气，而是表达特定的言语信息。在特定的语境中，"提出一个'？'，引起一个'！'，寻找一个'。'"，表达了提出"问题"，引起"关注"，寻找"答案"这样的言语信息。观察可见，通过独用标点来表达特定的言语信息，比用词语来表达更加引人注目，且表意更含蓄，更富有魅力！

再如例（1）、例（2）、例（3）中的独用标点，都不是表示停顿和语气，而是像词语一样表达特定的言语信息。

（三）能独立运用的标点符号，主要是句末点号，有时也独用省略号这种标号

据笔者观察，并不是每一个点号、标号都可以独立运用，真正能够独立运用的主要是句末点号，有时也独用省略号这种标号。

例（5）一、！

………

二、？

………

三、？！

………

《严重的教训在哪里？——记一个学习尖子的毁灭》

例（6）"家里还有什么人呢？"

"爹娘、弟弟、妹妹，还有一个姑姑也住在家里。"

"你还没有娶媳妇吧？"

"……"他飞红了脸，更加忸怩起来，两只手不停地摸着皮带上的扣眼，半晌才低下了头，憨憨地笑了一下，摇了摇头。

茹志鹃《百合花》

例（5）是《严重的教训在哪里？——记一个学习尖子的毁灭》这篇报告文学中三个部分的标题。以三个独立运用的点号分别表达了悲剧令人震惊、形成悲剧的原因和深刻的教训，既引人注目，又含而不露，引令人联想，耐人寻味。在例（5）中，独立运用的是句末点号"？""！"。

例（6）中"……"，作为对"你还没有娶媳妇吧"的回答，可谓无言胜有言，表意恰当，含而不露。在例（6）中，独立运用的是标号"……"。

再如例（1）、例（2）、例（3），其中独立运用的都是句末点号"？"，例（4）中独立运用的则是句末点号"？""！""。"。

可以说，能独立运用的标点符号主要是句末点号"。""！""？"，有时也用标号"……"。

（四）独用标点还可以与其他标点修辞综合运用

例（7）！！！——张海迪的事迹令人惊叹。

　　？？？——张海迪的事迹叫人沉思。

　　　　　　　　　　曹宪文《一个人到底有多大的潜力？》

例（7）是《一个人到底有多大的潜力？》开头的两句话。其中的"！！！""？？？"既引人注目，又含意丰富，引人联想。而其中的独用标点，同时又分别是三个叹号的叠用、三个问号的叠用，也可以说是独用标点与叠用标点[①]的综合运用。

再如例（5）中的"？！"，也是独用标点与叠用标点综合运用。

此外，独用标点多用于文学作品中，不能用于公文语体。

三、独用标点的修辞功能

例（8）司长："老高，你们的目的看来是要跨河东进，建个新车间，彻底改变目前生产的布局，是吗？"

"是的！"高树回答得很干脆。

"能不能气魄更大一点？"

"……"高树愕然。

"搞一个配套的大工厂，使你们厂翻一番"

"！"高树怦然心动。

"不过，国家不给你们人民币。"

"？"高树惊讶。

"你们可以用美元！"

---

　　① 曹石珠《形貌修辞学》，湖南师范大学出版社，1996年6月第1版，142页。

"！！"高树的呼吸急促起来。

张兵《事业之树》

例（9）言外之意好像是等你头发全部雪白，腰弯得像是"？"一样……那时候再申请退休也还不迟。

梁实秋《退休》

例（8）对话中的一方的状态主要是通过独用的标点符号来体现的，它跌宕起伏、戏剧性地表现了高树"自信→惊愕→心动→惊讶→激动不已的心理"①活动。从修辞上看，一是引人注目。通过几个独用的标点符号，给人以独特的视觉形象，也很新颖。二是表意含而不露。例（8）中独用的标点符号，不是直白地表达言语信息，而是让人在特定的语境中通过联想、想象来体会其中的语意，含蓄而耐人寻味。例（9）不用"问号"而用"？"，构成了独用标点，表意直观形象，更为引人注目。

综观其他的例证，我们可以说，凡是独用标点，大都具有引人注目、表意含蓄的修辞功能。

第二节 插用符号

插用符号，也是一种形貌修辞。如果口耳相传，它与单纯的语言表达没有什么区别；倘若眼看目赏，它则比单纯的语言表达更有魅力。

一、什么是插用符号

插用符号，是将数学符号等非语言符号用于句子中，以追求特定表达效果的辞格。

例（1）这时新的才子＋佳人小说便又流行起来，但佳人已是良家女子了，和才子相悦相恋，分拆不开……

鲁迅《上海文艺之一瞥》

例（1）中"＋"是插用符号。从表意上看，数学符号"＋"与语言符

---

① 曹石珠《形貌修辞学》，湖南师范大学出版社，1996年6月第1版，136页。

号"加"完全相同，且二者在语音上也无不同；但在视觉上却给人不一样的感觉，体现了数学符号的直观性，也可以叫作引人注目。

二、插用符号的特点

插用符号的特点主要有三方面。

（一）用符号表意

这里所说的用符号表意中的符号，是指不同于语言符号的别的符号。

例（2）吴盟初《看病＝花钱撞大运？》

《新民晚报》（2008年4月11日）

例（3）单守庆《药膳≠食物＋药物》

《健康文摘》（2008年10月29日）

例（2）中，数学符号"＝"所表达的语意是"等于"，且表意直观。例（3）中，数学符号"≠"所表达的语意是"不等于"，数学符号"＋"所表达的语意为"加"，且表意明确、直观。

再如，例（1）、中的插用符号也表达了明确的语意，并且具有直观性的特点。

可以说，用符号表意是插用符号的本质特征。

进一步观察可知，例（2）中的"＝"与"等于"语意完全相同，例（3）中的"≠"与"不等于"、"＋"与"加"语意完全相同，或者说，其中的数学符号与相应的语言符号完全等义。那么，为什么不用语言符号却要用数学符号呢？笔者以为，之所以这样来运用，正是为了修辞。正是修辞求新求异的特征促使人们在语言运用中恰当地使用某些数学符号。

（二）插用符号所利用的材料，不只是数学符号

据笔者观察，插用符号所利用的符号，虽然以数学符号最为常见，但又不仅仅是数学符号，如音乐符号、化学符号、地理符号等，也是插用符号这种修辞现象所利用的材料。

例（4）祖慰《扬弃与⌢》

例（4）是一篇报告文学的标题。其中的"⌢"是音乐符号，其意为"自由延长"。

此外，插用符号所利用的符号虽以数学符号最为常见，但不是所有的数学符号都可以作为修辞利用的材料。据笔者观察，常被利用

的数学符号主要是关系符号"="、"≠"、"＜"、"＞"等和运算符号"＋"、"－"、"×"、"÷"等。

（三）插用符号中的符号可以单用，也可以合用

所谓单用，就是一个符号单独运用；所谓合用，就是两个或两个以上的符号配合使用。

例（5）《新闻1+1》

例（6）看时下南北小剧场，一半是"恶搞+段子"，一半是"言情+段子"……

《文汇报》（2009年11月24日）

例（7）我写作或读作品，为了体验一下超出我想象的别人的人生，我有个新的寿命算法：一个人一辈子活上八十岁了不得了，倘若在这一辈子又能体验一两千个别人的而有趣的人生，岂不成了真正的2000×80=超"万岁爷"了？

祖慰《赫赫而无名的人生》

例（5）是央视总台一档深度时事新闻评论对话栏目的名称。其中，只用了一个数学符号"＋"，是单用。例（6）中的"恶搞+段子"、"言情+段子"二者都是单用数学符号"＋"，也是单用。

再如例（1）、例（6）等，都是一个符号的单用。而例（7）却不一样。例（7）是"×"、"="这两个数学符号的配合使用，即合用。

再如，例（3）也是几个符号配合使用，即合用。

观察可见，几个符号的配合使用可以表达更复杂的语意。

三、插用符号的修辞功能

例（8）张志海《新闻≠宣传》

《文摘报》（2008年11月20日）

例（9）积七八十年之经验，我得到了下面这个公式：天资+勤奋+机遇=成功

季羡林《成功》

例（8）用了插用符号。不用"不等于"这种语言符号，而用数学符号"≠"，其表意更简练，并且发挥了数学符号直观性的特点，具有引人注目的视觉效果和新颖有趣的特色。例（9）是三个数学符号的配合使

用。表意精练，且引人注目，新颖而有趣。

此外，例（8）是在文章的标题上插用符号，能产生激发读者阅读兴趣的作用。

第六编　语言要素修辞、非语言要素修辞综合运用

　　语言要素修辞，就是以语言要素为材料的修辞现象，包括一般性语言要素修辞和语言要素辞格；非语言要素修辞，就是以非语言要素为材料的修辞现象，包括一般性非语言要素修辞和非语言要素辞格。

　　语言要素修辞、非语言要素修辞综合运用，既有二者各自独立的综合运用，又有二者合在一起的综合运用。它们不是一加一等于二，而是一加一大于二。据笔者观察，语言要素修辞、非语言要素修辞综合运用，包括三个方面的内容：语言要素修辞综合运用、非语言要素修辞综合运用以及语言要素修辞与非语言要素修辞综合运用。

第一章 语言要素修辞综合运用

在特定的语言片段中，同时出现两种相同或不同的语言要素修辞现象，就是语言要素修辞综合运用。

据笔者观察，在特定的语言片段中语言要素修辞综合运用是普遍的现象，而绝非个别的情况；同时，辞格虽然在语言要素修辞综合运用中占有重要地位，但语言要素修辞的综合运用不仅仅是辞格的综合运用。我们所说的语言要素修辞综合运用，既包括语音修辞、词汇修辞和语法修辞综合运用，还包括辞格与辞格的综合运用，辞格与语音修辞、词汇修辞以及语法修辞的综合运用。

语言要素修辞综合运用，内容丰富，情况复杂，要把它们综合起来分成简单的类型，并非易事。如果从辞格和一般性语言要素修辞两个方面来分类，那么情况就完全不同了。已有的研究表明，辞格与辞格的综合运用主要表现为三种类型：连用、兼用和套用。笔者赞成这种分类。观察大量的语言事实可知，辞格与辞格的综合运用以辞格的连用最为丰富。从理论上讲，几乎每一种语言要素修辞都可以连用，但在实际运用中也会因为作者的兴趣爱好或个人的修辞素养的不同而呈现出不尽相同的现象。相对于辞格的连用来说，辞格的兼用、套用相对要少一些，这既与兼用、套用的特点有关，也与作者的兴趣爱好以及作者的个人的修辞素养有关。而一般性语言要素修辞也可以分为三种类型：语音修辞、词汇修辞和语法修辞。相对来说，词汇修辞的现象最为纷繁复杂；语音修辞虽然类型并不复杂，却常常出现在辞格综合运用的言语作品中；语法修辞现象则相对少些。

为了阐述的方便，本章将以辞格与辞格综合运用为主线，重点讨论比喻与比喻连用、排比与层递兼用以及对比套用比喻，对于一般性语言要素修辞，如语音修辞等，将就便指出，一并分析。

第一节　比喻与比喻连用

辞格的连用的当然不仅限于比喻，还如比拟、反复、排比等都有连用的语言事实。同时，既有同类辞格的连用，如设问与设问连用，反问与反问连用等，也有异类辞格的连用，如设问与反问连用，反复与排比连用等。本节只讨论比喻与比喻连用。

一、什么是比喻与比喻连用

在特定的语境中，接连运用两个或两个以上的比喻，这种现象就是比喻与比喻连用，也叫连用的比喻。

例（1）美丽的草原我的家

　　　　风吹绿草遍地花

　　　　彩蝶纷飞百鸟儿唱

　　　　一弯碧水映晚霞

　　　　骏马好似彩云朵

　　　　牛羊好像珍珠撒

火华《美丽的草原我的家》（歌词）

例（2）野花遍地是：杂样儿，有名字的，没名字的，散在草丛里，像眼睛，像星星，还眨呀眨的。

朱自清《春》

例（3）离开渔船，走上堤岸，只见千百条水渠，像彩带似的，把无边无际的田野，划成棋盘似的整齐方块。那沉甸甸的稻谷，像一垄垄金黄的珍珠；炸蕾吐絮的棉花，像一厢厢雪白的珍珠；婆娑起舞的莲蓬，却又像一盘盘碧绿的珍珠。

谢璞《珍珠赋》

例（1）是一段歌词。此例中"骏马好似彩云朵"是明喻，"牛羊好像珍珠撒"也是明喻，合起来看，是比喻与比喻连用。从修辞上讲，此例在描绘了草原的草肥水美、蝶飞鸟鸣、鲜花遍地的美丽画卷之后，再连用两个比喻，把美丽的草原描绘得形象生动，美不胜收，很有画面感，令人印象深刻。从一般性语言要素修辞看，其中的动词"映"有点睛之妙，而"好似""好像"词异意同，有变化之美。其中的"彩云朵"是"朵朵彩云"，这样写是为了凸显歌词的节奏感；"珍珠撒"即"播撒的珍珠"，这样写是为了押韵，"家""花""霞""撒"的韵腹、韵尾相同，是押韵。再加上这段歌词结构相对，音节匀称，富有节奏感，增加了歌词的音乐美。可以说，例（1）中比喻与比喻连用，同时兼具词汇修辞和语音修辞，非常有特色。例（2）把遍地的鲜花一先一后地比喻成眼睛、星星，是比喻与比喻连用。从修辞上讲，例（2）连用两个比喻，把原本形象具体的野花描绘得生动活泼，颇有情趣，令人展开丰富的联想。此外，"像眼睛，像星星"，音节整齐匀称，增添了语言的音乐美。可见，例（2）是比喻的连用，同时兼有语音修辞。例（3）连用"彩带""棋盘""金黄的珍珠""雪白的珍珠""碧绿的珍珠"等五个喻体分别比喻"水渠""整齐方块""稻谷""棉花""莲蓬"等五个本体，把丰收在望的广袤田野描绘得五彩缤纷，形象生动，既赏心悦目，又引人联想。此外，例（3）中的后三个比喻言语结构相同，音节整齐匀称，同样增加了语言的音乐美。综合起来看，例（3）也是比喻的连用，同时又有语音修辞。

据笔者观察，比喻与比喻连用，常常伴有一般性语言要素修辞。

从比喻与比喻连用所处的语境看，例（1）是歌词的一部分，例（2）是一个复句，例（3）是一个比较长的复句。可以说，这几个例证都可以看作一个特定的语言片段。

笔者认为，特定的语言片段还应该包括一个句群，也可以是一两个句子构成的自然段。总之，所谓特定的语言片段是一个模糊概念。

二、比喻与比喻连用的特点

比喻与比喻连用的特点主要有三个方面。

（一）一个比喻接一个比喻，先后连用

例（4）山风呀，

　　　成了进军的喇叭；

　　松涛呀，

　　　成了庆功的唢呐。

　　漫山遍野哟，

都为咱吹吹打打。

郭小川《大风雪歌》

例（5）小久儿丑相：塌鼻梁子扇风耳，麻酱色的头发。唯有那双眼五官独尊，挺有瞧头。眼睛不大却圆，滴溜。像两颗黑葡萄，灵气四溢。这双眸子既不随他爸，也不像他妈，好似天外两颗流星落地，溅到小久儿脸上。

肖克凡《远的星》

例（4）用"喇叭"比喻"山风"，用"唢呐"比喻"松涛"，是比喻与比喻连用。从两个比喻的关系看，二者不是互相融合，也不具有包含关系，而是一个比喻接着一个比喻的关系，即一先一后的连用关系。例（5）用"黑葡萄"比喻"眼睛"，用"流星"比喻"眸子"，是两个比喻连用。而从这两个比喻的关系看，二者既非相互融合，也非一个比喻包含另一个比喻的关系，而是一先一后接连运用的关系。

再如前面分析过的那些例证，其中的比喻连用都是一个比喻接一个比喻、先后连用的关系。

（二）两个比喻连用时，本体可以相同，也可以不同。

例（6）常发："……我现在连男人都不是了。"

甄一然："一个真正的男人，有时候是狼，有时候是花。该狼的时候是狼，该花的时候是花，你已经是一个真正的男人了。"

权延赤《狼毒花》

例（7）生存的小品文，是匕首，是投枪，是能和读者一同杀出一条血路的东西。

鲁迅《小品文的危机》

例（6）"一个真正的男人，有时候是狼，有时候是花"，其中一个喻体是"狼"，一个喻体是"花"，这是两个暗喻连用，没有可议之处。但它们的本体却值得思考，表面上看，似乎两个比喻的本体都是"男人"，好像是同一个本体；其实不然。从整体上看，例（6）所说的是"一个真正的男人"在两个不同的时候所体现出来的截然相反的特点，正因为是就两个截然相反的特点分别设喻，就应该看作是既有联系更有区别的两个不同的本体。例（7）中"生存的小品文，是匕首，是投枪"，是两个暗喻的连用，它们的本体都是"小品文"，就是说，例（7）两个连用的比喻，其本体是相同的。

再如：例（1）中的两个连用的比喻，一个的本体是"骏马"，一个的本体是"牛羊"，就是说，两个比喻的本体各不相同；例（3）是五个比喻连用，五个比喻的本体都不相同。而例（2）却与例（1）、例（3）不一样，例（2）中连用的两个比喻，它们的本体都是"野花"，即它们的本体是相同的。

综合起来看，我们可以说，几个比喻连用时它们的本体可以相同，也可以不同，没有任何限制。

（三）三个或三个以上的比喻连用时，最多只能是两个喻体比喻同一个本体。

例（8）"看看看，看看人家那桃花脸蛋柳条腰，螳螂脖子仙鹤腿！"

莫言《檀香刑》

例（8）连用四个比喻，都是定中式比喻："桃花脸蛋"中"脸蛋"是本体，"桃花"是喻体；"柳条腰"中"腰"是本体，"柳条"是喻体；"螳螂脖子"中"脖子"是本体，"螳螂"是"喻体"；"仙鹤腿"比较特别，是用"仙鹤的腿"来比喻"人的腿"，以动物之腿比人的腿，故又省去一个"腿"字，"仙鹤腿"这个比喻的本体是"人的腿"。合起来看，例（8）用了四个比喻，但四个比喻的本体各不相同。其中"桃花脸蛋柳条腰，螳螂脖子仙鹤腿"还体现了音节匀称的特点。

再如，例（3）共有五个比喻，但这五个比喻的本体没有一个相同。

为什么三个或三个以上的比喻连用时，最多只能是两个喻体比喻同一个主体？

例（9）雨是最寻常的，一下就是两三天。可别恼。看，像牛毛，像花针，像细丝，密密地斜织着，人家屋顶上全笼着一层薄烟。

朱自清《春》

例（9）中的"牛毛""花针""细丝"都是喻体，而三个比喻的本体都是一个共同的"雨"。可见，这是用三个喻体来描写同一个本体的比喻。从连用的比喻的特点看，例（9）具备了比喻的连用的特征。问题是，我们在讨论比喻的变化形式时，已将例（9）这类用三个或三个以上的喻体描写同一个本体的修辞现象归入博喻了。既然把例（9）这种比喻

归属于博喻，当然也就不能把例（9）再判定为比喻的连用了。

可以说，为了把三个或三个以上连用的比喻与博喻区别开来，必须对言语作品中的本体在数量上进行限制。结合博喻的特点看，我们不妨把条件限定为，最多只能是两个喻体比喻同一个本体。这样，这类比喻也就不能构成三个喻体比喻同一个本体的博喻，而只能是比喻的连用了。

三、比喻与比喻连用的修辞功能

例（10）在那遥远的地方

有位好姑娘

人们走过她的帐房

都要回头留恋地张望

她那粉红的笑脸

好像红太阳

她那美丽动人的眼睛

好像晚上明媚的月亮

王洛宾《在那遥远的地方》（歌词）

例（10）连用两个比喻，把姑娘的"笑脸"比作"太阳"，把姑娘的"眼睛"比作"月亮"，形象独特，新颖别致，令人印象深刻，具有很强的感染力。此外，例（10）中的"娘""望""阳""亮"的韵腹、韵尾相同，构成了押韵，增强了言语的音乐美。

综合起来看，连用的比喻强化了比喻的修辞功能，同时连用的比喻有时还伴有音节匀称等修辞现象。

第二节　排比与层递兼用

相对于辞格的连用来说，辞格的兼用要少一些，但也绝不是一两种，比如对偶与对比兼用、比喻与夸张兼用、排比与设问兼用等都是辞格的兼用现象。本节只讨论排比与层递兼用。

一、什么是排比与层递兼用

在特定的语言片段中，从这个角度看，它用了排比，从另一个角度看，它用了层递，这种修辞现象就是排比与层递兼用。简言之，就是一种表达形式中兼有排比与层递两种辞格。

例（1）这种作风，拿了律己，则害了自己；拿了教人，则害了别人；拿了指导革命，则害了革命。

毛泽东《改造我们的学习》

例（2）一年之计，莫如树谷；十年之计，莫如树木；终身之计，莫如树人。

《管子·权修》

例（1）共有三个分句，后两个分句都承前省去了"这种作风"，可见这三个分句结构相同，句与句语意紧密相关，且各个分句语气一致，就是说，例（1）用了排比。换一个角度看，即从语意方面看，例（1）的三个分句又构成了逐层递升的关系。表面上看，其中的"革命"似乎与"自己""别人"所表示的范围全不相干；实际上，"革命"涉及更多的人，正是从这个意义上讲，"自己""别人""革命"三个词语中的后一个词语都比前一个词语所表示的语意范围更大，联系这三个词语所在的语句，可以说，例（1）是在表意范围上依次递升的层递。综合例（1）两个方面的修辞特点，可见它是排比与层递兼用。从修辞效果看，例（1）中的排比结构相同，语气一致，增强了语势，强化了内容；而其中的层递则表意逐层加深，有力地突显了"这种作风"的巨大危害，具有很强的逻辑力量。排比与层递兼用，两种辞格的表达效果相辅相成，相得益彰。此外，例（1）音节整齐匀称，增加了语言的音乐美。例（2）的三个分句都是主谓结构，即结构相同，三个分句语义相关，各个分句语气一致，可见例（2）用了排比。而从语意上来看，"一年""十年""终身"都是后一个词语比前一个词语所表达的时间更长，或者说，联系这三个词语所在的语句，例（2）表达了时间上的递升关系，是递升的层递。综合起来看，例（2）是排比与层递兼用。从修辞效果看，例（2）中的排比增强了语势，强化了内容，而其中的层递表意逐层深化，逻辑性强。排比与层递的修辞效果相辅相成，相得益彰。此外，此例音节整齐匀称，具有音乐美。

二、排比与层递兼用的特点

（一）排比与层递不分主次，各司其职；合二为一，融为一体。

例（3）但被几阵的自来水的冲洗，街血也便随了染成红色的水，流

到沟中，流到黄浦江中，流到大海中，而不见什么痕迹。

郑振铎《六月一日》

例（4）保卫家乡！保卫黄河！保卫华北！保卫全中国！

光未然《黄河大合唱·保卫黄河》

例（3）中"流到沟中，流到黄浦江中，流到大海中"构成了排比与层递兼用。从一个角度看，这三个谓语结构相同，语气一致，且这三个谓语所涉及的语意都是讲"街血"随着"染成红色的水"的流向，意思密切相关，体现了排比的特点。换一个角度看，这三个谓语中的"沟中""黄浦江中""大海中"，后一个词语所表达的语意范围都比前一个词语所表达的语意范围更大，且有依次递升的关系，体现了层递的特点。此例中，排比与层递同时出现在同一个言语作品中，不仅不矛盾，而且相补相衬，可以说，例（3）中的排比与层递不分主次，各司其职；合二为一，融为一体。例（4）也是排比与层递兼用。从一个角度看，例（4）的四个句子都是动宾结构，可谓结构相同；四个句子都是感叹句，可谓语气一致；从表意上看，四个句子语义相关。综合起来看，可见例（4）体现了排比的特点。换一个角度看，这四个句子的表意范围都是后一句比前一句更大，具有依次递升的关系，又体现了层递的特点。此例中，排比与层递同时出现在同一个言语作品中，其中的排比体现结构、语气等方面的特点，其中的层递揭示意义上依次递升的关系，同时排比所体现的语意相关的特点与层递所揭示的递升的语意，不仅不矛盾，而且相补相衬，可以说，例（4）中的排比与层递不分主次，各司其职；合二为一，融为一体。因此，排比与层递兼用也可以称之为层递与排比兼用。

（二）音节匀称，节奏感强

例（5）嫩绿的芽儿

　　和青年说话：

　　"发展你自己！"

　　淡白的花儿

　　和青年说话：

　　"贡献你自己！"

　　淡红的果儿

230

和青年说话：

"牺牲你自己！"

冰心《繁星》

例（5）中三个单句都是主谓结构，可谓结构相同；三个单句都是感叹句，可谓语气一致；同时三个单句语义相关，构成了排比。换个角度看，"芽儿""花儿""果儿"是时间上的由先到后，依次递升，是逐层递升的层递。合起来看，例（5）构成了排比与层递兼用。从语音修辞上看，此例的三个单句的音节数量一样多，具有音节整齐匀称、节奏感强的特征。进一步观察例（5），不难发现，例（5）还用了拟人，每一个句子都是拟人，应该说，拟人使表达更生动。

仔细观察前面分析的例证可知：例（1）中"拿了律己，则害了自己；拿了救人，则害了别人"音节整齐匀称；例（4）中前三个句子音节整齐匀称；而例（2）三个分句音节整齐匀称。可以说，排比与层递兼用这种修辞现象大多具有这样的语音修辞特征。

笔者认为，例（5）中的语音修辞特点与排比紧密相连。道理很简单，排比要求结构相同，而结构相同又会形成音节的多寡相同，自然就形成了音节整齐匀称、节奏感强的特征。

三、排比与层递兼用的修辞功能

例（6）卢沟桥事变的第二天，中国共产党就通电全国，大声疾呼："平津危急！华北危急！中华民族危急！"号召全国军民团结一致，把日本侵略者赶出中国。

宗阳春《卢沟桥烽火》

此例中的"平津危急！华北危急！中华民族危急！"都是主谓结构；三个句子都是感叹语气，且这三个句子所表达的语意紧密相关，可见这三个句子构成了排比。换一个角度看，此例中的"中华民族"看似未直接表示地域范围，实则中华民族所分布的地域范围比华北更大，从这个意义上说，"平津""华北""中华民族"所表达的范围依次递升，构成了逐层递升的层递。综合上述两个方面的特点，可见例（6）是排比与层递兼用。从修辞方面看，此例在范围上由小到大，逐层递升，令人震撼地表达了整个中国十分危急的语意；又运用结构相同的短句以及感叹语气，读来

一以贯之，铿锵有力，同时排比与层递的修辞功能相辅相成，相得益彰，进一步强调突出了语意，具有振聋发聩的奇效，产生了强烈的感染力和极大的鼓动性。此外，例（6）中三次反复运用"告急"，也有强化表意效果的作用，而例（6）那伴随排比而形成的整齐匀称的音节，增强了语言的音乐美。

结合前面分析过的例证来看，排比与层递兼用使二者各自的修辞功能相辅相成，相得益彰，呈现出一加一大于二的独特效果。这就是排比与层递兼用的突出的修辞功能。同时，整齐匀称的音节也增加了这种修辞现象的魅力。

第三节　对比套用比喻

辞格的套用并不丰富，但对比套用比喻也不是唯一的辞格套用现象，其他如对偶套用比喻、比拟套用比喻等，都是辞格的套用现象。本节只讨论对比套用比喻。

一、什么是对比套用比喻

对比套用比喻，是对比中的双方或一方包含了比喻的修辞现象。

例（1）金焕天被激怒了。方才，他控诉时像一只受委屈的小兔子；现在，他暴躁得像一条龇牙咧嘴的恶狼。他猛地跳将起来，狠狠地向豹儿飞起一脚，豹儿一蔫，闪到一边。金焕天一脚踢空，收不住，腾地一声，跌了个屁股蹲地脸朝天。

文兰《幸存者》

例（2）弘一法师与印光法师并肩而坐，正是绝好的对比，一个是水样的秀美、飘逸，而一个是山样的浑朴、凝重。

叶绍钧《两法师》

例（1）是对比套用比喻。从整体上看，金焕天一方面像小"兔子"，另一方面又像"恶狼"，他所表现出来的截然对立的不同特点构成了鲜明的对比，是一体两面的对比。从局部看，对比的双方各自都用了明喻："他控诉时像……小兔子""他暴躁得像……恶狼"。从对比与比喻的关系看，对比处在第一个层次，比喻则是处于对比这个大框架之下的第二个层次，对比和比喻形成了包含和被包含的关系。这就是对比套用比喻。从修辞上看，通过对比，例（1）突显了金焕天矛盾对立又辩证统一的性格特征，同时该例还分别运用了两个不同的比喻，使这种鲜明的对比插上了形象生动的翅膀，增强了对比的形象感染力。例（2）也是对比套用比喻。从整体上看，例（2）用了对比，是"秀美""飘逸"的弘一法师与"浑朴""凝重"的印光法师的对比，是两体的对比。从局部看，对比的双方各自都是一个暗喻："一个是……""一个是……"。从对比与比喻的关系看，对比处在整体的位置上，是第一层次；比喻处于局部的位置上，是第二层次。对比与比喻的关系是包含和被包含的关系。从修辞上看，通过对比，例（2）突出了两位法师各自不同的特点，而运用比喻，又使对比增添了形象生动的效果，增加了对比的艺术表现力。

二、对比套用比喻的特点

对比套用比喻的特点，并不是对比的特点简单地加上比喻的特点。事实上，对比套用比喻除了各自原本就有的特点，还形成了新的特点。

（一）对比与比喻具有包含与被包含的关系

对比套用比喻中的"套"，用的是它的动词意义，即罩在外面。从字面上讲，对比套用比喻，就是对比罩在比喻的外面；而由此来概括二者的关系，便可以说，对比与比喻的关系是包含与被包含的关系。

例（3）她是这样的人：常常在个人生活的小溪小河里搁浅，却在汹涌着政治波涛的大江大河里鼓浪扬帆。

古华《芙蓉镇》

例（4）时间是勤奋者的财富，创造者的宝库。

时间是懒惰者的包袱，浪费者的坟墓。

黄伯荣、廖序东《现代汉语》（下册）

从整体上看，例（3）是他"在个人生活的小溪小河里"与"在汹涌着政治波涛的大江大河里"两个方面的不同特点的对比，是一体两面的对比；从局部看，构成对比的两个方面各自都用了借喻。它们形成了对比套用比喻的修辞现象。从例（3）中对比与比喻的关系看，此例是对比套在了比喻的外面，二者构成了包含和被包含的关系。从修辞上看，例（3）形象鲜明地揭示了"她"矛盾对立又辩证统一的性格特征，修辞效果突

出，修辞运用非常得体。例（4）也是对比套用比喻。从整体上看，"勤奋者"与"懒惰者"、"创造者"与"浪费者"分别构成了对比，都是两体的对比；从局部来看，对比的双方各自都用了比喻。而例（4）中对比与比喻的关系当然也是包含与被包含的关系。从修辞上看，对比使语意显豁，其中的比喻增加了形象生动的效果，同时还具有音节整齐匀称的语音修辞特色。

再如例（1）、例（2），其中的对比与比喻都具有包含与被包含的关系，也有人把对比与比喻的这种关系叫做"大套小"的关系。

对比套用比喻中的对比和比喻处在不同层次上。比如例（3），其中的对比和比喻并不是处在同一个层次上，对比在第一个层次，比喻则在第二个层次。其他例证中的对比与比喻也都是分别处在两个不同的层次上。而这一特点恰恰与对比与比喻是包含和被包含的关系紧密相关。

也正是因为对比与比喻的这种关系，我们不能把这种修辞现象叫作比喻套用对比，而只能称之为对比套用比喻。

（二）对比套用比喻，可以是对比的双方都用比喻，也可以是对比双方的某一方用比喻

例（5）我们绕过虎山，站到坝桥上，一边是平静的湖水，迎着斜风细雨，懒洋洋只欲步不前；一边却暗恶叱咤，似有千军万马，躲在绮丽的黄锦底下。

李健吾《雨中登泰山》

在对比套用比喻中，对比的双方各自都可以用比喻，例如例（1）、例（2）、例（3）、例（4）都是如此。

而例（5）却与它们不同。从整体上看，例（5）中"一边是平静的湖水……"与"一边却暗恶叱咤……"构成了对比；而从对比的双方来看，"一边……似千军万马"用了明喻，紧接其后的"黄锦"是借喻——课文接下来作出了解释："黄锦是方便的比喻，其实是一幅细纱，护着一幅没有经纬的精美图案……也许只有织女才能织出这瑰奇的景色。"而对比的另一方"一边是平静的湖水，迎着斜风细雨，懒洋洋只欲步不前"却没有用比喻，而是用了拟人。那么，例（5）是不是对比套用比喻呢？笔者认为，例（5）虽然只在对比的一方中套用了比喻，但对比套用比喻的关系并未改变，故仍应把例（5）看作是对比套用比喻。但从另外的角度看，如果说例（5）只是对比套用比喻，那其中被对比套用的比拟则被忽视了；如果全面概括例（5）中辞格的综合运用，就不应该对其中的比拟视而不见。因此，把例（5）概括为对比套用比喻、比拟，则更为客观科学。应该说，这是一种有趣的修辞现象，它客观反映了对比套用比喻的开放性和变化特征。而从对比所套用的比喻来看，例（5）则是在对比的某一方面套用了比喻。

合起来看，在对比套用比喻的修辞现象中，可以是对比的双方各自都套用比喻，也可以只在对比的某一方套用比喻。

（三）连续多次的对比在套用比喻时，可以只在某一次对比中套用比喻

所谓连续多次的对比，就是连用二个或两个以上的对比。

例（6）比起波涛汹涌的洞庭湖，镜泊湖是平静安详的。比起太湖的浩渺浑圆来，镜泊湖太像水波不兴的一条大江。大明湖和她相比，不过是一池清水，西湖和她相比，一个像"春山低秀、秋水凝眸"的美艳少妇，一个像朴素自然、贞静自守的处子。

臧克家《镜泊湖》

在例（6）中，"镜泊湖"与"洞庭湖"、"镜泊湖"与"太湖"、"镜泊湖"与"大明湖"、"镜泊湖"与"西湖"分别都构成了对比，是连续四次运用对比，是两体对比的连用，但仅在"镜泊湖"与"西湖"的对比中套用了两个比喻：一个"像'春山低秀、秋水凝眸'的美艳少妇"，一个"像朴素自然、贞静自守的处子"。合起来看，例（6）将"镜泊湖"分别与"洞庭湖"等四个不同的湖进行对比，却只在与"西湖"的对比中套用了比喻。笔者以为，例（6）应该被看作对比套用比喻。

笔者认为，如果是连续多次对比，只要其中有一次对比套用了比喻，就应该看作对比套用比喻。

三、对比套用比喻的修辞功能

例（7）痛苦，需要学习吗？是的。快乐，像鲜花，任你怎么精心呵护，不经意间就凋零了；痛苦，却如野草，随你怎么刈割、铲除，终会顽强地生长。

雷抒雁《生死之间》

从整体上看，例（7）用了对比，是快乐与痛苦的对比；从构成对比的双方看，又套用了两个明喻，"快乐，像鲜花……""痛苦，却如野草……"，可见例（7）构成了对比套用比喻。通过对比，例（7）把快乐与痛苦表达得鲜明显豁，同时辅以比喻，把快乐与痛苦都描绘得形象具体，生动传神，增强了作品的艺术魅力，令人产生丰富的联想，留下深刻的印象。此外，"快乐，像鲜花""痛苦，却如野草"中的比喻词，一用"像"，一用"如"，虽是一字之异，也体现了用词的变化和作者对词语修辞的独特追求。

综合上述各例中对比套用比喻的修辞功能，可以概括地说，对比套用比喻的修辞功能主要是使对比的双方语意显豁，强调突出，同时辅以比喻的功能，增强其形象具体、生动传神的修辞魅力，引人联想，令人印象深刻。

第二章　非语言要素修辞综合运用

在特定的语言片段中，同时出现两种或两种以上相同或不同的非语言要素修辞现象，就是非语言要素修辞综合运用。

非语言要素修辞综合运用远不如语言要素修辞综合运用那么丰富。非语言要素修辞综合运用，主要体现在字谜歌谣这种特殊的领域语言中，其他的言语作品则较为少见。非语言要素修辞综合运用，主要是非语言要素辞格综合运用。

非语言要素辞格综合运用的方式很有特色。如众所知，语言要素辞格综合运用主要有三种方式——连用、兼用和套用；而非语言要素辞格综合运用却只有两种方式——连用和借助，没有兼用，更没有套用。借助，是一种很特别的修辞现象，如借助减笔的拆字，不仅是因为拆字与减笔有主有从，地位不同，更重要的是，其中的减笔是为描写作者从谜底汉字中拆分出来的部件服务的。

在特定的语言片段中，常常伴有押韵这种语音修辞现象。客观地说，其中的押韵与非语言要素修辞综合运用的修辞现象没有直接的联系，而与字谜歌谣这种特殊的领域语言紧密相连。我们在讨论非语言要素修辞综合运用时一并指出押韵，但不能因此而否定非语言要素修辞综合运用。

本章将讨论拆字与拆字连用、减笔与减笔连用、拆字与减笔连用以及借助减笔的拆字等非语言要素辞格综合运用。

第一节　拆字与拆字连用

一、什么是拆字与拆字连用

拆字与拆字连用，是在特定的语言片段中接连两次或两次以上运用拆字的修辞现象。拆字与拆字连用，也可以称为拆字的连用或连用的拆字。

例（1）昔放心花①（惜）

　　　　日落寺下，（时）

　　　　女若开口，（如）

　　　　人逮王八。（金）

例（1）四个分句都用了拆字。以第一分句为例，作者创作时把谜底汉字"惜"拆成"忄""昔"两个部件，并让"昔"直接出现在谜面中，让"忄"的本体"心"出现在谜面中，从而构成"昔放心花"，这是"作者离"。猜解此谜时，读者要按照"读者合"的规律，把"忄"、"昔"组合成"惜"，"惜"便是谜底。按照同样的方法猜解此谜，其他三个分句谜底分别为"时""如""金"。把这四个谜底汉字连起来，便是"惜时如金"。

观察可见，例（1）每一个分句都用了拆字，四个分句四次运用了拆字，是拆字与拆字连用。

二、拆字与拆字连用的特点

（一）本质特征是"作者离，读者合"

拆字与拆字连用，不会改变拆字的本质特征，它与单独运用的拆字一样，本质特征也是"作者离，读者合"。由于在前面讨论拆字时已专门讨论了拆字的本质特征，此处不再赘述。

（二）至少两次运用拆字

例（2）雨下田里，（雷）

　　　　人在门里，（闪）

　　　　你能猜着，

　　　　把你送到城里。

朱雨尊《民间谜语全集》

其中，第一分句的谜底是"雷"，第二分句的谜底里是"闪"。此例第一、第二分句都用了拆字，是两次运用拆字，构成了拆字与拆字连用。而例（1）则是四次运用拆字。

据笔者观察，要构成拆字的连用，至少要两次运用拆字。至于可以多少次运用拆字，必须根据表达的需要来决定。

---

① 此例出自"百度"，本节未注明出处的，均出自"百度"。

（三）以描写多个谜底为目的

所谓多个谜底，是指一个语言片段中有两个或两个以上的谜底汉字。

例（3）一人一口一个丁，（何）

竹林有寺却无僧，（等）

女子游春并肩坐，（好）

二十一日酉时生。（醋）

朱雨尊《民间谜语全集》

例（3）每一个分句都用了拆字，每一个分句都有一个谜底汉字。把第一分句中的"人（亻）""口""丁"三个部件组合起来，便是谜底汉字"何"；把第二、第三、第四分句中的相应部件组合起来，它们的谜底汉字分别是"等""好""醋"。把例（3）中的四个谜底汉字连起来，是"何等好醋"。可见，例（3）中拆字与拆字连用，其目的就是描写多个谜底。

再如，例（1）四次运用拆字，描写了四个谜底汉字，例（2）两次运用拆字，描写了两个谜底汉字。不难发现，它们多次运用拆字，都是为了描写多个谜底。

此外，例（3）中的多个谜底，构成了表意的谜底，例（1）、例（2）同样构成了表意的谜底。

（四）还可以与其他辞格连用

例（4）一人肩上横扁担，（大）

却能挑谷到月边，（脚）

王爷头上顶白发，（皇）

反字去又一口填。（后）

《大脚马皇后》（豫剧电影）

例（5）名言青山旁，（请）

双夕上下连，（多）

脂前月换手，（指）

孝后文相守。（教）

例（4）中第一分句"一人肩上横扁担"，谜底是"大"。如把"一人"组合起来，则是拆字；同时又可把"扁担"看作喻体，比喻拆

字的部件"一",这样便是用了借助比喻的拆字;把第二分句的部件"却""月"组合起来,是谜底"脚",这是拆字;把第三分句的部件"王""白"组合起来,是谜底"皇",也是拆字;而第四分句较为复杂,其中"反"是被减损的汉字,"去"表示减损义,"又"表示要减损的部件,猜解此分句先要在"反"字中去掉"又",然后把"厂"与部件"一""口"组合起来,得到谜底"后"。合起来看,例(4)第一分句用了借助比喻的拆字,第二、三分句各用了一次拆字,第四分句用了借助减笔的拆字。可见,例(4)是连用的拆字与借助比喻的拆字、借助减笔的拆字连用。例(5)第一分句用了拆字,把部件"言(讠)""青"组合起来,谜底是"请";第二分句用了拆字,把"夕""夕"组合起来,谜底是"多";第三分句用了借助方位法的拆字,"脂前"的"前"是方位法,指的是"月","脂前月换手",即把"脂"字中的"月"换成"手(扌)",谜底是"指";第四分句用了拆字,把"孝""文"组合起来,谜底是"教"。四个谜底汉字连起来,是"请多指教"。综合起来看,例(5)是连用的拆字与借助方位法的拆字连用。

三、拆字与拆字连用的功能

拆字与拆字连用的功能主要表现为三个方面:成谜功能、解谜功能和修辞功能。

例(6)一字上有牛,   (生)

舌边有水流,   (活)

西方有一女,   (要)

女子共一头。   (好)

朱雨尊《民间谜语全集》

例(6)成谜自然。作者创作时按照"作者离"的规律,把谜底汉字"生"拆成"一""牛",然后把这两个部件与别的词语一起,构成第一分句这个谜面;把谜底汉字"活"拆成"舌""氵",并把"氵"变形为"水",然后把这两个部件与别的词语一起,构成第二分句这个谜面;根据同样的方法,运用不同谜底汉字的部件与别的词语一起构成第三分句、第四分句这两个谜面。这就是连用的拆字的成谜功能。

要猜解例(6)这个字谜歌谣,读者只要根据"读者合"的规律把作者从谜底汉字中拆分出来的部件组合起来，便可得到谜底。把第一分句中的"一""牛"组合起来，便得到谜底"生"；把第二分句中的"舌""水（氵）"组合起来，便得到谜底"活"；把"西（覀）""女"组成起来，便是第三分句的谜底"要"；把"女""子"组合起来，就是第四分句的谜底"好"。可见，根据拆字的特点猜解例（6），简便而有规律。这就是连用的拆字的解谜功能。

从修辞上看，此例表面上讲牛讲水讲女子，内里面却都是描写字谜汉字，表意含蓄，颇有谜趣。

据笔者观察，凡是连用的拆字都具有例（6）这样的成谜功能、解谜功能和修辞功能。

此外，例（6）中的"流""头"的韵腹、韵尾相同，构成了押韵；再如例（1）、例（3）等，也构成了押韵。押韵，增强了言语作品的音乐美。

第二节　减笔与减笔连用

一、什么是减笔与减笔连用

减笔与减笔连用，是在特定的语言片段中接连两次或两次以上运用减笔的修辞现象。减笔与减笔连用，也可以叫作减笔的连用或连用的减笔。

例（1）百万雄兵卷白旗，（一）

　　　天下大事无人知，（二）

　　　秦王杀了余元帅，（三）

　　　骂阵消了把马去。（四）

朱雨尊《民间谜语全集》

例（2）池中水放干，（也）

　　　地里土被迁，（也）

　　　驰马去追赶，（也）

　　　他人已不见。（也）

王德海《有趣的字谜歌谣500首》

例（1）四次运用减笔，每一个分句都是一个谜面，每一个分句都

有一个谜底。第一分句，在"百"字中减损"白"，得到谜底"一"；第二分句，在"天"字中减损"人"，得到谜底"二"；第三分句，在"秦"字中减损"余"，得到谜底"三"；第四分句，在"骂"字中减损"马"得到谜底"四"。客观地说，把"口口"看作"四"，虽然是利用二者在形体上的近似，却不能不说有些牵强。例（2）四次运用减笔，在第一分句"池"中去掉"水（氵）"，谜底是"也"；在第二分句"地"中去掉"土"，谜底是"也"；在第三分句"驰"中去掉"马"，谜底是"也"；在第四分句"他"中去掉"人（亻）"，谜底是"也"。例（2）的特别之处在于，每一分句都有一个谜底，但每一句的谜底都相同。因此，又可以把例（2）看成一个总的谜底"也"。

二、减笔与减笔连用的特点

（一）本质特征是有意减损部件

减笔与减笔连用，与单用的减笔一样，本质特征也是有意减损部件。关于减笔的本质特征，已在讨论减笔时专门阐述过，此处再不赘述。

（二）至少两次运用减笔，至少有两个谜底

例（3）杂树被砍掉，（九）

　　　　仇人不见了，（九）

　　　　丸子少一点，（九）

　　　　你猜是多少？

王德海《有趣的字谜歌谣500首》

例（3）三次运用减笔。在第一分句"杂"字中去掉"木"，谜底是"九"；在第二分句"仇"字中去掉"人（亻）"，谜底是"九"；在第三分句"丸"字中去掉"、"，谜底是"九"。此例三次连用了减笔，有三个谜底。当然，由于例（3）中三个分句中的三个谜底是同一个汉字，也可以从整体上把它们看成是一个谜底。不过，笔者认为此例可以被看作减笔与减笔连用[①]。

再如，例（2）与例（3）有共同点，也应被看作减笔与减笔连用。而例（1）却与例（3）不完全相同，例（1）是四次运用减笔，有四个不相

[①] 曹石珠《字谜歌谣修辞研究》曾将例（3）"看作多次减损的减笔"。

同的谜底，是减笔与减笔连用。

至少两次运用减笔，至少有两个谜底，是减笔与减笔连用的本质特征。

例（4）去掉上边是字，去掉下边是字；

去掉上中是字，去掉下中是字；

去掉中间是字，去掉上下是字。（章）

《中国谜语大会》节目组《〈中国谜语大会〉谜语精选》

例（4）六次运用减笔。第一分句中的"上边"即上边的部件，"去掉上边是字"，即在"章"字中去掉"立"，是"早"；第二分句中的"下边"指下边的部件，"去掉下边是字"，即在"章"字中去掉"早"，是"立"；第三分句中的"上中"指上边、中间的部件，"去掉上中是字"，即在"章"字中去掉"立"、去掉"曰"，是"十"；第四分句中的"下中"即下边的部件、中间的部件，"去掉下中是字"，即在"章"字中去掉"十"、去掉"曰"，是"立"；第五分句中的"中间"指中间的部件，"去掉中间是字"，即在"章"字中去掉"曰"，是"辛"；第六分句中的"上下"分别指上边的部件、下边的部件，"去掉上下是字"，即在"章"字中去掉"立"，再去掉"十"，是"曰"。可以说，以"章"为被减损的汉字，符合例（4）六个分句对谜底汉字的描写，"章"便是例（6）的谜底。综合起来看，例（6）中每一个分句都是对谜底汉字"章"的描写，但它们减损后所得到的汉字，都不是谜底。因此，例（6）尽管六次运用减笔，但只有一个谜底，因而不是减笔与减笔连用，而是多次减损的减笔。

此外，例（6）的特别之处还在于，它的谜底汉字是被减损的汉字；而例（1）、例（2）、例（3）中的减笔，谜底汉字都是在被减损的汉字中去掉部件之后的那个汉字。

（三）可以描写多个谜底

所谓多个谜底，就是在一个语言片段中有两个或两个以上的谜底汉字。减笔与减笔连用，可以描写多个谜底汉字。

例（5）寺庙清静无尘土，（寸）

林荫树下草已除，（阴）

何处不知无人迹，（可）

堤坝溃决水干枯。（贵）

吴玲《拆字谜：老爷爷的故事宝囊》

例（5）四次运用减笔，每一分句都有一个谜底。第一分句，在"寺"字中去掉"土"，得到谜底"寸"；第二分句，在"荫"字中去掉"草（艹）"，是谜底"阴"；第三分句，在"何"字中去掉"人（亻）"，是谜底"可"；第四分句，在"溃"字中去掉"水（氵）"，是谜底"贵"。四个分句四个谜底汉字，是多个谜底。同时，多个谜底"寸阴可贵"，还体现谜底表意的特点。

再如例（1）、例（2）等，都有多个谜底，且例（1）的多个谜底也可以表意。

三、减笔与减笔连用的功能

减笔与减笔连用，具有成谜功能、解谜功能和修辞功能。

例（6）按不住只因无手，（安）

　　　　拴不牢又因无手，（全）

　　　　胜不骄月月完成，（生）

　　　　铲车载资金入库。（产）

洪东流《字谜》

例（6）成谜自然。先看第一分句，作者创作时先确定谜底汉字"安"，然后找到包孕"安"的"按"字，并把它作为被减损的汉字，又以"无手"中的"无"表示减损义，以"手（扌）"表示要减损的部件，从而巧妙而顺理成章地构成第一分句这一谜面，可谓成谜自然，有如天成。且于平常中见谜趣。其余三个分句也都是以与第一分句完全相同的方法成谜，都具有成谜自然的特点，同时构成了多个谜底的字谜歌谣。这就是减笔与减笔连用的成谜功能。

猜解例（6），简便易行。以第二分句为例，猜解此谜可分为两个步骤：首先读者要找出减笔的三要素，即被减损的汉字"拴"，要减损的部件"手（扌）"，表示减损义的汉字"无"。然后按照减笔的解谜规律，在"拴"字中去掉"手（扌）"，便是谜底"全"。其他三个分句都可按照这样两个步骤轻而易举地解谜。这就是减笔与减笔连用的解谜功能。

从修辞上看，例（6）表面上写动作行为及原因等，内里面却是描写谜底汉字，言此意彼，表意含蓄；单从谜面来看，也是通俗自然。

据笔者观察，减笔与减笔连用，都有例（6）这样的功能。

此外，例（6）中的"全""产"韵腹、韵尾相同，构成了押韵。再如，例（2）、例（5）也用了押韵。押韵，增强了言语作品的音乐美。

第三节　拆字与减笔连用

一、什么是拆字与减笔连用

拆字与减笔连用，是在特定的语言片段中一先一后接连运用拆字、减笔的修辞现象。

例（1）茶几缝中藏一虫[①]，（風）

　　　七人头上草丛丛，（花）

　　　大雨落到横山上，（雪）

　　　良朋一月不相逢。（月）

例（2）女旁有一口，（如）

　　　心上有知音，（意）

　　　廊字无广场，（郎）

　　　尹下有口伴。（君）

例（1）前三个分句都用了拆字。第一分句中的"一"与"虫"上的笔画一撇近似，把第一分句中的"几""一""虫"组合起来，是繁体字谜底"風"；把第二分句中的"七""人（亻）""草（艹）"组合起来，是谜底"花"；把第三分句中的"雨"、字形横着的"山"组合起来，是谜底"雪"。第四分句用了减笔，在"朋"字中去掉"月"，是谜底"月"。合起来看，此例三次运用拆字，一次运用减笔，是拆字与减笔连用。例（2）也有三个分句用了拆字。把第一分句中的"女""口"组合起来，是谜底"如"；把第二分句中的"心""音"组合起来，是谜底"意"；把第四分句中的"尹""口"组合起来，是谜底"君"。第三分句用了减笔，在"廊"字中去掉"广"，是谜底"郎"。此例三次运用拆字，一次运用减笔，是拆字与减笔连用。

① 此谜出自"百度"。本节未注明出处的，均出自"百度"。

二、拆字与减笔连用的特点

（一）本质特征是"作者离，读者合"，有意减损部件

拆字与减笔连用，两种非语言要素辞格各自独立，因此拆字与减笔连用的本质特征，就是拆字、减笔各自的本质特征，即"作者离，读者合"，有意减损部件。正因为二者各自独立，拆字与减笔连用也可以叫作减笔与拆字连用。关于二者的本质特征，前面已有专门阐述，故不再举例分析。

（二）至少一次运用拆字，至少一次运用减笔

例（3）撕掉两边，

剩下中间，（其）

还有多少，

共有二焉。（其）

王德海《趣味字谜歌谣》

例（4）黄金玉帛镶美景，（锦）

真丝秀丽巧织成，（绣）

滴水可以汇大流，（河）

仙境玲珑寂无人。（山）

洪东流《字谜》

例（3）第一分句用了减笔，在"撕"字中去掉"扌""斤"，是谜底"其"；第四分句用了拆字，把"共"与"二"组合起来，也是谜底"其"。不难发现，例（3）一次运用减笔，一次运用拆字，是拆字与减笔连用。例（4）前三个分句运用了拆字，把第一分句中的"金（钅）"、"帛"组合起来，是谜底"锦"；把第二分句中的"丝（纟）""秀"组合起来，是谜底"绣"；把第三分句中的"水（氵）""可"组合起来，是谜底"河"。第四分句用了减笔，在"仙"字中去掉"人（亻）"，是谜底"山"。此例三次运用拆字，一次运用减笔，是拆字与减笔连用。

再如例（1）、例（2），都是三次运用拆字，一次运用减笔，都是拆字与减笔连用。

至少一次运用拆字，至少一次运用减笔，才能构成拆字与减笔连用；

否则就无法构成拆字与减笔连用。

（三）可以描写多个谜底

例（5）六一减一点，（八）

万上一点添，（方）

米字有一横，（来）

宝贝真有才。（财）

例（5）第一分句用了减笔，在"六"字中去掉"一"、去掉"、"，是谜底"八"。后三个分句用了拆字，把第二分句的"万""、"组合起来，是谜底"方"；把第三分句中的"米""一"组合起来，是谜底"来"；把第四分句中的"贝""才"组合起来，是谜底"财"。观察可知，此例通过拆字与减笔连用，描写了四个谜底汉字，或说描写了多个谜底。

再如例（1）、例（2）等，都是通过拆字与减笔连用描写了多个谜底。

此外，拆字与减笔连用所描写的多个谜底，常常是表意的谜底。如例（5）的四个谜底"八方来财"，就是表意的谜底。再如，例（1）、例（2）、例（4）都描写了多个谜底，都有谜底表意这样的特点。

（四）可以与其他修辞现象连用

例（6）小天竹下呆，（笑）

着上无两点，（看）

大字一不见，（人）

牛过独木桥。（生）

例（6）第一分句用了拆字，把"天（"天"与"夭"形近）""竹（⺮）"组合起来，是谜底"笑"。第二分句、第三分句用了减笔，在"着"字中去掉"ン"是第二分句的谜底"看"；在"大"字中去掉"一"，是第三分句的谜底"人"。第四分句用了借助比喻的拆字，其中的喻体"独木桥"比喻拆字的部件"一"，把"牛""一"组合起来，是谜底"生"。综合例（6）所用的修辞手段，可见该例是拆字与减笔、借助比喻的拆字连用，也可以说拆字与减笔连用，再与借助比喻的拆字连用。

三、拆字与减笔连用的功能

拆字与减笔连用的功能有三个方面：成谜功能、解谜功能和修辞功能。

例（7）大王两点添，（美）

　　　右来草下边，（若）

　　　夫字不出头，（天）

　　　一人来山前。（仙）

从成谜方面看，例（7）成谜自然。例（7）有三个分句用了拆字，作者创作时按照"作者离"的特点把谜底汉字"美"拆分成"大""王"和"丷"三个部件，并把这些部件与别的词语一起构成第一分句的谜面"大王两点添"，第二、第四两个分句也按照这种方法构成谜面；而第三分句则用了减笔，作者创作时先要确定谜底汉字"天"，然后找到包孕"天"字的"夫"作为被减损的汉字，又以"不出头"中的"头"表示"夫"字上面出头的部分，以"不出头"中的"不出"表示减损义，从而巧妙构成第三分句这一谜面。综观例（7）的成谜，可谓自然，于通俗中见浓浓的谜意。这就是拆字与减笔连用的成谜功能。

猜解例（7），简便易行。按照拆字"读者合"的规律，把"大""王""丷"组合起来，就是第一分句的谜底"美"；把"右""草（艹）"组合起来，就是第二分句的谜底"若"；把"人（亻）""山"组合起来，就是第四分句的谜底"仙"。按照减笔有意减损部件的特点，在"夫"字中去掉上面出头的部分，就是第三分句的谜底"天"。综合起来看，此例的猜解既有规律，又易于操作。这就是拆字与减笔连用的解谜功能。

从修辞上看，此例表面上讲人，内里却是描写谜底汉字，可谓言此意彼，含蓄曲折。且语言通俗浅显，却谜意甚浓。

本节分析过的其他例证，都具有例（7）这样的功能。

此外，例（7）中"边""前"韵母完全相同，构成了押韵。再如，例（3）中的"间"与"焉"、例（4）中的"成"与"人"都构成了押韵。押韵，增强了言语作品的音乐美。

第四节　借助减笔的拆字

一、什么是借助减笔的拆字

笔者曾认为："借助减笔的拆字，就是运用减笔将拆字所拆开的部件隐藏起来的拆字。"①应该说，这种说法并没有错。但在这里，笔者想换一种说法：借助减笔的拆字，是作者将从谜底汉字中拆分出来的部件寄寓在被减损的汉字中，但本质特征仍是"作者离，读者合"的修辞现象。

　　例（1）一撇一捺，

　　　　　去掉一笔，

　　　　　合在一起，

　　　　　应能成字。（会）

王德海《有趣的字谜歌谣500首》

　　例（2）穴字少一点，

　　　　　干字在下边，

　　　　　若是寻此字，

　　　　　稀有很难见，（罕）

王德海《有趣的字谜歌谣500首》

　　例（1）的谜底是"会"。作者创作此谜时，将谜底汉字"会"拆开成"丿"（撇）、"㇏"（捺）、"云"三个部件，先组合成"一撇一捺"，并将"云"寄寓在包孕"云"的被减损的汉字"去"中，同时将"掉"表达减损的汉字，将"一笔"表示要减损的汉字，以"去掉一笔"，有趣地表达部件"云"，从而构成第一、第二分句这样的谜面。可见，此例用了借助减笔的拆字。表意含蓄，颇有谜趣。例（2）的谜底是"罕"。作者创作时将谜底汉字"罕"拆成"冖""干"两个部件，并让"冖"寄寓在包孕"冖"的被减损的汉字"穴"中，又用"少"表示减损义，将"丶"（"一点"）表示要减损的部件，从而构成谜面。同样是成谜自然，含而不露。从修辞手段看，此例用了借助减笔的拆字。

---

　　① 曹石珠《走进字谜的艺术宫殿——汉字修辞视野下的字谜研究》，中国社会科学出版社，2013年2月第2版，164页。

二、借助减笔的拆字的特点

（一）本质特征是"作者离，读者合"

借助减笔的拆字有拆字的特征，也有减笔的特征——有意减少部件，但这种修辞现象的本质特征是"作者离，读者合"。

例（3）门上忘把一点留，

两人一个出了头，

本是动物身上长，

过年时节争相购。（肉）

王德海《有趣的字谜歌谣500首》

例（3）的谜底是"肉"。作者创作时按照"作者离"的特点把谜底汉字"肉"拆成"冂""人""人"三个部件，将"人""人"用"两人"表示，将"冂"寄寓在被减损的汉字"门"字中，用"一点"表示要减损的部件，"忘把一点留"表示去掉部件"、"。可见，例（3）用了借助减笔的拆字。在借助减笔的拆字中，既有拆字的特征"作者离，读者合"，还体现了有意减少部件的特征。

但是，在借助减笔的拆字中，拆字的特征与减笔的特征并非半斤八两，而是有主有辅。从二者的作用和地位看，是以拆字为主，减笔为辅，拆字的特征才是借助减笔的拆字的本质特征。正是因为如此，我们才把这种综合运用的修辞现象叫作借助减笔的拆字，而不能称之为别的什么修辞现象。

结合更多的修辞事实，可以肯定地说，凡是借助减笔的拆字，既有拆字的特征，也有减笔的特征，但本质特征却是"作者离，读者合"。

（二）至少有一个拆字的部件寄寓在被减损的汉字中

例（4）安字去宝盖，

不作女字猜，

要说这个字，

一点也不坏。（好）

王德海《有趣的字谜歌谣500首》

例（4）中的"安""字"是被减损的汉字，"安字去宝盖"是说在"安"字中去掉"宀"，得到部件"女"，在"字"字中去掉"宀"，得到部件"子"。然后按照"读者合"的规律，把"女""子"两个部件组合起来，就是谜底"好"。此例中，作者创作时把谜底汉字"好"拆分成了"女""子"两个部件，作者没有让这两个部件直接出现在谜面中，而是让部件"女"寄寓在被减损的汉字"安"中，让部件"子"寄寓在被减损的汉字"字"中。从另一种角度看，也可以说是作者将拆字的部件隐藏在被减损的汉字中[①]。这就是借助减笔的拆字的独特之处。

再如：例（1）从谜底汉字拆出笔画"撇""捺""云"三个部件，其中的"云"寄寓在被减损的汉字"去"字中；例（2）从谜底汉字中拆分出"干""宀"两个部件，其中的"宀"寄寓在被减损的汉字"穴"中；例（3）从谜底汉字拆分出了"冂""人""人"三个部件，其中的"冂"寄寓在被减损的汉字"门"中。这些例证的共同特点是，其中的拆字拆分出了几个部件，却只有一个部件寄寓在被减损的汉字中。

从寄寓在被减损的部件的多寡看，至少有一个部件寄寓在被减损的汉字中。例（1）、例（2）、例（3）都是一个部件寄寓在被减损的汉字中；而例（4）却不同，例（4）中作者从谜底汉字"好"中拆分出的两个部件都寄寓在被减损的汉字中。由此，我们可以说，作者从谜底汉字中拆分出来的部件，可以是其中一个部件寄寓在被减损的汉字中，也可以是所有部件都分别寄寓在被减损的汉字中。从另一种角度说，作者从谜底汉字中拆分出来的部件，至少应有一个部件寄寓在被减损的汉字中。事实上，如果没有一个部件寄寓在被减损的汉字中，那么，借助减笔的拆字这种修辞现象也就不存在了。

寄寓在被减损的汉字中的部件，也有不同的特点。如例（4）中的"女""子"，是成字的部件，例（1）中的"云"也是成字的部件，而例（2）中的"宀"、例（3）中的"冂"却是不成字的部件。应该说，成字的部件，即使不寄寓在被减损的汉字中，还可以直接出现在谜面中，在表达上没有任何障碍；而不成字的部件却不一样，如不成字的部件不寄寓在被减损的汉字中，那么，这些部件的正确表达就成了一个无法回避的难题。从这个意义上说，借助减笔的拆字巧妙地解决了这个难题。不仅如

---

① 曹石珠《字谜歌谣修辞研究》，黑龙江教育出版社，2019年11月第1版，136页。

此，正是有了借助减笔的拆字，作者才可以随心所欲地把谜底汉字拆成成字的部件或不成字的部件。可以说，借助减笔的拆字为创作字谜提供了更广阔的舞台。

此外，正是因为将部件寄寓在被减损的汉字中，运用借助减笔的拆字在谜面表达上才更隐秘，更曲折，增加了谜面的艺术性，也使谜意更加浓郁。这就是借助减笔的拆字不同于单纯拆字的地方，也是借助减笔的拆字的魅力所在。

（三）还可以与其他方法综合运用

例（5）海边无水，

种树一棵，

开花没叶，

会结酸果。（梅）

王德海《有趣的字谜歌谣500首》

例（5）"海边无水"用了减笔，在"海"字中去掉"水（氵）"，是作者拆分出的部件"每"，综观例（5）这一谜面，"每"未与任何部件组成一个新的汉字，但是，第二分句运用会意的方法，将"树"会意成"木"，然后按照"读者合"的规律便可以把"木""每"组合成"梅"，"梅"就是例（5）的谜底。合起来看，此例不仅用了拆字，用了减笔，还用了会意，把它们概括起来，例（5）就是借助减笔、会意的拆字。

应该说，会意不是修辞现象，在谜家眼里它只是成谜、解谜的"法门"。但是，例（5）中的会意确实与拆字关系紧密，甚至可以说，没有会意，就无法构成例（5）这样的表达方式。因此，例（5）构成了借助减笔的拆字与会意的综合运用，可以称之为借助减笔、会意的拆字。

三、借助减笔的拆字的功能

借助减笔的拆字，其功能表现在三个方面：成谜功能、解谜功能和修辞功能。

例（6）待月西厢寺已空，

张生普救去求忽，

崔莺自把佳期误，

却怪红娘不用工。（徽）

国荣洲《诗谜故事》

例（6）成谜隐秘而自然。创作例（6）时，作者按照"作者离"的特点，把谜底汉字拆成"彳""攵""山""系"四个部件，让"彳"寄寓在被减损的汉字"待"中，让"攵"寄寓在被减损的汉字"救"中，让"山"寄寓在被减损的汉字"崔"中，让"系"寄寓在被减损的繁体字"紅"中，从而构成隐秘的谜面，且自然天成，在通俗的表达中隐含着浓浓的谜意。这就借助减笔的拆字的成谜功能。

解说简便。猜解例（6）时，可分两步进行：首先，运用减笔找出作者寄寓在被减损的汉字中的部件；在"待"字中去掉"寺"，得到部件"彳"；在"救"字中去掉"求"，得到部件"攵"；在"崔"字中去掉"佳"，得到部件"山"；在繁体字"紅"字中去掉"工"，得到部件"系"。然后，按照拆字"读者合"的规律，把上述四个部件组合成一个汉字，就是谜底"徽"。不难看出，此谜的猜解既简单，又有规律。这就是借助减笔的拆字的解谜功能。

从修辞上看，此例表面似乎是在讲张生、崔莺莺的爱情故事，内里面却是描写谜底汉字，言此意彼，表意含而不露。且比单纯的拆字更加隐秘。

综观上述分析过的例证可知，其中借助减笔的拆字都具有例（6）这三方面的功能。

此外，例（6）"忽"与"工"韵母相同，构成了押韵。再如，例（2）中的"边"与"见"，例（3）中的"头"与"购"都构成了押韵。押韵，增强了言语作品的音乐美。

第三章 语言要素修辞与非语言要素修辞综合运用

在特定的语言片段中，既用了语言要素修辞，又用了非语言要素修辞，这就是语言要素修辞与非语言要素修辞综合运用。

语言要素修辞与非语言要素修辞综合运用，主要是语言要素辞格与非语言要素辞格综合运用。在这类综合运用中，语言要素辞格主要是比喻，非语言要素辞格主要是拆字。且综合运用的方式很特别，就是借助。如借助比喻的拆字，它是以拆字为主、以比喻为辅的修辞现象。

本章中，我们将讨论借助比喻的拆字，借助比喻、减笔的拆字和借助比喻、会意的拆字。同时，对这三种修辞现象所在特定语言环境中的押韵，也就便分析；尽管押韵只是出现在特定的语言片段中，与借助比喻的拆字等修辞现象并无直接联系。

第一节　借助比喻的拆字

一、什么是借助比喻的拆字

借助比喻的拆字，是用别的事物来比喻拆字的部件，本质特征为"作者离，读者合"的修辞现象，也是综合运用拆字和比喻的修辞现象，是综合运用语言要素修辞与非语言要素修辞的修辞现象。

例（1）小屋四四方，

　　　　不见门和窗，

　　　　有人犯了法，

　　　　把他往里装。（囚）

王德海《趣味字谜歌谣》

例（2）一字真奇怪，

帽儿头上戴，

只有八字胡，

五官全不在。（穴）

王德海《有趣的字谜歌谣500首》

例（3）夫人去旅游，

头戴两绣球，

在外一个月，

骑马往家走。（腾）

王德海《趣味字谜歌谣》

例（1）中，作者把谜底汉字"囚"拆成了"口、人"两个部件，其中的"人"直接出现在谜面中，其中的"口"却是用四四方方的"小屋"来打比方。从比喻的角度看，这是用喻体来比喻拆字所拆分出来的部件，并且构成了借喻。从整体上看，例（1）用了借助比喻的拆字。从修辞上看，此例既有拆字所体现出来的含蓄，又有比喻所体现的形象具体的修辞特征。例（2）中，作者把谜底汉字"穴"拆分成"宀""八"两个部件，其中的"宀"是用"帽儿"来打比方，是借喻。整体上看，该例构成了借助比喻的拆字。从修辞上看，该例既含蓄，又形象。例（3）中，作者将谜底汉字"腾"拆分成"月""夫""马"和笔画"、""丿"五个部件，其中"月""夫"和"马"等三个部件直接出现在谜面中，而笔画"、"和"丿"却用"两绣球"来打比方，构成了借助比喻的拆字。从修辞上看，例（3）既含蓄，又形象。

借助比喻的拆字，既有语言要素修辞比喻，又有非语言要素修辞拆字，是语言要素修辞与非语言要素修辞综合运用。

二、借助比喻的拆字的特点

借助比喻的拆字，其特点是多方面的。

（一）本质特征是"作者离，读者合"

借助比喻的拆字，既有比喻的特征，又有拆字的特征；但本质特征是"作者离，读者合"。

例（4）一个十字架，

下边加个八，

上面落两鸟，

生活需要它。（米）

王德海《趣味字谜歌谣》

例（5）我有一张弓，

插着两枝箭，

需射左边人，

但看如来面。（佛）

王德海《趣味字谜歌谣》

例（4）构成了借助比喻的拆字，谜底是"米"。此例中，作者把谜底汉字"米"拆分成了"十""八""丶""丿"四个部件，其中的"十""八"直接出现在谜面中，而把笔画"丶"比喻成"鸟"，笔画"丿"也比喻成了"鸟"。在例（4）中有喻体"鸟""鸟"，也有未出现的本体"丶""丿"，体现了比喻的特征。同时，是作者把"米"拆成了四个部件，而要猜出谜底，就要把这四个部件组合起来，换言之，此例也体现了拆字的特征："作者离，读者合"。进一步观察可见，此例中的比喻，其本体是作者从谜底汉字中拆分出来的部件"丶"和"丿"，或者说，借助比喻的拆字中的比喻是为拆字服务的，它虽然使拆字所拆分出来的部件得到了形象具体的呈现，但却不是借助比喻的拆字的本质特征，这种修辞现象的本质特征是"作者离，读者合"。例（5）构成了借助比喻的拆字，谜底是"佛"。此例中，作者把"佛"拆分成了"亻""弓"、笔画"丿""丨"四个部件，其中的"弓"直接出现在谜面中，其中"亻"变形为"人"出现在谜面中，而其中的笔画"丿""丨"却被比喻成了"两枝箭"。在例（5）中，有喻体"箭""箭"，有本体"丿""丨"，体现了比喻的特征。同时，是作者把"佛"拆成了四个部件，而要猜出谜底，就要把作者拆开的四个部件组合起来，就是说，此例还体现了拆字的特征："作者离，读者合"。进一步观察可知，此例中的比喻，其本体是作者从谜底汉字中拆分出来的两个部件，或者说，借助比喻的拆字中的比喻，是为拆字服务的，它虽然使拆字的部件得到了形象生动的表述，却不是借助比喻的拆字的本质特征，而"作者离，读者合"才是借助比喻的拆字的本质特征。

借助比喻的拆字中的比喻和拆字，二者的地位是不平等的，拆字处于主导地位，比喻处于辅助地位。正因为二者的地位不平等，才将这种修辞现象命名为借助比喻的拆字，而不是借助拆字的比喻。

（二）用别的事物来比喻拆字的部件

用别的事物来比喻拆字的部件，是说用别的事物作喻体来比喻作者从谜底汉字中拆分出来的部件。换句话说，比喻的本体是作者从谜底汉字拆分出来的部件。

例（6）一只小划子，

　　　　装的都是米，

　　　　问它目的地，

　　　　不知去哪里。（迷）

王德海《趣味字谜歌谣》

例（7）一点一横长，

　　　　二人站中央，

　　　　直柱顶横梁。（卒）

朱雨尊《民间谜语全集》

例（6）用了借助比喻的拆字，谜底是"迷"。此例中，作者把谜底汉字"迷"拆成"辶"和"米"两个部件，其中的"米"直接出现在谜面中，而另一个部件"辶"则被比喻成了"小划子"，是用别的事物来比喻拆字的部件。也可以说，"小划子"是喻体，而"辶"则是本体。比喻的本体是从谜底汉字中拆分出来的部件，这就是借助比喻的拆字中的比喻不同于其他比喻的地方。例（7）也是借助比喻的拆字，谜底是"卒"。例（7）中，作者把谜底汉字"卒"拆成笔画"点""横""人""人""一""丨"六个部件，其中笔画"点""横"和"人""人"以不同的形式进入谜面；而"一"被比喻成了"横梁"，"丨"被比喻成了"直柱"，是用别的事物来比喻拆字的部件，也就是说"横梁"、"直柱"是喻体，从谜底汉字中拆分出来的部件"一""丨"是本体。以拆字的部件作为比喻的本体，也是例（7）中的比喻与其他比喻的不同之处。可以说，用别的事物来比喻拆字的部件，比喻的本体是拆字所拆分出来的部件，是借助比喻的拆字的重要特征。

（三）作为比喻本体的部件，可以是汉字的偏旁、笔画或笔画的一部分

例（8）一只小小船，

　　　　船上载着豆，

　　　　既不往前行，

　　　　也不往回走。（逗）

王德海《趣味字谜歌谣》

例（9）一对鸳鸯并头飞，

　　　　一只瘦来一只肥，

　　　　每月之中来三次，

　　　　临到中秋多一回。（八）

朱雨尊《民间谜语全集》

例（10）一字生得妙，

　　　　头上两只角，

　　　　腰里六个口，

　　　　底下八只角。（典）

王德海《趣味字谜歌谣》

例（8）的谜底是"逗"。例（8）中，作者把谜底汉字拆成"豆""辶"两个部件，其中"豆"直接出现在谜面中，而将"辶"当作本体进行设喻，将它比喻成"小小船"。此例中，作为比喻本体的部件"辶"是偏旁。例（9）的谜底是"八"。例（9）中，作者把谜底汉字"八"拆成笔画"丿"和"乀"，并以这两个部件来设喻，将它们比喻成"一对鸳鸯"。此例中，作为比喻本体的两个部件都是笔画。例（10）的谜底是"典"。此例中，作者把谜底汉字拆成"八""六个口"和"典"字两竖中那出头的部分，并将"典"字中两竖出头的部分比喻成"两只角"。此例中，作为比喻本体的两个部件都是笔画的一部分。

结合前面分析的例证可知，作为比喻本体的部件可以是偏旁、笔画，甚至是笔画的一部分。进一步观察可见，这些部件都是不能成字的部件。

借助比喻的拆字的这一特点，不仅完美地解决了不成字的部件无法在谜面中出现的难题，也为拆字的广泛应用提供了独特的条件。

（四）拆字所拆分出来的部件，可以是一个或几个部件用比喻，也可以是所有部件都用比喻

例（11）一只船儿小，

货物载得少，

只能装一斤，

还不往远跑。（近）

王德海《趣味字谜歌谣》

例（12）一人真糊涂，

腰挂两葫芦，

喜的是草木，

怕的是江湖。（火）

王德海《趣味字谜歌谣》

例（13）五只小小蝌蚪，

隔着棍儿戏耍，

三只蹦到棍上，

两只藏在棍下。（兴）

王德海《有趣的字谜歌谣500首》

例（11）的谜底是"近"。此例中，作者把谜底汉字"近"拆分出"辶""斤"两个部件，其中的"斤"直接进入谜面，而"辶"却用"船儿"来作比。可见，例（11）是一个部件用了比喻。例（12）的谜底是"火"。此例中，作者把谜底汉字"火"拆成"人"和笔画"、""丿"三个部件，其中"人"直接进入谜面，而另外两个部件却用"两葫芦"来打比方。可见，例（12）是两个部件用了比喻。例（13）的谜底是"兴"。此例中，作者把谜底汉字拆分成了六个部件，用"五个小蝌蚪"作喻体，来比喻"兴"字中笔画"一"上、下的五个笔画，同时又以"棍儿"作喻体，来比喻"兴"字中的笔画"一"。可见，例（13）拆分出来的六个部件都是用比喻来表述的。

再如，例（1）、例（2）是一个部件用比喻，例（3）、例（4）、例（5）、例（7）、例（9）等却是两个部件用比喻。

据笔者观察，拆字所拆分的部件中一个或几个部件用比喻的，较为常

见；而像例（13）这类拆字所拆分出来的所有部件都无一例外地用比喻的现象，相对较少。

（五）借助比喻的拆字中的比喻，一般都是借喻

例（14）一根柱子三道梁，

　　　　山中无虎猴逞强，

　　　　不是李赵不是张，

　　　　全球都有它模样。（王）

王德海《趣味字谜歌谣》

例（14）的谜底是"王"。其中的喻体"柱子"是比喻从谜底汉字中拆分出来的笔画"丨"，喻体"梁"是比喻从谜底汉字中拆分出来的笔画"一"，"三道梁"是比喻三个笔画"一"。观察可见，四个作本体的部件都没有出现，且没有喻词，构成了喻体直接出现在本体位置上的借喻。

认真观察前面分析过的十三个例证，不难发现，其中每一例中的比喻都是借喻。

在一定条件下，借助比喻的拆字中的比喻，也有用明喻的。

例（15）左边站个人，

　　　　右边像只鹅，

　　　　万万要记住，

　　　　谜底实在多。（亿）

王德海《趣味字谜歌谣》

例（15）的谜底是"亿"。其中，"鹅"是喻体，"右边"指的是右边的部件，"像"是喻词，"右边像只鹅"，构成了明喻。其实，"右边"是方位词，"右边像只鹅"是用方位法来指示拆字所拆出的部件，但拆字的部件"乙"作为本体，并没有出现。

据笔者观察，借助比喻的拆字中的比喻一般都是借喻，像例（15）这样的明喻，较为少见。

借助比喻的拆字这一特点，使其表达上形象具体，更加隐秘，增强了言语作品的艺术性。

（六）一般都是从肯定方面设喻

例（16）一道小钩钩，

　　　　三个小蝌蚪，

　　　　都听妈妈话，

　　　　在家不远游。（心）

王德海《趣味字谜歌谣》

例（16）的谜底是"心"。此例中，作者将谜底汉字"心"，拆分成四个部件，四个部件都是笔画，作者先将笔画"乚"比喻成"小钩钩"，然后将其他三个笔画比喻成"三个小蝌蚪"，都是从肯定方面设喻，都是肯定方面的比喻。

仔细观察前面分析过的例证，可以肯定地说，其中的每一个借助比喻的拆字中的比喻，都是从肯定方面设喻的，没有例外。

三、借助比喻的拆字的功能

借助比喻的拆字，其功能表现在三个方面：成谜功能、解谜功能和修辞功能。

例（17）一只小小船，

　　　　停泊在水边，

　　　　三条小鱼儿，

　　　　蹦跳真撒欢。（沁）

王德海《趣味字谜歌谣》

此例用了借助比喻的拆字，谜底为"沁"。

从构成字谜歌谣的角度看，此例成谜自然。作者创作此谜时，根据"作者离"的规律将谜底汉字"沁"拆成"氵""乚"、"、"、"、"、"五个部件，然后将"氵"变形为独立成字的"水"出现在谜面中，并以"小小船"来比喻笔画"乚"，再将其余三个部件比喻成"三条小鱼儿"，巧妙地创作出例（17）这则字谜歌谣的谜面。可谓成谜自然，巧妙，谜意浓厚，谜趣独特。这就是借助比喻的拆字的成谜功能。

从猜解字谜歌谣的角度看，此例解谜有法。猜解此谜时，读者先要找出作者从谜底汉字中拆分出来的五个部件；然后将"水"还原成"氵"，将喻体"小小船"还原成笔画"乚"，把喻体"三条小鱼儿"还原成其余

三个笔画；最后按照"读者合"的规律把还原后的五个部件组合起来，从而得到谜底汉字"沁"。这就是借助比喻的拆字的解谜功能。

例（17）的修辞功能也很特别。此例既有拆字的修辞功能，又有比喻的修辞特征。表面上，此例是讲鱼儿在水里撒欢，内里面却是描写了谜底汉字的笔画，言此意彼，表意曲折含蓄。同时，此例将简单的笔画通过喻体"小小船"和"三条小鱼儿"呈现在谜面中，把单调乏味的笔画描写得形象具体、生动有趣。

前面分析过的例证，其中借助比喻的拆字都具有例（17）这三方面的功能。

此外，例（17）中的韵脚字"边""欢"的韵母分别是"ian"、"uan"，构成了押韵。观察以上分析的各例可知，它们各自都用了押韵，都体现了韵脚和谐的修辞功能。

第二节　借助比喻、减笔的拆字

一、什么是借助比喻、减笔的拆字

借助比喻、减笔的拆字，是用别的事物来比喻要减损的部件、用减笔来减损部件，但本质特征为"作者离，读者合"的修辞现象。

例（1）远看土埋羊，

　　　　近看不是羊，

　　　　头上虽有角，

　　　　肚里缺根肠。（幸）

王德海《趣味字谜歌谣》

例（2）一个平字，

　　　　抽出脊梁，

　　　　搓成团儿，

　　　　放在顶上。（立）

王德海《趣味字谜歌谣》

例（1）的谜底是"幸"。作者创作时，将谜底汉字"幸"拆成"土""羊"两个部件，其中的"土"直接出现在谜面中，而不成字的部件"羊"却寄寓在"羊"字中，并以"根肠"即"一根肠"为喻体，比喻要减损的部件"一"，将"羊"作为被减损的汉字，用"缺"表示减损义。在特定语言环境中，"肚里缺根肠"即"羊"肚子里少一根肠，因此"肚里缺根肠"表示在"羊"字中去掉部件"一"，形象地表达了不成字的部件"羊"。可见，例（1）用了借助比喻、减笔的拆字。例（2）的谜底是"立"。作者创作时，将谜底汉字"立"拆成"、""立"两个部件，将不成字的部件"立"寄寓在"平"字中；用喻体"脊梁"来比喻"平"字中要减损的部件"丨"，并以部件"丨""搓成团儿、放在顶上"来表示部件"、"，将"平"作为被减损的汉字，用"抽出"表示减损义，在特定的语境中，以"一个平字，抽出脊梁"表示在"平"字中去掉部件"丨"，从而形象地描写了不成字的部件"立"。可见，例（2）也用了借助比喻、减笔的拆字。

二、借助比喻、减笔的拆字的特点

（一）本质特征是"作者离、读者合"

借助比喻、减笔的拆字，既有比喻的特征、减笔的特征，更有拆字的特征；但其本质特征是"作者离、读者合"。

例（3）大门开，

有客来，

先脱帽，

再进来。（阁）

王德海《趣味字谜歌谣》

例（3）的谜底是"阁"。作者创作时，将谜底汉字拆成"门""各"两个部件，其中"门"直接出现在谜面中，而"各"却寄寓在"客"字中；同时以喻体"帽"来比喻"客"字的部件"宀"，并且将"客"作为被减损的汉字，用"脱"表示减损义，在特定的语境中以"先脱帽"来表示在"客"字减损部件"宀"，从而形象地描写部件"各"。可见，此例用了借助比喻、减笔的拆字。从修辞手段的特征看，借助比喻、减笔的拆字，既有比喻的特征、减笔的特征，更有拆字的特征。

哪一种辞格的特征，才是借助比喻、减笔的拆字的本质特征呢？这得从这三种辞格各自的作用或地位来看。以例（3）为例，其中的比喻、

减笔都只是与"宀"这一个部件有关，且这个部件不是拆字的部件。可以说，例（7）借助比喻、减笔的拆字中的比喻、减笔只是形象曲折地描写拆字的部件"各"。尽管如果没有比喻、减笔，就不会有例（3）这样的字谜歌谣，这无疑说明了比喻、减笔的重要作用，甚至是不可或缺的作用，但是拆字的作用或地位更为重要，拆字所关涉的是"门""各"两个部件，如果说比喻、减笔所关涉只是局部，而拆字所关涉的则是这种修辞现象的整体。正是从这个意义上说，在借助比喻、减笔的拆字中，拆字起主导作用，比喻、减笔起辅助作用。因此，拆字的特征"作者离，读者合"才是借助比喻、减笔的拆字的本质特征。

凡是借助比喻、减笔的拆字，其本质特征都是"作者离、读者合"。

（二）用别的事物来比喻要减损的部件

用别的事物来比喻要减损的部件，是指以别的事物作喻体来比喻减笔要减损的部件；但是，减笔要减损的部件不是拆字所拆分出来的部件。

例（4）宝玉缨帽丢，

　　　　用草来遮羞，

　　　　不知何缘故，

　　　　腮边泪水流。（滢）

王德海《趣味字谜歌谣》

例（4）的谜底是"滢"。作者创作时，把谜底汉字"滢"拆成"氵""艹""宝"三个部件，其中"氵"变形为"水"后出现在谜面中，"艹"以"草字头"的"草"来指称，而不成字的"宝"则寄寓在"宝"字中。同时，以喻体"缨帽"来比喻"宝"字中的部件"丶"，且以"宝玉缨帽丢"来表达不成字的部件"宝"。可见，此例用了借助比喻、减笔的拆字，而喻体"缨帽"所以比喻的部件"丶"，就是减笔要减损的一个部件。"宝"字减损笔画"丶"后得到的"宝"，才是拆字所拆分出来的部件。

再如，例（1）中喻体"根肠"所比喻的部件"一"，例（2）中喻体"脊梁"所比喻的部件"丨"，例（3）中的喻体"帽"所比喻的部件"宀"，都是减笔要减损的部件。但是，其中减笔要减损的部件都不是拆字所拆分出来的部件。

当然，在借助比喻、减笔的拆字中，比喻所比喻的部件还有更复杂的现象。

例（5）一圈大围墙，

里面空荡荡，

水从左边来，

冲倒右边墙。（汇）

王德海《趣味字谜歌谣》

例（5）的谜底为"汇"。作者创作时，将谜底汉字"汇"拆成"氵""匚"两个部件，其中"氵"变形为"水"出现在谜面中，而部件"匚"则寄寓在"口"中，然后以"大圈墙"为喻体来比喻包含拆字的部件"匚"在内的"口"，同时又以"墙"为喻体来比喻"口"字中比"匚"多出的部件"丨"，再用"冲倒右边墙"，形象生动地表达了要减损的部件"丨"，含蓄而曲折地表达拆字所拆分出来的部件"匚"。综合来看，例（5）用了两个比喻，一个是用别的事物"墙"来比喻要减损的部件，另一个却是用别的事物"大围墙"来比喻包含拆字的部件在内的部件。

用两个不同的事物分别比喻不同的两个部件，这就是例（5）不同于例（4）这类借助比喻、减笔的拆字的地方。当然，这两个部件与拆字所拆分出来的部件有关联，但却不是拆字所拆分出来的部件。

据笔者观察，例（5）这种现象较为少见。

（三）至少有一个拆字的部件寄寓在被减损的汉字中

例（6）无尾羊下一女坐，

埋在土里看不着，

生来好像一块土，

味道辛辣没得说。（姜）

王德海《趣味字谜歌谣》

例（6）的谜底是"姜"。作者创作时，将谜底汉字"姜"拆成"女""羊"两个部件，其中的"女"直接出现在谜面中，而让不成字的"羊"却寄寓在"羊"这个汉字中，同时用喻体"尾"来比喻"羊"字中笔画"丨"下面出头的部分，且以"羊"为被减损的汉字，用"无"表示减损义，在特定的语境中以"无尾羊"形象地表达不成字的部件"羊"。

在例（6）中，作者从谜底汉字拆分出来的两个部件，其中一个部件"羊"却被巧妙地寄寓在"羊"字中了。

再如，例（1）中的"羊"寄寓在被减损的汉字"羊"中，例（2）中的"立"寄寓在被减损的汉字"平"中，例（3）中的"各"寄寓在被减损的汉字"客"中。它们的共同特点是，都有一个拆字的部件寄寓在被减损的汉字中。可以说，作者从谜底汉字中拆分出来的部件，至少有一个部件寄寓在被减损的汉字中，也是借助比喻、减笔的拆字的重要特点。

通过比喻、减笔把拆字所拆分出来的某个不成字的部件寄寓在被减损的汉字中，实际上就是将不成字的部件隐藏于别的汉字中。这样，既解决了这些不成字的部件难以在谜面中表达的问题，也使表达形象生动，更加曲折，谜意更浓郁。

三、借助比喻、减笔的拆字的功能

借助比喻、减笔的拆字，其功能表现为三个方面：成谜功能、解谜功能和修辞功能。

例（7）二歹徒相遇，

互相不服气，

一齐放下棍，

空手比高低。（多）

王德海《趣味字谜歌谣》

此例用了借助比喻、减笔的拆字，谜底是"多"。此例成谜曲折有法，谜意甚浓。创作此谜时，作者将谜底汉字"多"拆分成"夕""夕"两个部件，且不让这两个部件直接进入谜面，而是以"二歹徒相遇"的表达形式，将"夕""夕"寄寓在"歹""歹"两个汉字中，这是"作者离"；同时又用喻体"棍"来比喻"歹"字中比"夕"多出的部件"一"，并以"歹"作为被减损的汉字，用"放下"表示减损义，在特定语境中用"二歹徒相遇，一齐放下棍"表示在"歹""歹"字中分别去掉部件"一""一"，形象生动地表达了拆字的部件"夕""夕"。可见，通过借助比喻、减笔的拆字的恰当运用，构成了例（7）这则字谜歌谣的谜面，可谓曲折巧妙。这就是借助比喻、减笔的拆字的成谜功能。

猜解例（7）时，读者首先要运用比喻、减笔找出作者巧妙表达的部件：运用比喻、减笔可知，喻体"棍"所比喻的本体是要减损的部件"一"，"歹"是被减损的汉字，"放下"表示减损义；在特定语境中，"两歹徒相遇，一齐放下棍"，便是分别在"歹""歹"字中去掉部件"一""一"，从而得到部件"夕""夕"；然后根据拆字"读者合"的规律，把"夕""夕"组合起来，便是谜底"多"。可见，猜解此谜略显复杂，却是解谜有法。这就是借助比喻、减笔的拆字的解谜功能。

从修辞上看，例（7）表面似乎是讲歹徒，内里面却是描写谜底汉字，言此意彼，表意含蓄。同时又通过比喻、减笔，把枯燥的汉字的部件描写成人的行为，形象生动，饶有趣味。

综合前面分析过的例证可知，借助比喻、减笔的拆字都具有例（7）这样的成谜功能、解谜功能和修辞功能。

此外，例（7）中的"气""低"韵母相同，构成了押韵，增强了例（7）的艺术性。观察上述分析过的例证，不难发现，它们都构成了押韵，都具有韵脚和谐的修辞功能。

第三节　借助比喻、会意的拆字

一、什么是借助比喻、会意的拆字

借助比喻、会意的拆字，是用别的事物来比喻拆字的部件，用会意法来表示拆字的部件，但本质特征为"作者离，读者合"的修辞现象。

会意，是成谜、解谜的一种方法，也被称作会意法。会意不是修辞现象，但在借助比喻、会意的拆字中，既有比喻这种语言要素修辞，也有拆字这种非语言要素修辞。因此，借助比喻、会意的拆字也是一种语言要素修辞与非语言要素修辞的综合运用。

例（1）花园四四方，
　　　　里面真荒凉，
　　　　只有一棵树，
　　　　种在园中央。（囷）

王德海《趣味字谜歌谣》

例（2）月亮照一旁，

太阳在上方，

下边一头牛，

站在棍子上。（腥）

王德海《趣味字谜歌谣》

例（3）东边一条狗，

西边一条狗，

两狗都病态，

草帽合伙戴。（获）

王德海《趣味字谜歌谣》

例（1）的谜底是"困"。作者创作时把谜底汉字拆成"口""木"两个部件，用别的事物"花园"来比喻部件"口"，并把部件"木"会意成"树"。可见，此例用了借助比喻、会意的拆字，表意含蓄，谜意很浓。例（2）的谜底为"腥"。作者创作时把谜底汉字拆成了"月""日""牛""一"四个部件，其中"月""牛"直接出现在谜面中，同时用别的事物"棍子"来比喻部件"一"，通过同义替代的方法把"日"会意成"太阳"。可见，此例用了借助比喻、会意的拆字，成谜自然，谜意甚浓。例（3）的谜底是"获"。作者创作时把谜底汉字拆成"艹""犭""犬"三个部件，观察例（3）可知，这三个部件都没有直接出现在谜面中，却用别的事物"草帽"来比喻部件"艹"，又通过同义替代的方法把部件"犭"会意成"狗"，把部件"犬"会意成"狗"。此例也用了借助比喻、会意的拆字，成谜自然，谜趣独特。

二、借助比喻、会意的拆字的特征

借助比喻、会意的拆字，其特征主要表现为四个方面。

（一）本质特征是"作者离，读者合"

借助比喻、会意的拆字，既有比喻的特征、会意的特征，更有拆字的特征，但本质特征是"作者离，读者合"。

例（4）一架飞机向北飞，

两位乘客搭机回，

不是站来不是躺，

什么姿势才算对。（坐）

王德海《趣味字谜歌谣》

例（4）的谜底是"坐"。作者创作时把谜底汉字拆成"人""人""土"三个部件；但三个部件都没有直接出现在谜面中，而是通过比喻、会意呈现在谜面中：用别的事物"飞机"来比喻部件"土"，通过同义替代把部件"人""人"会意成"两个乘客"。可见，此例用了借助比喻、会意的拆字。从借助比喻、会意的拆字所体现的特征看，例（4）既有比喻的特征，也有会意的特征，还有拆字的特征。

从这三方面特征的作用、地位看，它们并非半斤八两，而是有主有辅，作用、地位不尽相同。例（4）中的比喻，只是对"土"这一个部件设喻，其中的会意则是关涉"人""人"两个部件，而其中的拆字则是关涉这三个部件。可以说，尽管其中的比喻、会意都有各自的作用，而且这种作用是不可缺少的，但是拆字的作用更大，地位更重要。因此，拆字才是这种修辞现象中最重要的，拆字的本质特征"作者离，读者合"，才是借助比喻、会意的拆字的本质特征。

再如例（1）例、（2）、例（3）中借助比喻、会意的拆字，它们的本质特征都是"作者离，读者合"。

（二）用别的事物来比喻拆字的部件

用别的事物来比喻拆字的部件，是指以别的事物为喻体来比喻作者从谜底汉字中拆分出来的部件。

例（5）美貌一姑娘，

整日坐绣房，

有人来求爱，

无奈隔着墙。（偃）

王德海《趣味字谜歌谣》

例（5）的谜底是"偃"。作者创作时把谜底汉字拆成"亻""日""女""匚"四个部件，其中的"日"直接出现在谜面中，"亻"变形成"人"出现在谜面中，同时以别的事物"绣房"来比喻部件"匚"，并把部件"女"会意为"姑娘"。可见，例（5）用了借助比喻、会意的拆字。从比喻的运用看，例（5）是以别的事物"绣房"作喻

体，来比喻作者从谜底汉字拆分出来的部件。

再如例（1）、例（2）、例（3）、例（4）中的比喻，都是以别的事物作喻体来比喻作者从谜底汉字拆分出来的部件。

（三）一般都采用"正面会意法"

所谓正面会意法，就是把拆字的部件"换成同义的其他词语来表达"①，也叫"同义替代"②。

例（6）前头两小孩，

后头两小孩，

一顶草帽儿，

共同戴起来。（蒜）

王德海《趣味字谜歌谣》

例（6）的谜底是"蒜"。作者创作时把谜底汉字拆成"二""二""小""小""艹"五个部件，其中的部件"小""小"直接出现在谜面中。同时，以比喻、会意来表达其余三个部件：以别的事物"草帽儿"来比喻部件"艹"，用同义替代方法把"二""二"会意成"两""两"。可见，例（6）通过借助比喻、会意的拆字，构成了有趣的谜面。从会意的角度看，"二"与"两"语义相同，把"二"会意成"两"，就是谜界所说的正面会意法，通俗地讲，就是同义替代。

再如，例（1）中的部件"木"会意为"树"，例（2）中的部件"日"会意成"太阳"，例（3）中的部件"犬"会意成"狗"、部件"犭"会意成"狗"，例（4）中"人""人"会意成"两位乘客"等，都是用的正面会意法。

据笔者观察，借助比喻、会意的拆字中的会意，一般都是运用正面会意法。

（四）至少有一个部件用会意

例（7）一人长得俏，

---

① 蔡芳 王德海《教你猜字谜》，金盾出版社，2009年7月第1版，47页。

② 蔡芳 王德海《教你猜字谜》，金盾出版社，2009年7月第1版，47页。

头戴草花帽，

爬上大树梢，

爱洗开水澡。（茶）

王德海《趣味字谜歌谣》

例（8）一棵树来不算高，

两只鸟儿站树梢，

树下有位姑娘坐，

一只手还扶着腰。（搂）

王德海《趣味字谜歌谣》

例（7）谜底为"茶"。作者创作时把谜底汉字拆成"艹""人""朩"三个部件，其中的部件"人"直接出现在谜面中，然后用别的事物"草花帽"来比喻部件"艹"，并把"朩"看成"木"，把"木"会意成"树"。可见，通过运用借助比喻、会意的拆字，巧妙地构成了例（7）这则字谜歌谣。从会意的角度看，例（7）只有一个部件用了会意。例（8）的谜底为"搂"。作者创作时把谜底汉字拆成"扌""木""、""丿""女"五个部件，其中"扌"变形为"手"出现在谜面中，用"两只鸟"来比喻部件"、""丿"，并把"女"会意成"姑娘"，把"木"会意成"树"，从而巧妙地构成了描写谜底汉字的谜面。在例（8）中，有两个部件用了会意。

再如例（1）、例（2），都是一个部件运用会意；而例（3）、例（4），却是两个部件用了会意。

综合来看，在借助比喻、会意的拆字中，至少要有一个部件运用会意。

三、借助比喻、会意的拆字的功能

借助比喻、会意的拆字，其功能表现为三个方面：成谜功能、解谜功能和修辞功能。

例（9）我在大字之巅，

大字在我下面，

腰挂葫芦一个，

无人不把鼻掩。（臭）

王德海《趣味字谜歌谣》

例（9）用了借助比喻、会意的拆字，谜底是"臭"。

作者创作此谜时，根据拆字"作者离"的特点，将谜底汉字"臭"拆成"自""大""、"三个部件，其中的部件"大"直接出现在谜面中，同时以别的事物"葫芦"作喻体来比喻部件"、"，又将部件"自"会意成"我"，巧妙地组成包括这些部件在内的四句话，构成了成谜自然、谜意浓郁的谜面。这就是借助比喻、会意的拆字的成谜功能。

猜解例（9）时，读者首先要把喻体"葫芦"还原成部件"、"，把"我"会意成"自"，然后找出"自""大""、"三个部件，最后按照拆字"读者合"的组合规律，把"自""大""、"三个部件组合成"臭"，"臭"便是谜底。可见，猜解例（7）简便有法。这就是借助比喻、会意的拆字的解谜功能。

从修辞上看，例（9）表面上似乎在讲人，内里面却是描写谜底汉字，言此意彼，表意含蓄，形象生动，颇有情趣。

结合前面分析过的例证可知，借助比喻、会意的拆字都具有例（9）这样的成谜功能、解谜功能和修辞功能。

此外，例（9）中的"面"与"掩"韵母相同，构成了押韵。前面分析过的八个例证，除了例（3）略有不同，其余七个例证都构成了押韵，增强了字谜歌谣的音乐美。

参考文献

［1］陈望道.修辞学发凡[M].上海：上海教育出版社，1979.

［2］张志公.修辞概要[M].上海：上海教育出版社，1982.

［3］张弓.现代汉语修辞学[M].天津：天津人民出版社，1963.

［4］唐松波，黄建霖.汉语修辞格大辞典[M].北京：中国国际广播出版社，1989.

［5］谭永祥.汉语修辞美学[M].北京：北京语言学院出版社，1992.

［6］周亚生.古代诗歌修辞[M].北京：语文出版社，1995.

［7］郑子瑜，宗廷虎.中国修辞学通史：全五卷[M].长春：吉林教育出版社，1998.

［8］宗廷虎.20世纪中国修辞学（上卷）[M].北京：中国人民大学出版社，2008.

［9］宗廷虎.20世纪中国修辞学（下卷）[M].北京：中国人民大学出版社，2008.

［10］宗廷虎，陈光磊.中国修辞史：上[M].长春：吉林教育出版社，2007.

［11］宗廷虎，陈光磊.中国修辞史：中[M].长春：吉林教育出版社，2007.

［12］宗廷虎，陈光磊.中国修辞史：下[M].长春：吉林教育出版社，2007.

［13］王希杰.修辞学导论[M].杭州：浙江教育出版社，2000.

［14］王希杰.汉语修辞学（修订本）[M].北京：商务印书馆，2004.

［15］袁晖.二十世纪的汉语修辞学[M].太原：书海出版社，2000.

［16］谭学纯，唐跃，朱玲.接受修辞学（增订本）[M].合肥：安徽大学出版社，2000.

［17］高万云.钱钟书修辞学思想演绎[M].济南：山东文艺出版社，2006.

［18］高万云.汉语修辞学方法论研究[M].长春：吉林教育出版社，2020.

［19］黎运汉，盛永生.汉语修辞学（修订版）[M].广州：广东教育出版社，2010.

［20］陈兰香.汉语词语修辞[M].北京：中国社会科学出版社，2008.

［21］胡范铸，林华东.中国修辞2014[M].上海：学林出版社，2015.

［22］胡范铸，曹石珠.中国修辞2015[M].上海：学林出版社，2016.

［23］胡范铸，张先亮.中国修辞2016[M].上海：学林出版社，2017.

［24］曹石珠.形貌修辞学[M].长沙：湖南师范大学出版社，1996.

［25］曹石珠.形貌修辞研究[M].长沙：湖南师范大学出版社，2000.

［26］曹石珠.汉字修辞学[M].西安：西安出版社，2004.

［27］曹石珠.汉字修辞研究[M].长沙：岳麓书社，2006.

［28］曹石珠.汉字修辞学教程[M].哈尔滨：黑龙江教育出版社，2009.

［29］曹石珠.走进字谜的艺术宫殿：汉字修辞视野下的字谜研究[M].北京：中国社会科学出版社，2013.

［30］曹石珠.字谜歌谣修辞研究[M].哈尔滨：黑龙江教育出版社，2019.

后 记

当我完成这本书的初稿时，有一种大功告成的喜悦。

从动笔写第一个字到写完最后一个字，时间刚好过去一年。

但是，从在我脑海中萌发到坚定地形成语言要素、非语言要素都可以修辞的修辞思想，再到真正动笔写一本体现这种修辞思想的学术著作，却经历了漫长的岁月。

研究修辞，是我在现实的"逼迫"下，经过反复思考后的慎重选择。上大学时，我最喜欢外国文学，读了大量的外国文学名著，修了外国文学选修课，毕业论文写的是屠格涅夫，并获得特优。1983年大学毕业时，我的梦想便是在高校教授外国文学。1985年，我还被学校派遣到北京大学俄语系专修俄苏文学。但是，原有的两位外国文学教师工作量不足，我被安排教现代汉语。可我对梦想仍然执着。一段时间来，我边教现代汉语，边研究外国文学，1984年便发表了外国文学论文。令我纠结的是，教学与科研脱了节。这样的状况虽令我忐忑，但梦想依旧。忐忑了几年之后，我逐步看清了毫无教授外国文学希望的现实，终于在严峻现实无声的"逼迫"下开始思考：在现代汉语中选择什么内容作为自己的研究方向。那时没有老教师给予指导，我边教现代汉语边思考研究方向，有一天突然冒出个想法：研究修辞。有了这个想法之后，我开始思考研究修辞的可行性。我以为，修辞不仅是现代汉语的一部分，同时也是现代汉语中与文学的关系最为特别的内容。以修辞作为自己的研究方向，与自己教授的现代汉语自然是关系紧密，解决了教与研脱节的问题。虽然与外国文学不怎么相干了，却也照顾了自己的一点点文学兴趣。从宏观上看，我以为研究修辞是自己最好的选择。从微观上看，以修辞为研究方向还过于笼统。那么在修辞领域具体研究什么呢？仍是一个问题。于是，我想到了阅读修辞方面的书，从中寻找自己想要的答案。我从图书馆借来陈望道的《修辞学发凡》、张瑰一的《修辞概要》等，夜以继日地阅读，并做了大量的读书笔记；虽然

受益匪浅，但在到底研究什么的具体问题上，仍是丈二和尚，摸不着头脑。那时，我还兼任文科学报的编辑，各高校学报与我们交换的期刊也有几百种。每次收到期刊，我都仔细翻阅，而遇到关于修辞方面的文章，会更加认真地阅读。同时，我订阅了全国唯一的修辞学专业刊物《修辞学习》，并认真阅读其中的每一篇文章。大约在1987年，我加入了中国修辞学会。每次收到学会寄来的会议简报，我都认真阅读，以了解科研动态。经过几年的学习、思考，我终于发现当时的修辞学者基本上不研究非语言要素修辞。这一发现，让我眼前一片光明，我觉得非语言要素修辞就是向我敞开的一座宝库的大门。

非语言要素修辞真的可以作为我的研究方向？我只能问自己。作为在修辞研究方面尚未入门的自己，根本无法回答。在我的印象中，20世纪50年代之后出版的修辞学著作，都只讲语言要素修辞，对非语言要素修辞避而不谈。在这类只讲语言要素修辞的学术著作中，读来读去，怎么也找不到非语言要素修辞的理论依据。于是，我鬼使神差般地再次阅读《修辞学发凡》，其中"修辞所可利用的是语言文字的习惯及体裁形式的遗产，就是语言文字的一切可能性……"令我如获至宝，欣喜若狂。仔细阅读这本书后，我进一步发现，该书重点研究了语言要素修辞，也研究了化形析字等字形修辞和标点修辞等非语言要素修辞，并阐述了"词的形貌"这种非语言要素修辞现象。可以说，从《修辞学发凡》这部里程碑式的巨著中，我终于找到了非语言要素修辞的理论依据。研究方向确定之后，我毫不犹豫地开始收集资料，尝试着撰写论文。此后，非语言要素修辞就逐步成了我主要的研究方向。

1990年，我在《益阳师专学报》上发表《标点符号的修辞作用》；1991年，在《修辞学习》上发表《"无标点文字"不否定标点符号存在的价值——关于〈标点符号的客观基础及其修辞作用〉的质疑》；1993年，在《语文建设》上发表《毛泽东著作中的形貌修辞》；后来，陆续在全国各地的刊物上发表非语言要素修辞方面的系列论文。1996年开始，相继出版非语言要素修辞的系列学术专著《形貌修辞学》《形貌修辞研究》《汉字修辞学》《汉字修辞研究》《走进字谜的艺术宫殿——汉字修辞视野下的字谜研究》《字谜歌谣修辞研究》等。

在非语言要素修辞研究不断深入的过程中，在陈望道《修辞学发凡》修辞思想的指导下，我不断思考汉语修辞的特点，反复琢磨汉语修辞学的基本面貌，并且有了一些不同于其他修辞学者的想法。在2004年出版的《汉字修辞学》中，我明确提出："现有的汉语修辞学实际上是汉字修辞无足轻重的汉语修辞学。这样的汉语修辞学实际上就是不科学的汉语修辞学。"2010年，我出席中国修辞学会、复旦大学主办的"陈望道诞辰一百二十周年暨中国修辞学会成立三十周年学术研讨会"，我带去的论文《〈修辞学发凡〉字形修辞理论简论》明确提出，构建"语言要素修辞与非语言要素修辞共处一体的修辞学体系"，"或许不失为一条建设中国特色汉语修辞学的有效途径"。2011年，该论文发表在《阜阳师范学院学报》上，后又被全文收录在复旦大学出版社出版发行的《千秋巨笔 一代宗师——纪念陈望道先生诞辰120周年》中。当然，我也意识到，当时的汉语修辞学没有标点修辞、图符修辞的地位，同样是严重的不足。这样的认识促使我对修辞教学进行改革。我主编了汉语教研室教师参加编写的《汉字修辞学教程》，开设了包括中文系学生在内、面向全校学生的校选课"汉字修辞学"。我主持的省级精品课程"现代汉语"也将汉字修辞、标点修辞、图符修辞等非语言要素修辞列为课程建设的重要内容，引入修辞教学的课堂。正是在修辞学研究和教学实践中，我萌发了写一部有关汉语特色修辞学的书籍的构想：全面阐释汉语修辞的基本特点、客观展现汉语修辞基本面貌的修辞学。多年来，这种构想一直萦绕在我的脑海中，挥也挥不去。

现在，这种构想已经变成了书稿。在本书中，我从汉语修辞的客观实际出发，以语言要素修辞、非语言要素修辞为主要线索进行构思，既讲语言要素修辞，也讲非语言要素修辞，同时又给语言要素修辞较多的篇幅，以此来展示汉语修辞学的基本面貌。语言要素修辞、非语言要素修辞各具特点，各有作用，各自独立，至难以相互替代；二者在具体运用中也有配合，但并非半斤八两，而是有主有次。尽管本书在某些方面的阐释上还显得不够充分，但它比较客观地反映了汉语修辞学的实际状况，基本上达到了本书的目的。

之所以将本书命名为"特色修辞学"，一方面，是因为本书的内容客

观阐释了汉语修辞的特色；另一方面，也是为了与其他众多的汉语修辞学著作区别开来。总之，这样命名，正是为了凸显汉语修辞客观存在，却长期被忽视的特色。其实，这本书所体现的汉语修辞学的特色，恰是汉语修辞学的本来面目，可以说是汉语修辞学的本色。从这个意义上说，说这本书是"本色修辞学"，亦无不可。

这本书是我几十年来研究修辞的一个总结。长期以来，我致力于几乎无人问津的非语言要素修辞研究。我指导的10名研究生中有8名的硕士论文也是研究汉字修辞的，而我在语言要素修辞方面虽时有涉及，但用功甚少。之所以如此，恰是因为中国修辞学界研究语言要素修辞者大有人在，且成果丰硕；而非语言要素修辞研究者却屈指可数，研究很不深入。当然，较少研究语言要素修辞，并不等于我不重视语言要素修辞。在我看来，语言要素修辞处于主导地位，非语言要素修辞处于辅助地位；只有在字谜、字谜歌谣这种特殊的领域语言中，汉字修辞中的这种非语言要素修辞才处于无可争辩、无法替代的主导地位。从一定意义上说，这本书全面地体现了我的修辞思想，也是我修辞研究的重要成果。

开始写这本书时，我已退休三年了，这几年来，我虽在校内外讲过学，评审过学位论文，但主要是陪伴孙子孙女。所以，本书也是在陪伴孙子孙女成长的过程中完成的，其中的个别例证还是在指导孙子孙女学语文时从他们所读的小学语文的课文中获得的。孙子孙女一天天长大，我的书稿一天天增多，我乐在其中！！

修改书稿时，恰逢陈望道先生的《修辞学发凡》出版九十周年。我想，这本书也许可以作为一个小小的礼物，以此来纪念引领我进入修辞学研究之门的《修辞学发凡》！

感谢责编张鑫女士为编辑本书所付出的智慧和辛劳，同时感谢湘南学院将给予这本书的奖励。

曹石珠

2022年12月修改稿